WOHNMOBIL-TOUREN

DURCH SÜDDEUTSCHLAND

Von Katja Hein, Frauke Hewer und Jessica Dehn

Zu allen 48 Touren in diesem Buch stehen für Sie GPX-Daten zum kostenlosen Download bereit. Einfach den nebenstehenden QR-Code scannen und losfahren!

powered by ADAC

»
Einsteigen, losfahren und genießen,
überall wartet das Abenteuer.
«
Katja Hein | www.hin-fahren.de

Liebe Camperin, lieber Camper,

Süddeutschland ist einfach schön! Reichtum und Vielfalt der Region laden zu immer neuen Entdeckungen ein. Wer nicht weiß wohin, der findet hier jede Menge Anregungen – egal, ob die Wohnmobiltour nur ein Wochenende oder mehrere Wochen dauern soll. Auch ich mache mich sehr gerne mit dem Wohnmobil in Süddeutschland auf den Weg und liebe vor allem die Flexibilität dieser Art zu reisen. In den grünen Mittelgebirgen oder am Fuß der majestätischen Alpen, entlang der weltbekannten Flüsse oder an den vielen großen und kleinen Seen finden Camper immer wieder zauberhafte Orte und echte Lieblingsplätze.

Der Urlaub beginnt dabei direkt an der Haustür. Einfach den Motor starten, losfahren und treiben lassen. Gemeinsam mit Frauke Hewer und Jessica Dehn habe ich 45 attraktive Touren zusammengestellt. Es sind Bausteine sowohl für spontane Campingreisen als auch für die ausführliche Urlaubsplanung. Einzelne Teile oder ganze Routen lassen sich miteinander kombinieren. Spontaneität und Richtungswechsel sind ausdrücklich erwünscht. Spannende Orte und Sehenswürdigkeiten stehen genauso auf dem Programm wie Abgeschiedenheit und Natur. Zusätzliche Freiheit, aber auch Sicherheit geben sorgfältig ausgewählte Übernachtungsmöglichkeiten. Einsteiger oder Fortgeschrittene, Alleinreisende oder Familien – für jeden ist etwas dabei.

Viel Spaß beim Lesen und bei der Entdeckungstour durch Süddeutschland!

Katja Hein

PS: Bei aller Sorgfalt in der Recherche können sich Gegebenheiten schnell ändern. Dann ist ein vorher so praktischer Stellplatz plötzlich nicht mehr vorhanden oder eine Sehenswürdigkeit geschlossen. Dafür bitten wir um Verständnis.

Links:
In den Alpen, wie hier in Ruhpolding, kommt Fahrfreude auf.

LIEBLINGSTOUREN

UNTERWEGS IN BAYERN

UNTERWEGS IN BADEN-WÜRTTEMBERG

UNTERWEGS IN HESSEN

UNTERWEGS IN RHEINLAND-PFALZ

UNTERWEGS IM SAARLAND

Stellplatz in Wintrich an der Mosel

HINWEISE ZUM BUCH

Es gibt sehr viele gute Gründe, den Süden Deutschlands bei einer Campingreise zu entdecken. Ob Wasserratte, Kulturliebhaber oder Naturfreund – hier findet jeder sein Urlaubsglück. Für verschiedene Interessen empfehlen wir Ihnen spannende Touren, die im Reiseteil ausführlicher beschrieben werden.

Es folgen praktische Hinweise für das Reisen mit dem Wohnmobil, Camper oder Caravan. Einsteiger finden Grundlegendes zum Thema Camping und Roadtrip sowie nähere Erklärungen zur Unterscheidung von Camping- und Stellplatz. Und auch erfahrene Wohnmobilisten lesen gerne noch einmal nach und lassen sich zu neuen Abenteuern inspirieren. Am Ende des Buches finden Sie Hinweise zum sicheren Reisen sowie eine Check- und Packliste, damit der Campingurlaub rundum gelingt.

Im Anschluss finden Sie unsere drei Lieblingstouren als Anregung für eine, zwei oder drei Wochen Urlaubszeit. Die erste führt an der Mosel und Saar entlang von Koblenz nach Mettlach, die zweite ist eine Runde um und durch den Schwarzwald und die dritte verbindet Lindau im Bodensee mit Schönau am Königssee. Der Hauptteil des Buches enthält 45 Touren durch ganz Süddeutschland mit ganz unterschiedlichen Längen. Wir haben sie bewusst nicht mit Zeitangaben versehen. Wie lange Sie für eine Tour brauchen, hängt ganz von Ihnen ab, je nachdem, wie viele der vorgestellten Sehenswürdigkeiten und Orte Sie ausführlicher besuchen und wie lange Sie auf Camping- und Stellplätzen verweilen möchten. Ob Tagestour, Wochenendtrip oder mehrwöchiger Jahresurlaub – alles ist möglich. Die Touren oder einzelne Teile davon lassen sich dank vieler Kreuzungs- und Anschlusspunkte gut kombinieren. In den schematischen Tourdarstellungen sind die von uns empfohlenen Camping- und Stellplätze mittels roter Zahlen verortet.

WISSENSWERTES ZUR STERNE-KLASSIFIKATION IN DIESEM BUCH

Am Ende jeder Tour empfehlen wir Übernachtungsmöglichkeiten, die direkt an der Strecke liegen oder einen kleinen Schlenker erfordern. Dabei sind die Camping- und Wohnmobilstellplätze völlig verschieden – praktisch für eine Nacht oder reizvoll gelegen und zum längeren Bleiben verführend. Alle vorgestellten Plätze wurden mit größtmöglicher Sorgfalt ausgewählt. Sie sind mit Sternen klassifiziert. Campingexperten des ADAC überprüfen und bewerten dafür 6000 Campingplätze in ganz Europa. Erfasst werden mehr als 200 Kriterien zur Qualität von Ausstattung und Angebot. Ein Platz mit zwei Sternen muss aber nicht automatisch weniger attraktiv sein als ein Platz mit mehr Sternen. Bei weniger Sternen sind Infrastruktur und Ausstattung etwas einfacher angelegt. Manchmal sind aber gerade diese »einfachen Plätze« sympathisch und echte Lieblingsplätze. Campingplätze ohne Sterne sind neu in der Datenbank und wurden noch nicht von ADAC Inspekteuren besucht. Am Ende jeder Platzbeschreibung steht für weitere Informationen ein Link zu PiNCAMP, dem Campingportal des ADAC. Dort kann man sich auch durch die Bewertungen anderer Camper anregen lassen.

WEITERE SYMBOLE

Zu jeder Tour stellen wir in einem Kasten ein Highlight vor, das Sie nicht verpassen sollten – sei es eine Wanderung, ein besonderes Museum oder ein Erlebnis für die ganze Familie. Die Symbole geben an, welche Interessen dabei jeweils angesprochen werden.

 Familie

 Aktivität

 Natur

 Museen/Kultur

 Gastronomie

 Sonstiges

FALTKARTE

Die beiliegende Faltkarte verschafft Ihnen einen Überblick zum Verlauf der in diesem Buch vorgestellten Routen und deren Verknüpfung untereinander. So können Sie Touren nach Lust und Laune miteinander kombinieren und Süddeutschland intensiv entdecken. Anfang und Ende jeder Tour sind mit etwas größeren Nummern kenntlich gemacht. Piktogramme markieren die Kreuzungspunkte zwischen zwei oder mehr Touren.

Der Loreleyfelsen – eines der Highlights im UNESCO-Welterbe Oberes Mittelrheintal

SÜDDEUTSCHLAND ENTDECKEN

Geografisch gesehen beginnt Süddeutschland südlich der Mittelgebirge. Das sind Bayern, Baden-Württemberg, Saarland und der Süden von Rheinland-Pfalz und Hessen. Hier liegen einige der beliebtesten deutschen Urlaubsregionen wie Allgäu, Bodensee, Schwarzwald oder Bayerischer Wald. Aber was macht diesen Teil Deutschlands auch für Camper so anziehend? Es gibt von allem etwas und davon eine unendliche Vielfalt: romantische Fachwerkstädte, spannende Museen, prächtige Schlösser und Klöster. Moore, Wälder, Berge, klare Seen und mächtige Flüsse bieten reichlich Gelegenheit zum Wandern und Radfahren. Dabei muss man oft gar nicht weit fahren, um vom einen zum anderen zu wechseln. Auf den folgenden Seiten haben wir die schönsten Touren durch die Natur, für Kulturliebhaber, Familien, Aktive und Genussfreudige zusammengestellt.

NATURSCHÖNHEITEN ERKUNDEN

Zahlreiche Naturschutzgebiete, interessante Lehrpfade und Aussichtstürme laden zum Kennenlernen der heimischen Flora, Fauna und Landschaft ein. In Süddeutschland liegen mit dem Pfälzerwald, den Alpen, den Donauauen oder dem Nationalpark Bayerischer Wald einzigartige und geschützte Lebensräume, die man am besten zu Fuß oder mit dem Fahrrad erkundet. Von der Umgestaltung der Landschaft durch den Menschen erzählen der Schwarzwald oder das Fränkische Seenland.

Wasser prägte auch im Süden Deutschlands schon immer das Leben und Wirtschaften der Menschen. So verhalfen einst die unterschiedlichsten Mineralquellen der Region zu Wohlstand, sei es durch Kurbetrieb oder Salzhandel. Die heutigen Thermen sind oftmals eingebettet in die Natur. Viele bieten auch Stellplätze für Camper.

Camping mit Alpenpanorama im Werdenfelser Land

Mit dem Aufkommen des Tourismus wurden besonders die Seen im Alpenvorland zu beliebten Zielen. Aber Baggerseen und Naturteiche haben ebenfalls ihren Reiz. Zudem sind sie meist nicht überlaufen. Und auch Flüsse und Kanäle wollen entdeckt werden. Rhein, Main, Mosel, Lahn und Donau haben einmalige Landschaften geformt. Sie waren und sind bedeutende Wasserstraßen und Weinbaugebiete.

In den Bergen locken spektakuläre Schluchten und Wasserfälle, die auch Familien auf gut gesicherten Wegen erkunden können. Ob planschen und schwimmen, kanufahren, wandern oder radfahren – die Möglichkeiten, in der Natur aktiv zu werden, sind endlos.

3 Von Coburg nach Beilngries
Flüsse, Seen und Fachwerkstädte ↗ ab Seite 42

13 Von Füssen im Allgäu zum Schliersee
Paradiesische Seen und Märchenschlösser ↗ ab Seite 84

23 Von Radolfzell am Bodensee nach Heilbronn
Quer über die reizvolle Schwäbische Alb ↗ ab Seite 130

29 Von Baden-Baden nach Waldshut-Tiengen
Schwarzwald von A bis Z ↗ ab Seite 154

41 Von Zell (Mosel) nach Neuleiningen
Hunsrück und Nordpfälzer Bergland ↗ ab Seite 208

Kloster Ettal – barocke Prachtentfaltung vor oberbayerischer Bergkulisse

KUNST UND KULTUR ERLEBEN

Höhlenkunst, steinzeitliche Pfahlbauten, römische Kastelle und mittelalterliche Burgen zeugen von einer wechselvollen Geschichte. Die Romantische Straße verläuft quer durch Süddeutschland und führt zu eindrucksvollen Orten mit kunstvollem Fachwerk. Handelsstädte mit stolzen Rathäusern und Kirchen vermitteln noch heute einen Eindruck von einstiger Macht und Wohlstand. Prächtige Schlösser und Parks, Kirchen und Klöster mit kostbarer Ausstattung säumen den Weg. Neben liebevoll gestalteten Heimat- und Freilichtmuseen gibt es auch etliche Museen mit Sammlungen von Weltrang. Besonders die Voralpenlandschaft und das Mittelrheintal haben Dichter und Maler inspiriert und uns so unvergessliche Meisterwerke beschert. Dazu verlocken Hinweisschilder immer wieder zu spontanen Abstechern, bei denen sich Unerwartetes entdecken lässt.

10 **Von Eichstätt nach Kochel am See**
Steinzeitdorf, Sisi-Schloss und Blauer Reiter ↗ ab Seite 70

28 **Von Baden-Baden nach Darmstadt**
Bäderarchitektur, Barock und Jugendstil ↗ ab Seite 150

36 **Von Mainz nach Koblenz**
Unterwegs im Oberen Mittelrheintal ↗ ab Seite 184

Baumwipfelpfad bei Neuschönau im Bayerischen Wald

SPASS FÜR KINDER

Süddeutschland ist auch das ideale Ziel für entdeckungsfreudige Familien. Schon die vielen glasklaren Seen verschiedenster Größe lassen Kinderherzen höherschlagen. Zahlreiche Naturinformationszentren richten sich mit ihren interaktiven Ausstellungen speziell an Familien, ebenso wie die Freilichtmuseen, in denen man in das Leben vergangener Zeiten eintauchen kann. Märchenschlösser und mittelalterliche Burgen regen die kindliche Fantasie an. Und Wildparks, Baumwipfelpfade, der Playmobil-FunPark, das Ravensburger Spieleland oder der Europa-Park in Rust versprechen Ferienerlebnisse, die lange in Erinnerung bleiben.

1 **Von Regensburg nach Vilshofen an der Donau**
Durch den Bayerischen Wald ↗ ab Seite 34

11 **Von Ingolstadt nach Rothenburg ob der Tauber**
Durchs Altmühltal ins Fränkische Seenland ↗ ab Seite 74

43 **Von Karlsruhe nach Homburg**
Felsen und Burgen im Pfälzerwald ↗ ab Seite 216

AKTIV ZU FUSS UND AUF DEM RAD

Am besten hat man das Fahrrad und die Wanderausrüstung bei einer Tour durch Süddeutschland schon dabei. Falls nicht, mietet man unterwegs. Liebevoll ausgearbeitete Radwege führen zu interessanten Orten und durch abwechslungsreiche Landschaften. Beim Radfahren entlang der Flüsse müssen keine großen Höhenunterschiede überwunden werden. Und auch an Einkehr und Rast ist gedacht. Bei kleinen und großen Wanderungen lassen sich Berge, Seen, Naturschutzgebiete oder archäologische Denkmäler intensiv erleben. Auf vielen Parkplätzen und vor allem in den Touristeninformationen gibt es Wandervorschläge. Überraschende Eindrücke von der Landschaft und der Tier- und Pflanzenwelt bieten auch Kanu- oder Paddeltouren.

An attraktiven Radwegen besteht kein Mangel.

14 **Vom Schliersee zum Königssee**
Oberbayern in all seinen Facetten ↗ ab Seite 90

22 **Von Lindau (Bodensee) nach Öhningen**
Rendezvous mit dem Bodensee ↗ ab Seite 126

45 **Von Saarlouis nach Trier**
Saarstahl, Edelsteine und ganz viel Grün ↗ ab Seite 226

GENUSSVOLL UNTERWEGS

In ausgezeichneten Genussregionen in Süddeutschland dreht sich alles um gutes Essen und Trinken. Traditionelle Wirtshäuser oder lauschige Biergärten laden zu ausgedehnten Pausen. Dabei ist die Küche in Baden-Württemberg und Bayern eher deftig, im Saarland hingegen schon französisch inspiriert. Im mediterran-milden Klima an Mosel, Main und Rhein gedeihen hervorragende Weine. Im Frühjahr und Herbst markieren geschmückte Besen die »Straußenwirtschaften«, in denen Winzer ihren Wein und einfache Speisen anbieten. Viele Winzer und Brauereien bieten auch Wohnmobilstellplätze an – das ist ideal für Verkostungen oder wenn man die Weinfeste miterleben möchte.

In Bayerns Küchen geht es meist deftig zu.

5 **Von Bayreuth nach Waldsassen**
Betörender Oberpfälzer Wald und Stiftland ↗ ab Seite 50

27 **Von Freiburg im Breisgau nach Baden-Baden**
Südbaden von seiner schönsten Seite ↗ ab Seite 146

42 **Von Bockenheim nach Schweigen-Rechtenbach**
Entlang der Deutschen Weinstraße ↗ ab Seite 212

Bei einer Wohnmobiltour durch Oberbayern sind beste Aussichten garantiert.

REISEVORBEREITUNG

Süddeutschland ist ein vielfältiges Reiseziel, das aber keine lange Vorbereitung erfordert. Auch wer das erste Mal mit einem Wohnmobil unterwegs ist, muss sich keine Sorgen machen, etwas Wichtiges zu vergessen. Fast alles kann man vor Ort besorgen. Ausstattung und Ersatzteile für das Reisemobil lassen sich ebenfalls problemlos beschaffen. Ver- und Entsorgungsstationen sind in allen Regionen vorhanden. Zwar sind Camping- und Stellplätze in der Hochsaison vor allem an den bayrischen Seen und beliebten Orten oft ausgebucht, doch bietet das Wohnmobil die nötige Flexibilität, um Alternativen etwas abseits der Ferienzentren anzusteuern. Und auch das Ausweichen in die Nebensaison lohnt sich, denn der Süden Deutschlands hat zu jeder Jahreszeit seinen ganz eigenen Reiz, und sehr viele Camping- und Stellplätze sind ganzjährig geöffnet.

REISEPLANUNG

Ein gewisses Maß an Flexibilität ist wichtig bei der Reise- und Routenplanung für einen Campingurlaub, denn Verzögerungen sind beim Campen eher die Regel als die Ausnahme. Manchmal gefällt ein Ort so gut, dass man gar nicht mehr weiterfahren möchte. Andere Ziele bleiben links liegen, weil man gerade keine Lust auf Stadt hat oder das Wetter nicht mitspielt. Oder der Campingnachbar berichtet von einer besonderen Sehenswürdigkeit, die unbedingt noch angeschaut werden sollte. Einmal will man den Tag früh anfangen, ein anderes Mal lieber ausschlafen oder im Liegestuhl noch etwas vor sich hin träumen. Allerdings ist aktuell aufgrund des Campingbooms doch etwas Voraussicht und in der Hochsaison auch Reservieren nötig.

In jedem Fall kommt schon zu Hause bei der Planung Vorfreude auf. Eine Vielzahl von Broschüren und Informationen gibt es bei den Touristeninformationen der Länder und Regionen, entweder zum Download oder zum Bestellen per Post. Auch die Internetseiten stecken voller Tipps und Anregungen. Vor Ort sind die Touristeninformationen gerne behilflich. Und auch das Personal auf Stell- und Campingplätzen gibt gerne Hinweise, und ausliegendes Infomaterial bietet manch gute Idee.

Sehr praktisch sind die »ADAC Toursets«: Straßenkarten, Reisetipps für Regionen und Städte werden kostenlos und individuell für ADAC Mitglieder zusammengestellt. Familien mit Kindern finden viele Tipps in den »ADAC Toursets family«. Für Camper gibt es ebenfalls wertvolle Informationen. Viele weitere Anregungen für schöne Touren, Ziele und Campingplätze liefert auch die Buchreihe »Yes we camp!« von PiNCAMP.

TOURISMUSVERBÄNDE

Bayern
Bayern Tourismus Marketing GmbH
Arabellastraße 17, 81925 München
Tel. 089/212 39 70
www.erlebe.bayern

Baden-Württemberg
Tourismus Marketing GmbH Baden-Württemberg
Esslinger Straße 8, 70182 Stuttgart
Tel. 07 11/23 85 80
www.tourismus-bw.de

Hessen
Hessen Agentur GmbH
Konradinerallee 9, 65189 Wiesbaden
Tel. 06 11/950 17 81 91
www.hessen-tourismus.de

Rheinland-Pfalz
Rheinland-Pfalz Tourismus GmbH
Löhrstraße 103–105, 56068 Koblenz
Tel. 02 61/91 52 00
www.rlp-tourismus.com

Saarland
Tourismus Zentrale Saarland GmbH
Trierer Straße 10, 66111 Saarbrücken
Tel. 06 81/92 72 00
www.urlaub.saarland

KLIMA UND REISEZEIT

Eigentlich gibt es keine beste Reisezeit für Süddeutschland. Alpen, Bodensee, Schwarzwald, Pfalz und die angrenzenden Regionen sind zu jeder Jahreszeit eine Reise wert. Im Frühjahr stehen Obstbäume und Gärten in voller Blüte. Im Sommer wird die Landschaft zum Flickenteppich verschiedener Grüntöne mit Farbtupfern von Mohn,

An der Deutschen Weinstraße bei Bad Bergzabern

Korn- und Sonnenblumen, und natürlich locken die Seen. Im Herbst färbt sich die Natur bunt, vor allem die Weinberge sind jetzt eine Augenweide, und natürlich steht die Weinlese an. Winzer und Bauern öffnen ihre Höfe, eine besonders schöne Zeit für Wander- und Genussurlaub. Im Winter locken die Berge zum Skifahren, Rodeln oder Schneeschuhwandern. Hier ist es zu jeder Jahreszeit und bei jedem Wetter schön, solange man auch im Herbst und Winter an die passende Kleidung denkt.

Besonders während der Sommerferien kann es an beliebten Reisezielen sehr voll werden. Das bedeutet viel Verkehr und weniger Flexibilität bei den Übernachtungsmöglichkeiten. Camping- und Stellplätze sind dann oft ausgebucht. Aber auch in der Hochsaison findet sich abseits mit ein wenig Geduld meist noch ein Plätzchen. Viele Camping- und Stellplätze sind auch auf Wintergäste eingestellt, wobei die Ver- und Entsorgung dann witterungsbedingt manchmal nicht möglich ist.

Der Veranstaltungskalender verzeichnet das ganze Jahr über die unterschiedlichsten Festivitäten. Im Winter dürfen sich Besucher auf das große Angebot stimmungsvoller Weihnachtsmärkte freuen, während im Frühjahr, Sommer und Herbst zahlreiche Feste, Märkte, Konzerte und andere Events unter freiem Himmel Gäste anlocken.

ANREISE UND VERKEHR

Egal, wo der Einstieg in die Touren geplant ist, mit gut ausgebauten Autobahnen und Landstraßen ist das Erreichen des Startpunkts kein Problem. Unterwegs empfehlen wir, auch einmal kleinere Straßen zu wählen und Umwege zu fahren. In der Regel ist genügend Platz für ein Wohnmobil, man muss aber auf Gewichtsbeschränkungen achten. Eine defensive Fahrweise ist grundsätzlich angeraten.

Eine besondere Herausforderung bei der Routenführung sind die Flussquerungen mittels Brücken oder Fähren. Letztere sind besonders am Rhein wichtige Transportmittel und weit häufiger als Brücken. Nicht immer sind die Zufahrten und Ausfahrten aber für Wohnmobile geeignet und auch das Gewicht ist begrenzt.

In den Bergen sind wegen kurviger Straßen und Spitzkehren vorausschauendes Fahren und Konzentration nötig. Hier darf man sich nicht von der oftmals großartigen Aussicht ablenken lassen. Auch die vielen historischen Stadtkerne, besonders im Rheintal, sind eher nicht für die Dimensionen eines Campers ausgelegt. Hier unbedingt geeignete Parkplätze am Rand der Altstädte ansteuern. Hinweise, wo das möglich ist, finden Sie bei der jeweiligen Ortsbeschreibung.

Auch die Anschaffung einer guten Straßenkarte ist für die Entdeckung und Erkundung von Süddeutschland nützlich. Wer sich nur auf das Navigationsgerät verlässt, erlebt manchmal ungute Überraschungen, wie zum Beispiel die Routenführung über nicht campertaugliche Feld- und Waldwege.

INFRASTRUKTUR FÜR CAMPER

Heute hier und morgen da – und nur dorthin mit dem Wohnmobil fahren, wo es gefällt. Der Süden von Deutschland bietet ein dichtes Netz an Reisemobilstellplätzen und Campingmöglichkeiten. Wer die Übernachtungsorte mehrfach wechselt, lernt die Vielfalt der Region besonders intensiv kennen. Heute ein Stellplatz direkt in einer belebten Kleinstadt, ein bisschen shoppen, durch die Altstadt bummeln und am nächsten Tag auf einem Campingplatz direkt am See die Ruhe genießen oder zu einer Radtour entlang einer spannenden Themenroute aufbrechen.

Die Rheinfähre in Kaub nimmt auch Wohnmobile mit.

Viele Stell- und Campingplätze bestechen mit ihrer idyllischen Lage: aufwachen zum Gezwitscher der Vögel, vor dem ersten Kaffee ein Bad im See, während der Nebel noch über dem Wasser schwebt. Tagsüber erkundet man die Gegend, abends trifft man Gleichgesinnte am Lagerfeuer oder beim Grillen und lässt unter dem Sternenhimmel den Tag Revue passieren. Wie gut, dass man mit dem Camper so flexibel ist, spontan zu entscheiden, wie lange man bleiben möchte.

Da Camping immer beliebter wird, ist es dennoch angeraten, sich unterwegs nicht zu spät nach einer Übernachtungsmöglichkeit umzuschauen und zusätzlich auch immer noch einen Plan B in petto zu haben.

STELLPLATZ ODER CAMPINGPLATZ?

Süddeutschland bietet eine große Auswahl an gut gelegenen Stell- und Campingplätzen mit unterschiedlichster Ausstattung. Wir empfehlen zu jeder der 45 vorgestellten Routen verschiedene Übernachtungmöglichkeiten, die direkt an der Strecke liegen oder einen kleinen Abstecher erfordern. Dabei bieten Wohnmobilstellplätze und Campingplätze jeweils verschiedene Eigenheiten und Vorteile.

Stellplätze

Wohnmobilstellplätze eignen sich hervorragend für einen klassischen Roadtrip von Ort zu Ort. Das System, ohne Reservierung anzukommen und zu schauen, ob ein Platz frei ist – und das auch spät abends oder früh am Morgen –, fördert die Spontaneität. Der Stellplatz wird pro Fahrzeug pauschal bezahlt, und auch die Entsorgung von Brauchwasser und Chemietoilette ist im Preis inbegriffen. Dazu kommen dann je nach Ausstattung Strom nach Verbrauch oder pauschal sowie Duschmarken. Wohnwagen und Zelte sind auf dem Stellplatz nicht erlaubt. Auch sogenanntes Campingverhalten, also die Nutzung von Markise und Campingmöbeln, ist nicht überall gestattet.

Hinsichtlich Größe und Atmosphäre gibt es vom kleinen, einfachen Parkplatz über die gepflegte Wiese einer Marina bis hin zum riesigen Wohnmobilhafen alles. Schon ein Parkplatz, der für Wohnmobile ausgeschildert ist, gilt offiziell als Wohnmobilstellplatz. Inzwischen gibt es auch sehr gut ausgestattete Stellplätze, die über eine Rezeption verfügen und auf denen für zusätzliche Besatzungsmitglieder oder für Hunde Gebühren anfallen. Reservieren ist hier ebenfalls möglich und zum Teil auch nötig. Ausstattung und Preisgestaltung sind dabei völlig verschieden.

Mit dem anhaltenden Camping-Boom gibt es auch immer mehr Wohnmobilstellplätze, die in der Saison voll belegt sind. Sie liegen oft direkt am Wasser oder mitten in der Stadt. Nicht alle Besitzer oder Gemeinden beschränken die Anzahl der Übernachtungen, sodass dort auch wenig Fluktuation herrscht. In solchen Fällen hilft das Ausweichen ins Hinterland oder auf Plätze, die nicht ganz so komfortabel ausgestattet sind.

Campingplätze

Auf Campingplätzen herrscht eine andere Philosophie. Sie sind abgetrennt und der Zugang erfolgt zu festgelegten Zeiten über eine Rezeption und Schrankenanlage. Meistens steht für Camper eine größere Parzelle mit Rasen zur Verfügung, auf der man sich mit seiner kompletten Ausrüstung ausbreiten kann. Dazu gibt es die Annehmlichkeiten sanitärer Anlagen. Bezahlt wird für Fahrzeug, Parzelle, Personen, Hund und Strom. Auf einigen Plätzen müssen fürs Duschen zusätzlich Marken erworben werden. Auf vielen Campingplätzen gibt es getrennte Bereiche für Dauercamper und Touristen. Ein gut ausgestatteter, gepflegter Spielplatz oder sogar ein Schwimmbad sind Vorteile, die Familien zu schätzen wissen. Auch

Campingplatz Kesselberg am Kochelsee

ein Restaurant, Kiosk oder Laden sorgt für Komfort. Ausstattung muss natürlich auch bezahlt werden, sodass Campingplätze in der Regel teurer sind als Wohnmobilstellplätze. Manchmal ist es aber auch genau umgekehrt, und der einfache Campingplatz ist günstiger als der luxuriöse Stellplatz.

Das Spektrum reicht vom kleinen Platz mit nostalgischem Charme bis hin zur wahren Camping-Wellnessoase. Doch so unterschiedlich die Campingplätze auch sind, sie bieten meist viel Grün, einen Strand und eine interessante Umgebung oder liegen am Stadtrand mit guter Verkehrsanbindung. Wer länger an einem Ort bleiben oder entspannt eine Auszeit genießen möchte, der ist auf einem Campingplatz gut aufgehoben. Dann ist aber frühzeitiges Reservieren empfohlen, vor allem in der Hauptsaison und in den landschaftlich besonders attraktiven Regionen.

Das Campingportal des ADAC – pincamp.de – hilft bei der Suche nach dem perfekten Campingplatz. Auch die Buchung kann direkt über PiNCAMP erfolgen. Ausführliche Informationen zu Ausstattung und Lage sowie Fotos und Bewertungen durch den ADAC und andere Camper der in diesem Buch empfohlenen Campingplätze findet man unter dem jeweils angegebenen Link. Auf der Webseite kann man mithilfe einer interaktiven Europakarte auch alternative Campingplätze suchen.

Über Cochem an der Mosel wacht die Reichsburg.

LIEBLINGSTOUR NR. 1

VON KOBLENZ BIS ZUR SAARSCHLEIFE – WEIN, NATUR UND KULTUR AN MOSEL UND SAAR

237 Kilometer – eine Woche

Koblenz → 50 km bis **Cochem** → 11 km bis **Beilstein** → 15 km bis **Bremm** → 11 km bis **Zell (Mosel)** → 20 km bis **Traben-Trarbach** → 23 km bis **Bernkastel-Kues** → 58 km bis **Trier** → 23 km bis **Saarburg** → 19 km bis **Mettlach** → 7 km bis **Saarschleife**

Zwischen Rhein und der beeindruckenden Saarschleife folgen wir dem Lauf der Mosel und der Saar durch eine alte Kulturlandschaft, die schon von den Römern geprägt wurde. Dabei verläuft die Straße direkt am Wasser. Das Moseltal mit seinen sattgrünen und im Herbst bunten Hängen und steilen Weinbergen ist ein Paradies für Camper. Viele Camping- und Wohnmobilstellplätze liegen direkt am Fluss oder beim Winzer. Natürlich muss auch der gute Wein probiert werden.

Mit der Mündung der Mosel in den Rhein am Deutschen Eck und der Saarschleife markieren zwei ganz unterschiedliche Naturdenkmale den Anfang und das Ende dieser Tour. Der Rhein ist bei Koblenz ein mächtiger Strom und von jeher eine bedeutende Wasserstraße. Die künstlich aufgeschüttete Landzunge, an der Mosel und Rhein zusammentreffen, ist beliebt bei Spaziergängern. Die Saarschleife bei Mettlach gehört zu den Highlights im Saarland. Oberhalb der Stelle, an der sich die Saar an einer Windung wieder ganz nahekommt, gibt es einen Aussichtspunkt mit sensationellem Blick inmitten sattgrüner Wälder.

↗ Beschreibungen der einzelnen Orte und Übernachtungsmöglichkeiten finden Sie unter Tour 38 und 44.

Wir starten im traditionsreichen Koblenz, das vor 2000 Jahren von den Römern gegründet wurde. Zunächst folgt die Tour den Windungen der Mosel. Dabei verläuft die Straße immer direkt am Wasser. Hier gibt es den steilsten Weinberg Europas, romantische Fachwerkörtchen und jede Menge Geschichte zu entdecken. Schon die Römer betrieben hier Weinbau. Hoch über Cochem thront mächtig die Reichsburg. Der Weinort Traben-Trarbach mit zahlreichen Jugendstilbauwerken erstreckt sich auf beiden Seiten der Mosel. In Trier, der ältesten Stadt Deutschlands, stehen beeindruckende römische Gebäude, darunter mächtige Thermenanlagen und das Stadttor Porta Nigra. Ab Konz geht es dann weiter an der Saar entlang und neben die Weinberge treten dichte Wälder. An der Route laden interessante Orte zum Besuch ein. In Saarburg überrascht ein Wasserfall mitten in der Stadt. Die ganze Region ist zudem ideal zum Fahrradfahren und Wandern.

Das Brückentor in Traben-Trarbach bildete 1899 den Auftakt für einen wahren Bauboom.

Im Frühjahr blühen in der Region die Mosel-Weinbergpfirsiche, im Sommer ist die Landschaft getaucht in sattes Grün, im Herbst zur Weinlese sind viele kleine Weinwirtschaften geöffnet und die Reben bunt gefärbt. Der hier angebaute Wein hat Weltklasse und sollte unbedingt probiert werden. Wer sich von den besten Tropfen dann einige Flaschen nach Hause mitnehmen möchte, findet Möglichkeiten dazu auf Schritt und Tritt. Im Winter laden stimmungsvolle Weihnachtsmärkte wie der unterirdische Mosel-Wein-Nachts-Markt in Traben-Trarbach zum Verweilen ein.

Viele Camping- und Wohnmobilstellplätze punkten mit ihrer Lage zwischen Weinbergen und Wasser mit Blick auf vorbeifahrende Schiffe und Steillagen.

HÖHEPUNKTE UNTERWEGS

ZELL (MOSEL)

Zell ist ein geselliger Ort mit zahlreichen Weinfesten und einer stimmungsvollen Altstadt. Berühmt ist das Städtchen durch seine Weinlage »Zeller Schwarze Katz«. Vom Collisturm hoch über der Stadt gibt es eine grandiose Aussicht über das Moseltal.

TRIER

Trier ist die älteste Stadt Deutschlands und atmet Geschichte. Römische Ruinen und gut erhaltene Bauwerke wie das Stadttor Porta Nigra oder die Thermenanlagen gehören zum UNESCO-Welterbe.

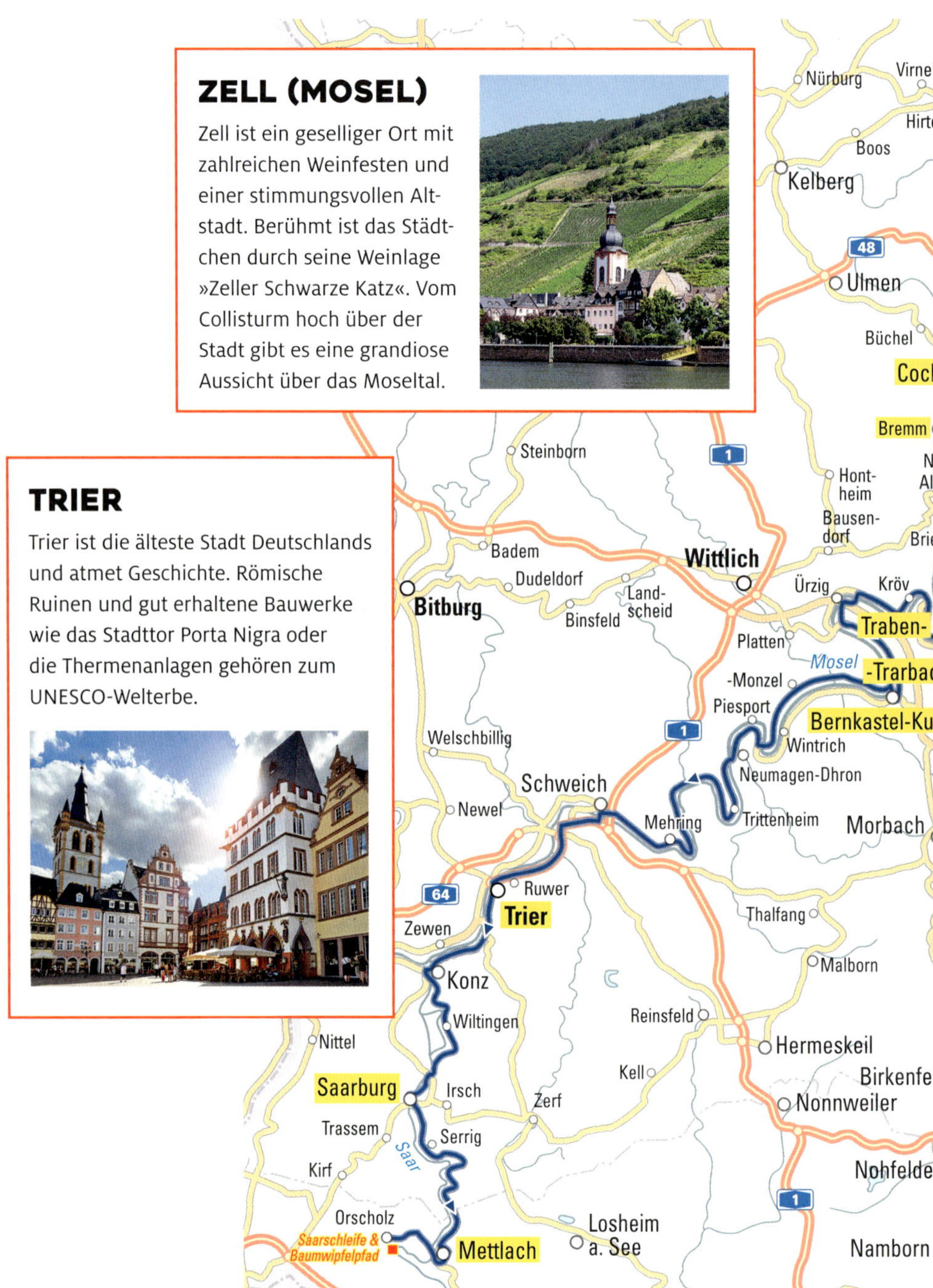

KOBLENZ

Am Deutschen Eck mündet die Mosel in den Rhein. Eine Gondelbahn führt von hier hinüber zur mächtigen Festung Ehrenbreitstein. Daneben sind die Rhein- und Moselpromenade sowie die Altstadt sind die Hauptanziehungspunkte von Koblenz.

SAARBURG

Mitten in Saarburg, malerisch unter einer Burg zwischen Weinbergen gelegen, stürzt ein Wasserfall 18 Meter in die Tiefe. Am Markt mit seinen Kneipen und Restaurants am Wasser lässt man gerne die Seele baumeln.

SAARSCHLEIFE

Die Saarschleife bei Mettlach ist das Wahrzeichen des Saarlands. Einen einmaligen Blick auf sie gibt es vom Aussichtspunkt oberhalb oder, noch besser, vom Turm des Baumwipfelpfads.

Der Mummelsee ist einer der beliebtesten Stopps an der Schwarzwaldhochstraße.

LIEBLINGSTOUR NR. 2

RUND UM UND DURCH DEN SCHWARZWALD – WÄLDER, TÄLER UND SEEN

500 Kilometer – zwei Wochen

Baden-Baden → 27 km bis **Mummelsee** → 32 km bis **Freudenstadt** → 43 km bis **Gutachtal** → 65 km bis **Titisee** → 15 km bis **Feldberg** → 37 km bis **Wutachschlucht** → 47 km bis **Todtmoos** → 73 km bis **Freiburg im Breisgau** → 139 km bis **Sasbachwalden** → 22 km bis **Baden-Baden**

Eine wunderbare Rundtour, bei der besonders Naturliebhaber und Genießer auf ihre Kosten kommen. Es geht vom mondänen Baden-Baden aus mit fantastischen Ausblicken über die Höhen des Schwarzwalds und durch grüne Täler. Erlebnissreiche Wanderungen, von gemütlich bis anspruchsvoll, führen uns zu den Naturschönheiten. Durch das von der Sonne verwöhnte Südbaden fahren wir bis Freiburg und wieder zurück über den Schwarzwaldrand zum Ausgangsort.

Große Entfernungen in kurzer Zeit zurückzulegen ist bei dieser Rundtour nicht das Ziel. Auf den Höhen und in den Tälern des Schwarzwalds mit seinen Seen und im sonnigen Südwesten stehen eher das Genießen und Verweilen, aber auch aktive Erholung im Vordergrund.

↗ Beschreibungen der einzelnen Orte und Übernachtungsmöglichkeiten finden Sie unter Tour 26, 27 und 29.

Der Start- und Endpunkt ist Baden-Baden. Hier, am Fuß des Schwarzwalds, wird bereits seit 2000 Jahren gekurt. Schon die Römer schätzten die hiesigen Thermalquellen. Das Stadtbild ist von der prächtigen Kurarchitektur des 19. und frühen 20. Jahrhunderts geprägt. Aus diesem Grund wurde Baden-Baden mit anderen europäischen Kurorten ins Welterbe der UNESCO aufgenommen.

Danach wenden wir uns dem Schwarzwald zu. Immergrüne Wälder, liebenswürdige Ortschaften, saftige Wiesen und abgeschiedene Täler wechseln bei der Fahrt durch das größte Mittelgebirge Deutschlands immer wieder mit Fernsichten ab. Die Seen sind ideale Badegewässer und laden zum Wassersport ein. Imposante Wasserfälle und andere Naturschönheiten lassen sich bei abwechslungsreichen Wanderungen entdecken. Verlockend ist zum Beispiel ein Aufstieg auf die Hornisgrinde oder eine Fahrt mit der Seilbahn auf den Feldberg. Beides wird mit sagenhaften Aussichten belohnt. Ein Teil der Strecke folgt der Schwarzwaldhochstraße. Nach vielen Eindrücken und gewundenen Straßen lädt das Schwarzwälder Freilichtmuseum Vogtsbauernhof im Gutachtal mit seinen historischen Gebäuden zu einer Zeitreise ein. Unweit des Schluchsees sollte man unbedingt auch einen Abstecher zur Wutachschlucht einplanen, ein selten gewordenes naturbelassenes Tal. Bei einem Besuch im Schwarzwald gehört natürlich auch das Probieren der berühmten Spezialitäten dazu: Schwarzwälder Kirschtorte und Schinken.

Die urtümliche Wutachschlucht – ein Muss für Wanderer

Über ein lauschiges Tal erreichen wir schließlich den Rand des Schwarzwalds und die Rheinebene. Südbaden ist ein ideales Ziel für Camper mit vielen Möglichkeiten zum Wandern und Radfahren. Der äußerste Südwesten Deutschlands gehört mit zu den sonnigsten und vor allem wärmsten Regionen, die unser Land zu bieten hat. Romantische Dörfer, historische Städte, Weinberge und Obstwiesen wechseln hier ab. Ideal also, um nach all den Aktivitäten ein gutes Glas Wein aus der Region zu genießen. Ein weiterer Höhepunkt ist der Besuch in Freiburg mit seiner charmanten Altstadt rund um das Münster. Aber auch für die anderen Orte auf dem Rückweg zum Ausgangspunkt sollte man sich Zeit nehmen. Dabei erleben wir den Schwarzwald noch einmal aus einer ganz anderen Perspektive, aber nicht weniger schön.

HÖHEPUNKTE UNTERWEGS

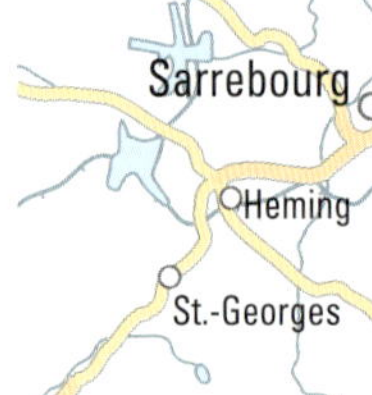

SASBACHWALDEN

Der Ort mit der denkmalgeschützten Altstadt ist eingebettet in die Westhänge des Schwarzwaldes. Die ältesten der liebevoll restaurierten Fachwerkhäuser stammen aus dem 17. Jahrhundert.

FREIBURG/BREISGAU

Das milde Klima des Breisgaus lässt in Freiburg den Frühling früher und den Winter später beginnen. Die Studentenstadt zeigt sich jung und innovativ. Und in der charmanten Altstadt rund um das eindrucksvolle Münster plätschern die berühmten Bächle.

FELDBERG

Auf den höchsten Schwarzwaldgipfel mit dem elfgeschossigen Feldbergturm geht es entweder bequem mit der Seilbahn oder sportlich zu Fuß. In 1493 Metern Höhe hat man bei gutem Wetter einen fabelhaften Blick bis zu den Alpen.

BADEN-BADEN

Das mondäne Baden-Baden wird von der Kurarchitektur des 19. und frühen 20. Jahrhunderts geprägt. Festspielhaus, Spielbank, Kurhaus, Friedrichsbad, Trinkhalle, Theater, Museumsmeile und die römischen Bäder sind die Hauptsehenswürdigkeiten.

TITISEE

Tief, ruhig und blau ist der von Wald umgebene, klare Natursee. Der Blick ist schon bei der Anfahrt wunderbar. Besonders gut lässt sich das Panorama von der Seestraße aus, der beliebten Flaniermeile im gleichnamigen Ort, genießen.

Vom Walchensee aus lässt sich der Herzogstand erklimmen, zu Fuß oder mit der Seilbahn.

LIEBLINGSTOUR NR. 3

MAGISCHE ALPEN – HÖHENSTRASSEN, BERGSEEN UND MÄRCHENSCHLÖSSER

563 Kilometer – drei Wochen

Lindau (Bodensee) → 40 km bis **Oberstaufen** → 88 km bis **Füssen im Allgäu** → 29 km bis **Wieskirche** → 40 km bis **Schloss Linderhof** → 30 km bis **Garmisch-Partenkirchen** → 66 km bis **Bad Tölz** → 56 km bis **Tegernsee** → 98 km bis **Bernau am Chiemsee** → 77 km bis **Bad Reichenhall** → 33 km bis **Berchtesgaden** → 6 km bis **Königssee**

Diese Tour ist ein echter Klassiker – von Lindau im Bodensee bis zum Königssee folgt sie der Deutschen Alpenstraße und verbindet die wichtigsten Sehenswürdigkeiten Bayerns. Eine Attraktion ist aber schon die Straße selbst, die sich aussichtsreich durch die Landschaft windet. Almwiesen, schroffe Berghänge, glitzernde Seen, romantische Schlösser und schmucke Orte wie aus dem Bilderbuch wechseln sich ab.

Die Länge der Route scheint auf den ersten Blick überschaubar, und dennoch erwartet uns hier jede Menge Abwechslung. Bei der Fahrt sollte man sich also genügend Zeit lassen, das Panorama und die Landschaft genießen und auch Abstecher einplanen. Hinter jeder Kurve wartet eine neue spektakuläre Aussicht, ein uriges Dorf oder ein weiterer Traumsee. Die Alpen und ihr Vorland sind zu jeder Jahreszeit reizvoll. Bereits König Ludwig II. schätzte die zauberhafte Landschaft und ließ hier seine berühmten Märchenschlösser bauen. Besuche in Neuschwanstein, Linderhof und Herrenchiemsee gehören also zum Pflichtprogramm. Auch imposante Klöster und Kirchen liegen am Weg: Die Wieskirche mit ihrem heiter anmutenden Innenraum gehört zum UNESCO-Welterbe. Die einst mächtigen Klöster Ettal und Benediktbeuern beeinflussten jahrhundertelang die Geschicke der Region, und noch heute beeindrucken ihre barocken Bauten und das rege klösterliche Leben. Dass Tradition und Religion nach wie vor fest verankert sind im bayerischen Alltag, lässt sich auch in Oberammergau erleben, und das nicht nur während der weltberühmten Passionsspiele.

↗ Beschreibungen der einzelnen Orte und Übernachtungsmöglichkeiten finden Sie unter Tour 12, 13 und 14.

Auf der Hörmoosalpe bei Oberstaufen

Die Tour ist natürlich ideal, um unterwegs aktiv zu werden. Wo wilde Bergbäche sich tief in den Fels gegraben haben, wollen romantische Schluchten und ungestüme Wasserfälle erkundet werden. Stege und Brücken erschließen die abenteuerliche Wimbach-, Starzlach- oder Partnachklamm. Der Naturpark Nagelfluhkette bietet hervorragende Wandermöglichkeiten. Der imposante Wendelstein kann mit der Zahnradbahn, der Seilbahn oder schweißtreibend zu Fuß erklommen werden. Auf vielen Gipfeln und Almen werden müde Wanderer mit deftiger Kost wieder flottgemacht.

Dazu kommen die zahlreichen Seen, einer schöner als der andere. Bodensee und Großer Alpsee bieten vielfältige Sportmöglichkeiten. Überraschend karibisch mutet das Wasser des Walchensees an. Ganz in der Nähe inspirierte die Kulisse des Kochelsees schon viele berühmte Künstler. Über die Faller-Klamm-Brücke führt ein Abstecher über den Sylvensteinstausee in das unberührte und wild-romantische Isartal. Am Tegernsee, von Bergen umringt, kommen Outdoorenthusiasten auf ihre Kosten. Am Chiemsee, dem größten See Bayerns, machen wir eine Schiffstour zur Herren- und zur Fraueninsel oder umrunden ihn mit dem Rad. Der fjordähnliche Königssee bildet schließlich den perfekten Abschluss dieser Traumtour.

HÖHEPUNKTE UNTERWEGS

LINDAU (BODENSEE)

Auf einer Insel im Bodensee gelegen, konkurriert die romantische Altstadt von Lindau mit Hafen und Uferpromenade um die Gunst der Besucher. Der Mangturm mit seinem bunten Ziegeldach diente bis zur Errichtung des Leuchtturms 1856 als Wacht- und Signalposten.

WIESKIRCHE

Die Wieskirche bei Steingaden ist eine der bedeutendsten Schöpfungen des Rokokos und gehört daher zum UNESCO-Welterbe. Sie wurde als Wallfahrtskirche errichtet, nachdem an einer Figur des gegeißelten Christus Tränen entdeckt worden waren.

PARTNACH-KLAMM

Bei Garmisch-Partenkirchen liegt die Klamm mit ihren steilen Felswänden. Die Wassermassen des Gebirgsbaches rauschen hier unter den Besuchern hinweg – ein Naturschauspiel von beeindruckender Wucht.

KÖNIGSSEE

Fjordähnlich mutet einer der betörendsten Alpenseen an. Mit dem Elektroboot gleitet man lautlos über den 200 Meter tiefen Königssee. Auf halber Strecke überrascht der Bootsführer mit einem musikalischen Echo.

SCHLOSS LINDERHOF

In einem abgeschiedenen Tal taucht man ein in die Welt des Märchenkönigs. Das kleinste seiner drei Schlösser, in dem sich Ludwig II. aber besonders gerne aufhielt, umgibt eine große Parkanlage.

Höhepunkt einer Bayerntour – die Rossfeld-Panoramastraße bei Berchtesgaden

UNTERWEGS IN BAYERN

Seit dem Mittelalter ist die Regensburger Steinerne Brücke über die Donau ein wichtiger Verkehrsweg.

VON REGENSBURG NACH VILSHOFEN AN DER DONAU

DURCH DEN BAYERISCHEN WALD

Die Fahrt durch die größte Waldlandschaft Mitteleuropas und macht einfach Spaß. Entlang der »Glasstraße« lernen wir die jahrhundertealte Tradition der Glasherstellung näher kennen. Die Region ist ein Wanderparadies mit vielfältigen Angeboten aller Schwierigkeitsgrade, auch für Familien. Herzstück ist der Nationalpark Bayerischer Wald, Deutschlands letzter Urwald, wo Luchse und Wölfe leben.

REGENSBURG D10

Schon bei der Anfahrt steigt die Vorfreude, wenn die Türme des gotischen Doms St. Peter in der Ferne grüßen. 2000 Jahre Stadtgeschichte haben in Regensburg vielfältige Spuren hinterlassen. Als Teil des Bischofshofes ist mit der Porta Praetoria eine von nur zwei römischen Toranlagen nördlich der Alpen erhalten. Sie ist zugleich das älteste Bauwerk von Regensburg. Die Altstadt gehört als besterhaltene mittelalterliche Großstadt zum Welterbe der UNESCO. Zwischen prächtigen Bürgerhäusern steht hier der Goldene Turm. Er ist

ROUTE 263 KM

Regensburg → 39 km bis **Burg Falkenstein** → 41 km bis **Furth im Wald** → 47 km bis **Bodenmais** → 15 km bis **Großer Arber** → 9 km bis **Bayerisch Eisenstein** → 15 km bis **Zwiesel** → 33 km bis **Neuschönau** → 38 km bis **Museumsdorf Bayerischer Wald** → 11 km bis **Pullman City** → 15 km bis **Vilshofen an der Donau**

der höchste Geschlechterturm nördlich der Alpen. Das Alte Rathaus war zwischen 1594 und 1806 als Ort der Reichsversammlungen und des Immerwährenden Reichstags von hoher politischer Bedeutung. Der gotische Reichssaal kann besichtigt werden. Schloss St. Emmeram der Familie Thurn und Taxis am Südrand der Altstadt war früher ein Kloster und ist die größte bewohnte Schlossanlage Deutschlands. Den besten Blick auf das Ensemble hat man von der mächtigen Steinernen Brücke, die seit Mitte des 12. Jahrhunderts die Donau überspannt. Nebenan werden in der urigen Wurstkuchl seit dem 17. Jahrhundert Bratwürste und Sauerkraut serviert. Die schönsten Biergärten finden sich auf den Donauinseln.

Regensburg ist auch ein idealer Ausgangspunkt für Schiffsfahrten auf der Donau. Naab und Regen sind beliebt für Kanu- oder Paddeltouren.

Ideal für den Stadtbesuch ist der AZUR Campingpark Regensburg an der Donau. Wenn keine Veranstaltungen stattfinden, ist auch das Parken auf dem Dultplatz möglich.

2 BURG FALKENSTEIN D11

Wanderwege erschließen den Natur- und Felsenpark rund um die eindrucksvolle und gut erhaltene Burg aus dem 12. Jahrhundert. Dabei geht es über Leitern und Brücken durch enge Felsendurchgänge.

3 FURTH IM WALD C11/12

An der Grenze zu Böhmen dreht sich in Furth im Wald alles um Feuer spuckende Fabelwesen. Den Hightech-Drachen »Tradinno«, einen großen Schreitroboter, kann man in seiner Drachenhöhle besuchen. Auch beim Further Drachenstich, dem ältesten Volksschauspiel in Deutschland, das seit 500 Jahren im August aufgeführt wird, tritt er

Im Camping Resort Bodenmais

in Erscheinung. Wer sich noch mehr gruseln möchte, besucht die Further Felsengänge, die seit dem Mittelalter in den Gneis unter der Stadt geschlagen wurden. Ein unvergessliches Erlebnis ist auch am Ostermontag der traditionelle Leonhardiritt mit 300 Pferden, Musikkapellen, Kreuzträgern und Fahnen.

Wer länger bleiben möchte: Rund um den Ort gibt es viele Möglichkeiten zum Radeln, Wandern, Baden, Surfen und Segeln. Nur eineinhalb Kilometer nördlich von Furth lockt zum Beispiel der Drachensee. Auf der Festwiese und am Friedhof darf man mit dem Wohnmobil parken und übernachten.

BODENMAIS D12

Der heilklimatische Kurort Bodenmais am Südhang des Großen Abers ist umgeben von Hochwald und gilt als Perle des Bayerischen Waldes. Seit über 700 Jahren wird in Bodenmais bereits Glas hergestellt. In den JOSKA Kristall Erlebniswelten kann man Glasbläser bei der Arbeit beobachten und sogar ein eigenes Kunstwerk in Glas erschaffen. Natürlich gehören auch Gastronomie und ein Spielplatz dazu. Im historischen Besucherbergwerk im Silberberg wurde bereits im 12. Jahrhundert Erz gewonnen. Hinauf zum Eingang geht es mit der Bergbahn oder zu Fuß. Über verschiedene Wanderwege gelangt man auch zu den Rißloch-Wasserfällen. In fünf Stufen stürzen die vereinigten Wasser mehrerer Bäche die Rißlochschlucht hinab.

Auf dem Parkplatz in der Kötztinger Straße gibt es Wohnmobilstellplätze. Beliebt ist auch das Camping Resort Bodenmais.

GROSSER ARBER D12

Auf 1456 Metern bietet der höchste Berg im Bayerischen Wald großartige Aussichten und Wandermöglichkeiten. Die vier Gipfel erreicht man auf gut ausgeschilderten Wegen verschiedener Schwierigkeitsgrade. Mehrere Hütten und Gasthäuser bieten Möglichkeiten zur Einkehr. Bequem hinauf geht es mit den Gondeln der Arber Bergbahn. Auch bei Wintersportlern ist die Region beliebt.

Übernachten im Camper ist auf dem Sonnenhang-Parkdeck an der Talstation der Gondelbahn möglich.

BAYERISCH EISENSTEIN D12

Der kleine Ferienort inmitten einer wunderbaren Waldlandschaft grenzt direkt an Tschechien und den Nationalpark Bayerischer Wald. Auch hier hat die Glasherstellung eine lange Tradition. Die Grenzglashütte neben dem Grenzbahnhof mit den NaturparkWelten bietet Einblicke ins Glashandwerk und heimische Spezialitäten.

Auf dem Weg nach Zwiesel lohnt ein Zwischenstopp im Nationalparkzentrum Falkenstein, das mit Flora und Fauna des Bayerischen Waldes bekannt macht. In einem Wurzelgang begibt man sich dabei unter die Erde. Kinder freuen sich über den Waldspielplatz und das Wildgehege.

ZWIESEL D12

↗ Tour 2 (Seite 38)

NEUSCHÖNAU E13

Der Ort ist umgeben von unberührter Natur. Das Nationalparkzentrum Lusen ist eine der Hauptattraktionen im Bayerischen Wald. Im weitläufigen Freigehege lassen sich heimische und ehemals heimische Wildtiere wie Luchse, Bären und Wölfe beobachten. Im Bergmischwald befindet sich der weltweit längste Baumwipfelpfad. Auf 1,3 Kilometern und in bis zu 44 Metern Höhe bietet er beeindruckende Ausblicke. Für den Adrenalinkick sorgen Seil- und Wackelbrücken, Trapeze und Balancierbalken.

MUSEUMSDORF BAYERISCHER WALD E12

Das Museumsdorf Bayerischer Wald am Dreiburgensee ist eines der größten Freilichtmuseen Europas. Zu sehen sind hier 150 Gebäude aus der Zeit zwischen 1580 und 1850. Inmitten bunter Bauerngärten stehen original eingerichtete Bauernhöfe, Mühlen und Kapellen. Glanzstück ist das Schul- und Marktschreiberhaus aus Simbach. Die älteste deutsche Volksschule wurde zwischen 1666 und 1670 erbaut.

Vor dem Museum stehen ausreichend Parkplätze zur Verfügung. Weitere Ausflugsziele in der Region sind die Waldschlösser Englburg, Saldenburg und Fürstenstein.

VILSHOFEN AN DER DONAU E12

↗ Tour 18 (Seite 108)

PULLMAN CITY

Mitten im Bayerischen Wald wird in der Westernstadt Pullman City gelebt wie vor 150 Jahren. Begegnungen mit Cowboys und Indianern, Bogenschießen, Goldwaschen, Ponyreiten, Livemusik, Linedance, Lagerfeuer und aufwendige Shows sorgen für Wild-West-Atmosphäre. Dazwischen trifft man immer wieder auf Bisons, Rinder und Pferde, und die Kinder toben sich auf mehreren Spielplätzen aus. Saison ist von Frühjahr bis Spätherbst. Auch ein Campingplatz ist angeschlossen.

Ruberting 30, 94535 Eging am See
www.pullmancity.de

CAMPINGPLÄTZE

❶ AZUR Campingpark Regensburg ★★½

Campingplatz am Stadtrand von Regensburg an der Donau mit vorgelagerten Stellplätzen für Wohnmobile.
Ganzjährig geöffnet.
▶ Weinweg 40, 93049 Regensburg
GPS: 49.02798332, 12.05876667
Tel. 09 41/27 00 25
■ pincamp.de/sb20

❷ Camping Resort Bodenmais ★★★★½

Am Südhang des Silberbergs und am Ortsrand von Bodenmais gelegener, größtenteil asphaltierter Platz. Wellnessgebäude, Infinitypool, Restaurant.
Ganzjährig geöffnet.
▶ Regener Straße 45, 94249 Bodenmais
GPS: 49.057433, 13.104934
Tel. 099 24/943 20 80
■ pincamp.de/nb9375

STELLPLÄTZE

❸ Wohnmobilstellplatz am Kanu Club

8 Plätze, Ver- und Entsorgung, Strom, WC, Dusche, WLAN
Anfang April bis Ende Oktober geöffnet.
▶ Badstraße 31, 93413 Cham
GPS: 49.222261, 12.677309
www.kc-cham.de

Der Dingolfinger Storchenturm war einst Teil der Stadtbefestigung.

2 VON ZWIESEL ZUM KLOSTER ANDECHS

AUF ZU DEN MÜNCHNER HAUSSEEN

Die Tour verbindet mehrere beliebte Urlaubsregionen in Bayern. Von der Glasstadt Zwiesel im Bayerischen Wald ganz in der Nähe der tschechischen Grenze geht die gemütliche Fahrt erst am Regen und dann an der Isar entlang. Dabei passieren wir Freising und München, bevor wir den Starnberger und den Ammersee erreichen. Hier hielten sich schon König Ludwig II. und seine Cousine Sisi, die spätere Kaiserin von Österreich, gern auf. Kein Wunder, die Kulisse ist wahrlich herrschaftlich.

ZWIESEL D12

Hier dreht sich seit dem 15. Jahrhundert alles um die Glasproduktion. Feines Glas aus Zwiesel wurde an Fürstenhäuser in ganz Europa geliefert. Wahrzeichen der Stadt ist die höchste Kristallglaspyramide der Welt. Am Anger steht eine kleine Kapelle, die aus dreifarbigen gegossenen Glasbausteinen besteht und eine mundgeblasene Glasglocke besitzt. Zwei Werksverkäufe mit Ausstellung – Zwiesel Kristallglas und die Kristallglasmanufaktur Theresienthal – sowie meh-

rere Glaskünstler können besucht werden. Unter der Stadt befindet sich ein spannendes Gangsystem, das bei einer Führung besichtigt werden kann.

REGEN D12

Immer am Schwarzen Regen entlang führt die Fahrt zum nächsten Ziel, ins beschauliche Regen. Tradition wird hier großgeschrieben. Zum Osterritt kommen bis zu 400 Pferde und ihre Reiter. In der Pfleggasse können 21 Bier- und Eiskeller bei einer Führung besichtigt werden. Im Niederbayerischen Landwirtschaftsmuseum dreht sich alles um das Leben der Menschen in der Region vom 18. bis ins 20. Jahrhundert.

Direkt am Fluss befindet sich der Regental-Aktiv-Campingplatz.

DEGGENDORF E12

↗ Tour 18 (Seite 109)

DINGOLFING E11

Die Unter- und Oberstadt waren früher mit einer Stadtmauer und mehr als 20 Türmen und Toren befestigt. Reste der Mauer sind vor allem an der Ost- und Westseite in der Oberen Stadt erhalten. Aus dem 15. Jahrhundert stammt das Wollertor, durch das man den Marienplatz und damit die befestigte Untere Stadt betritt. Prächtige historische Gebäude wie die Herzogsburg oder das Schloss Teisbach fallen beim Stadtbummel ins Auge, ebenso wie viele kleine und große Kirchen. Als Wahrzeichen von Dingolfing gilt die Hochbrücke, ein Anfang des 17. Jahrhunderts gebauter Backsteinbau mit fünf Jochen.

Doch eigentlich ist Dingolfing wegen Pferdestärken bekannt. Der Automobilhersteller Glas, seit 1905 in Dingolfing ansässig, wurde 1967 von BMW übernommen. Heute befindet sich hier die zweitgrößte Produktionsstätte von BMW. Im Museum Dingolfing wird die Entwicklung der Stadt zum wichtigen Industriestandort nachgezeichnet.

Nördlich der Stadt beginnt das Königsauer Moos. Das weitläufige Niedermoorgebiet, Heimat seltener Tiere und Pflanzen, lässt sich auf Wander- und Radwegen entdecken.

Am östlichen Ortsrand befindet sich am Freizeitbad Caprima der Wohnmobilstellplatz. Das letzte Stück der Anfahrt ist nur für Fahrzeuge bis vier Tonnen zugelassen.

LANDSHUT F10

↗ Tour 9 (Seite 67)

MOOSBURG AN DER ISAR F10

Die traditionsreiche Stadt im Herzen Altbayerns liegt auf einem Höhenzug zwischen der Isar und ihrem Nebenfluss Amper. In der Altstadt bummeln Besucher durch reizvolle Gassen mit verwinkelten Treppen und prächtigen Bürgerhäusern. Im Kastulusmünster steht mit dem Flügelaltar von Hans Leinberger ein geschnitztes Meisterwerk der süddeutschen Spätgotik.

Die südlich gelegenen Isarauen sind beliebt zum Radfahren, und im Sommer lohnt ein Abstecher zum Naherholungsgebiet Aquapark mit großem Badesee.

FREISING F10

Freising, die älteste Stadt an der Isar, prägen prächtige Bürger- und Domherrenhäuser von der Gotik bis zum Barock, Handwerkerhäuser, offene Wasserläufe und kleine Gärten. Zentrum ist der Marienplatz mit Rathaus und dem prunkvollen Asamgebäude (wegen Sanierung bis voraussichtlich 2023 geschlossen). Dahinter ist die spätgotische Kirche St. Georg mit ihrem hohen Barockturm zu sehen, von dem sich eine wunderbare Aussicht bietet. Nicht weit entfernt fällt am Rindermarkt das Ziererhaus mit einer kostbar in Stuck gestalteten Rokokofassade auf.

Auf dem Domberg befindet sich ein sehenwerter Komplex kirchlicher Bauten: der Dom, den die Gebrüder Asam barock ausgestaltet haben, das Diözesanmuseum und die einstige Fürstbischöfliche Residenz. Bei gutem Wetter kann man vom barocken Belvedere aus bis zu den Alpen sehen.

Von den vielen über die Jahrhunderte entstandenen Brauereien sind das privat geführte Gräfliche Hofbrauhaus Freising und die Staatsbrauerei Weihenstephan geblieben. Auf dem Weihenstephaner Berg dreht sich alles um die Wissenschaft des Bierbrauens. Bei einer Themenführung können die historischen Braustätten und Bierkeller besucht werden. Auf dem Berg gibt es auch mehrere von der Hochschule gepflegte Lehr- und Schaugärten zu entdecken.

Camper können für für 24 Stunden auf dem Parkplatz Korbiniansbrücke (Luitpoldstraße) stehen.

MÜNCHEN G9

↗ Tour 16 (Seite 101)

STARNBERG G9

Jetzt wird es mondän. Schon König Ludwig II. und seine Cousine Sisi, die spätere Kaiserin von Österreich, hielten sich gerne in der Region auf. Starnberg schmiegt sich ans nördliche Ufer des gleichnamigen Sees, der als Tummelplatz der Schickeria gilt.

FAHRT ÜBER DEN STARNBERGER SEE

Zwischen Starnberg, Berg, Leoni, Possenhofen, Tutzing, Amberg, Seeshaupt und Bernried verkehren die beliebten weißen Ausflugsschiffe. Bei der nördlichen Rundfahrt, Schlösserfahrt, großen Fahrt und südlichen Rundfahrt können der See und das fabelhafte Panorama entspannt genossen werden. Die »MS Berg« ist das erste Seenschiff dieser Größe in Deutschland, das zu 100 Prozent elektrisch angetrieben wird. Die Schiffe verkehren zwischen Ostersonntag und Ende Oktober. Auch Fahrräder werden transportiert. *www.seenschifffahrt.de*

Der Blick über die gesamte Länge des zweitgrößten bayerischen Sees mit den Bergen im Hintergrund ist fantastisch. Ein gemütlicher Bummel führt über die Seepromenade und durch die Altstadt. Das ehemalige Schloss ist heute Sitz des Finanzamtes. Der im Stil der Renaissance angelegte Schlossgarten ist aber öffentlich zugänglich. Das Museum Starnberger See widmet sich auf moderne Weise der Kulturgeschichte der Region.

Rund um den See gibt es viele Möglichkeiten zum Wandern, Radfahren, Baden und Segeln. Vom Dampfersteg neben dem Bahnhof starten die Schlösserfahrten (↗ Kasten). Ein Stück weiter in Berg wurden Ludwig II. und sein Arzt tot aus dem See geborgen. Ein Kreuz und eine Kapelle erinnern daran.

KLOSTER ANDECHS G9

Kloster Andechs thront auf dem »Heiligen Berg« über dem Ammersee. Der 60 Meter hohe Zwiebelturm der Klosterkirche ist schon von Weitem zu sehen, der Innenraum ist ein echtes Juwel des Rokokos. An dieser Stelle befand sich ursprünglich eine gräfliche Burg. Ab dem 12. Jahrhundert sind Wallfahrten belegt. Weil diese alle Zeitenwechsel bis heute überdauerten, ist Andechs der älteste Wallfahrtsort Bayerns. Um dem Strom der Pilger gerecht zu werden, gründeten die Wittelsbacher 1455 das Benediktinerkloster. Im Bräustüberl und im Klostergasthof werden die berühmten Andechser Klosterbiere ausgeschenkt.

Der beliebte Wohnmobilstellplatz am Ortsrand ist für Tagesgäste gratis. Hier ist man Campern wirklich zugetan. Seit einigen Jahren findet am ersten Samstag nach Ostern eine Wohnmobilsegnung statt. München erreicht man mit öffentlichen Verkehrsmitteln in rund einer Stunde. Direkt am Stellplatz starten vielseitige Wanderwege, besonders lohnend das Kiental. Und rund um Andechs gibt es neun erstklassige Golfplätze.

Campingplatz Pilsensee

CAMPINGPLÄTZE

❶ Campingplatz Pilsensee ★★★★☆

Direkt am See neben dem öffentlichen Strandbad gelegener Campingplatz, zum Teil parkartig gestaltet. Supermarkt, Biergarten.
Mitte März bis Ende November geöffnet.
▶ Am Pilsensee 2, 82229 Seefeld
GPS: 48.03021667, 11.19923333
Tel. 081 52/99 97 41
■ pincamp.de/sb6150

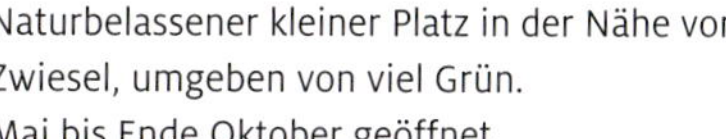

❷ Camping Green Village ★★☆☆☆

Naturbelassener kleiner Platz in der Nähe von Zwiesel, umgeben von viel Grün.
Mai bis Ende Oktober geöffnet.
▶ Zwieselau 16a, 94258 Frauenau
GPS: 49.008349, 13.276032
Tel. 099 22/64 75
■ pincamp.de/nb9410

STELLPLÄTZE

❸ Wohnmobilstellplatz Andechs

40 Plätze, Ver- und Entsorgung, Strom, WC, Gasflaschenservice
Ganzjährig geöffnet.
▶ Seefelder Straße 21, 82346 Andechs
GPS: 47.975026, 11.185890
www.wohnmobilstellplatz-andechs.de

Auf der Veste Coburg arbeitete Martin Luther 1530 an seiner Bibelübersetzung.

3 VON COBURG NACH BEILNGRIES

FLÜSSE, SEEN UND FACHWERKSTÄDTE

Wir starten in Bayerns Norden mit einer Fahrt durch sanft-hügelige Landschaft. Wald wechselt sich mit weiten Flächen und Kulturland ab. Highlights sind bezaubernde Fachwerkstädtchen und geschichtsträchtige Orte wie Coburg, Erlangen und Nürnberg. Das Wasser spielt eine wichtige Rolle auf dieser Tour, bei der wir die Landschaften an Main, Retzach und Altmühl genießen und den Main-Donau-Kanal und den historischen Ludwigskanal näher kennenlernen. Mit dem Rothsee streifen wir schließlich auch noch das Fränkische Seenland.

COBURG A8

Rund um den großen Marktplatz der ehemaligen Residenzstadt Coburg gruppieren sich eindrucksvolle Renaissancegebäude: die Hofapotheke, das Stadthaus, das den Coburger Herzögen als Regierungssitz diente, und das Rathaus. Auf dessen Giebel steht das »Bratwurstmännla«. Sein Marschallstab gilt den Einheimischen als Eichmaß für die echte Coburger Bratwurst. Mitte des 16. Jahrhunderts ließ Herzog Johann Ernst unweit des Marktes Schloss Ehrenburg

ROUTE 238 KM

Coburg → 17 km bis **Seßlach** → 18 km bis **Ebern** → 29 km bis **Bamberg** → 49 km bis **Erlangen** → 24 km bis **Nürnberg** → 25 km bis **Playmobil-FunPark** → 16 km bis **Schwabach** → 14 km bis **Roth** → 13 km bis **Hilpoltstein** → 33 km bis **Beilngries**

errichten. Seine neogotische Erscheinung geht auf Karl Friedrich Schinkel zurück. Die prunkvollen Privatgemächer, der Thron- und der Festsaal können besichtigt werden. Gegenüber dem Schloss zieht sich der weitläufige Hofgarten den Hang hinauf bis zur mächtigen Veste Coburg. Sie gilt als eine der besterhaltenen mittelalterlichen Burgen in Deutschland und beherbergt die eindrucksvollen Kunstsammlungen der Herzöge. Die Anfahrt mit dem Wohnmobil ist möglich, aber der Parkraum an der Burg ist begrenzt.

Am Ortsrand liegt der recht neue Wohnmobilstellplatz Vesteblick beim Erlebnisbad Aquaria. Das Zentrum ist zu Fuß erreichbar.

2 SESSLACH A8

Eine noch fast intakte spätmittelalterliche Stadtbefestigung mit Wallmauern, drei mächtigen Toren und Wehrtürmen umschließt den sehr gut erhaltenen historischen Kern von Seßlach. Zwischen den liebevoll renovierten Fachwerkhäusern fühlt man sich ins Mittelalter versetzt, vor allem am verträumten Krähwinkel. Kein Wunder, dass Seßlach schon häufig als Filmkulisse diente. Auch der Genuss kommt hier nicht zu kurz. Zu fränkischer Hausmannskost schmeckt das Sesslacher Hausbrauerbier vom Fass.

Am Ortsrand befindet sich der in Terrassen angelegte Campingplatz Sonnland.

3 EBERN A8

Das bezaubernde Fachwerkstädtchen lag an einer wichtigen Handelsverbindung. Die gut erhaltene mittelalterliche Stadtbefestigung hatte acht Türme, wovon die vier Ecktürme und das Grautor noch bestehen. Letzteres gehört zu den schönsten Tortürmen in Deutschland. Das Rathaus ist ein beeindruckender dreistöckiger Fachwerkbau der Renaissance.

Vom großzügig angelegten Wohnmobilstellplatz vor der Stadtmauer läuft man zwei Minuten zum Marktplatz und zum Bahnhof.

4 BAMBERG B8

↗ Tour 7 (Seite 59)

5 ERLANGEN C8/9

Erlangen, die »kleinste Großstadt Bayerns«, präsentiert sich gänzlich anders: Keine verwinkelte Fachwerkaltstadt, sondern eine der besterhaltenen barocken

In der Schwabacher Bachgasse

Planstädte Deutschlands erwartet uns hier. Um verfolgte Hugenotten anzusiedeln, ließ Markgraf Christian Ernst südlich der kleinen Siedlung eine Neustadt mit großzügigen Straßen und Plätzen und der ersten Kirche der Glaubensflüchtlinge außerhalb Frankreichs anlegen. Ab 1700 entwickelte sich Erlangen mit den Bau des Schlosses samt Garten und Orangerie zur prosperierenden Residenz- und Garnisonsstadt. Als die Altstadt einem Feuer zum Opfer fiel, wurde sie nach demselben Muster bebaut. Der Botanische Garten präsentiert außergewöhnliche Pflanzen.

Auf dem Großparkplatz am Stadtrand gibt es auch Parkplätze für Wohnmobile. Etwas außerhalb liegt der Campingplatz Rangau.

NÜRNBERG C9

↗ Tour 4 (Seite 46)

SCHWABACH C9

Im 16. Jahrhundert zogen die ersten Goldschläger aus Nürnberg nach Schwabach. Das hier produzierte Blattgold wurde in die ganze Welt exportiert. Mehr darüber erfährt man bei Führungen durch die Schauwerkstätten. In der Altstadt ist in einem Pavillon eine ehemalige Goldschläger-

PLAYMOBIL-FUNPARK

Der Funpark besteht aus diversen thematischen Spielplätzen. Goldwaschen im Wilden Westen, Pferde putzen auf dem Bauernhof, auf dem Thron in der Königsburg Platz nehmen oder mit dem Seeräuberschiff auf große Fahrt gehen – hier werden Kinderträume wahr. Bei schlechtem Wetter gibt es im Innenbereich Spielplätze mit reichlich Playmobil. Buddel- und Badesachen, Handtücher und Wechselklamotten nicht vergessen!
Brandstätterstraße 2–10, 90513 Zirndorf
www.playmobil-funpark.de

werkstatt ausgestellt. Und auch sonst begegnet man dem Edelmetall auf Schritt und Tritt. Sogar die Rathaustürme sind mit vergoldeten Ziegeln gedeckt, und im Inneren wurde der Goldene Saal mit Blattgold verziert. Unter dem Prinzenberg kann bei einer Führung ein Labyrinth von Felsenkellern besichtigt werden, das die Brauereien einst zur Bierlagerung nutzten. Etwa 18 Kilometer lang ist das Netz, das sich über mehrere Etagen erstreckt.

In der Nähe des Freibades gibt es am Stadtpark Stellplätze für drei Wohnmobile.

ROTH D9

Viele Fachwerkhäuser zieren die Altstadt von Roth, am Markt fällt besonders das schmucke Riffelmacherhaus ins Auge. Aus der markgräflichen Zeit stammt das auf der Hauptstraße gelegene Renaissanceschloss Ratibor, ursprünglich ein repräsentatives Jagdschloss, später Verwaltungssitz. Im dortigen Museum erfährt man mehr zur Stadtgeschichte. Seit dem 18. Jahrhundert werden in Roth versilberte und vergoldete Fäden hergestellt und zu Geweben weiterverarbeitet – daran erinnert das Fabrikmuseum der Leonischen Industrie. An der Freyung führt ein romantischer Fußweg mit Blick auf die Altstadt an der Stadtmauer entlang.

Nicht weit vom Ortskern befindet sich neben Fabrikmuseum und Freibad der angenehme Stellplatz Obere Mühle.

HILPOLTSTEIN D9

Eine wichtige mittelalterliche Handelsstraße führte mitten durch den Ort. Beim Stadtbummel taucht man ein in 1000 Jahre Stadtgeschichte. Das Rathaus wurde im 15. Jahrhundert am Marktplatz als Handelshaus errichtet. Ein Bummel durch die gemütliche Altstadt führt vorbei an Fachwerkhäusern und der ehemaligen Residenz zur Matthäuskirche, zur mittelalterlichen Burg und zur Stadtmauer.

Knapp drei Kilometer nördlich erstreckt sich der Rothsee als Teil des Fränkischen Seenlands. Wer genug vom Baden und Wassersport hat, kann ihn auf einem ausgedehnten Netz von Wander- und Radwegen umrunden. Am Seezentrum gibt es alles, was man für ein paar entspannte Stunden oder Tage braucht: Uferpromenade, Spielplätze, Gaststätte und Biergarten. Hier gibt es auch einen Wohnmobilstellplatz. Und nur einen Kilometer entfernt befindet sich ein weiterer beliebter Stellplatz am Main-Donau-Kanal.

BEILNGRIES D9

↗ Tour 9 (Seite 68)

CAMPINGPLÄTZE

❶ **Campingplatz Sonnland** ★★★½
Kleiner Platz mit Naturschwimmteich und vielen Bäumen vor den Toren von Seßlach.
Ganzjährig geöffnet.
▶ Bahnhofstraße 154, 96145 Seßlach
GPS: 50.19416667, 10.83778333
Tel. 095 69/220
■ pincamp.de/nb4050

❷ **Camping Rangau** ★★★
Wiesengelände mit Bäumen an einem Weiher, der gute Wassersportmöglichkeiten bietet.
Anfang April bis Ende September geöffnet.
▶ Campingstraße 44, 91056 Erlangen/OT Dechsendorf
GPS: 49.63158332, 10.94771667
Tel. 091 35/88 66
■ pincamp.de/nb4500

STELLPLÄTZE

❸ **Wohnmobilstellplatz am Rothsee**
50 Plätze, Ver- und Entsorgung, Strom
Ganzjährig geöffnet.
▶ Seezentrum Heuberg, 91161 Hilpoltstein
GPS: 49.209274, 11.187299
Tel. 091 71/81 43 10

Die Nürnberger Maxbrücke überspannt seit 1457 die Pegnitz.

4 VON NÜRNBERG NACH KULMBACH

DIE FRÄNKISCHE SCHWEIZ ENTDECKEN

Nach dem Besuch im lebendigen Nürnberg tauchen wir auf dieser Tour tief ein in die Fränkische Schweiz. Zahlreiche Ruinen und Burgen, grüne Täler, Tropfsteinhöhlen und eindrucksvolle Steinformationen gibt es in der Karstlandschaft zu entdecken. Die bekannteste Grotte ist die Teufelshöhle bei Pottenstein. Neben wunderbarer Natur säumen auch stimmungsvolle Orte und außergewöhnliche Schlösser die Strecke.

1 NÜRNBERG C9

Lebkuchen und Nürnberger Bratwürste sind nur zwei der Highlights in der Stadt, die im Mittelalter eine bedeutende Metropole war. Viele sorgsam restaurierte historische Gebäude, malerische Gassen, Tore und Türme zeugen noch von dieser Zeit. Die drei größten Kirchen der Stadt bergen einzigartige Kunstschätze: In der Lorenzkirche sind das der Englische Gruß von Veit Stoß und das Sakramentshaus, in der Frauenkirche der Tucheraltar und in der Sebalduskirche das Sebaldusgrab. Das Museum Tucherschloss und der Hirsvogelsaal bewahren das Erbe der berühmten Patrizierfamilien.

Nicht zu übersehen ist die Kaiserburg oberhalb der Stadt, eine der bedeutendsten mittelalterlichen Kaiserpfalzen. Der Aufstieg

ROUTE 203 KM

Nürnberg → 15 km bis **Lauf an der Pegnitz** → 40 km bis **Neuhaus an der Pegnitz** → 20 km bis **Obertrubach** → 27 km bis **Forchheim** → 17 km bis **Ebermannstadt** → 24 km bis **Pottenstein** → 22 km bis **Therme Obernsees** → 16 km bis **Bayreuth** → 22 km bis **Kulmbach**

lohnt aber auch wegen des Ausblicks auf die Stadt. Auf dem Weg dorthin passiert man das Albrecht-Dürer-Haus, das in wechselnden Ausstellungen mit Dürers Œuvre bekannt macht. Hier lebte und arbeitete der Künstler von 1509 bis zu seinem Tod im Jahr 1528. Unter der nördlichen Altstadt verbirgt sich ein Labyrinth von Felsgängen und Kellern, die zum Lagern von Bier in den Untergrund geschlagen wurden und im Rahmen einer Führung erkundet werden können.

Auf der anderen Seite der Pegnitz zeigt das Germanische Nationalmuseum seine riesige Sammlung von der Steinzeit bis in die Gegenwart. Unweit davon präsentiert das Neue Museum Kunst und Design von den 1950er-Jahren bis heute. Immer wieder finden sich auch grüne Ecken wie der Burggarten. Weitläufige Parkanlagen und sehr viele auch seltene Tiere erwarten Besucher im Tiergarten.

Die Kaiserburg in Lauf an der Pegnitz

Im Südosten der Stadt befindet sich eine wichtige Erinnerungsstätte, das Reichsparteitagsgelände mit Dokumentationszentrum. Es handelt sich um das größte erhaltene Monumentalbauwerk der Nationalsozialisten.

In der Kilianstraße gibt es einen einfachen Stellplatz. Gute Basis für den Stadtbesuch ist der Campingplatz in der Nähe der Messe.

LAUF A. D. PEGNITZ C9

Am Ufer der Pegnitz erreichen wir das nächste Ziel, Lauf. Die Altstadt prägen der große Marktplatz mit dem freistehenden Rathaus zwischen zwei Stadttoren, viele historische Gebäude und prächtige Fachwerkbauten. Vom Turm der Johanniskirche bietet sich ein fabelhafter Blick. Unter dem Markt befinden sich Felsenkeller, die im Rahmen einer Führung zugänglich sind.

Bedeutung hatte der Ort vor allem durch seine Lage an der Goldenen Straße, der Verbindung zwischen Nürnberg und Böhmen. Trutzig präesentiert sich auf einer Pegnitzinsel die Kaiserburg aus dem 14. Jahrhundert. Die westlichste Residenz von Kaiser Karl IV.

Tüchersfeld, unweit von Pottenstein

stand einst auf böhmischem Boden. Sehenswert ist auch das Industriemuseum Lauf. Zu sehen ist zum Beispiel ein wasserkraftbetriebenes Hammerwerk. Die Umgebung von Lauf ist attraktiv für Unternehmungen: In der Hüttenbachschlucht bei Haimendorf führt eine Wanderung zum Klingenden Wasserfall.

Auf der Laufer Pegnitzwiese gibt es Wohnmobilstellplätze.

3 NEUHAUS AN DER PEGNITZ C9

Über gewundene Straßen folgen wir dem Lauf der Pegnitz. Über dem schönen Ort Neuhaus mit seinen Gassen und Sandsteinbauten steht die ehemalige fürstbischöfliche Residenz Burg Veldenstein. Sehenswert ist auch die Rokokokirche St. Peter und Paul.

Der größte Tropfstein Deutschlands ist in der Maximiliansgrotte zu sehen. Eindrucksvoll ist die Wanderung zur Vogelherdgrotte.

4 OBERTRUBACH B/C9

Das bezaubernde Trubachtal ist ein ideales Ziel für Wanderer, Radler und besonders Kletterer. Rund um den Ort gibt es in der außergewöhnlichen Felsenlandschaft zahlreiche Möglichkeiten und Routen verschiedenster Schwierigkeitsgrade. Auskunft zum Klettern im Frankenjura, zu Touren und Kursen gibt das Kletter-Infozentrum.

5 FORCHHEIM B9

In der Altstadt mit ihren eindrucksvollen Barock- und Fachwerkfassaden taucht man ein in ein Gewirr aus Hinterhöfen und verwinkelten Gassen. Der Abschnitt zwischen Spitalkirche und der Brücke in der Vogelstraße wird von mehreren Kanäle durchzogem. Hier gibt es »Balkone«, die über das Wasser ragen und von bis zu 300 Jahre alten Pfählen gestützt werden. In den überdachten Fischkästen sind Karpfen zu erkennen. Das fürstbischöfliche Schloss, »Kaiserpfalz« genannt, stammt aus dem 14. Jahrhundert und ist einer der wichtigsten Profanbauten in Süddeutschland. Es beherbergt mehrere sehenwerte Museen und kostbare spätgotische Wandmalereien. Auch ein Spaziergang entlang der ehemaligen Stadtmauer und Festung lohnt sich. Der Kellerwald mit 23 Bierkellern bezeichnet sich als »größter Biergarten der Welt«.

Wer vom Wanderparkplatz Schlaifhausen zu den Felsenbergen Walberla und Rodenstein aufbricht, wird mit einer bemerkenswerten Fernsicht belohnt.

An der Sportinsel befindet sich der Wohnmobilstellplatz.

EBERMANNSTADT B9

Die charmante Altstadt mit Restaurants, Cafés und Biergärten wird von zwei Armen der Wiesent umflossen. Mittelpunkt ist der Marktplatz mit großen Kastanien und Bürgerhäusern aus dem 17. Jahrhundert, darunter reich gestaltete Fachwerkhäuser. Ein echtes Highlight ist die Museumsbahn auf der ehemaligen Bahnstrecke nach Behringersmühle. Die Fahrt unter Dampf geht durch das lauschige Wiesenttal.

Auf dem Parkplatz P2 gibt es auch Plätze für Wohnmobile.

POTTENSTEIN B9

Die älteste Burg in der Fränkischen Schweiz wurde vor rund 1000 Jahren auf einen mächtigen Felsen oberhalb von Pottenstein gebaut. Auch Elisabeth von Thüringen suchte hier einst Schutz. Nichts für schwache Nerven ist ein Besuch im Scharfrichtermuseum unterhalb der Burg.

Eindrucksvoll sind die durch Erosion des Frankendolomits entstandenen Felswände und -türme in der Umgebung von Pottenstein. Besonders Familien haben viel Spaß am Erlebnisfelsen Pottenstein mit Sommerrodelbahn, Skywalk und Hexenbesen. Und in der nahen Teufelshöhle sind Tropfsteinformationen und ein Höhlenbärenskelett zu sehen.

Einen Wohnmobilstellplatz. gibt es am Ortsrand.

BAYREUTH B9

↗ Tour 5 (Seite 50)

KULMBACH A9

↗ Tour 6 (Seite 57)

THERME OBERNSEES

In der modernen Badewelt bieten Thermalwasser zwischen 30 und 36 Grad, verschiedene Innen- und Außenbecken mit Massagedüsen, Sprudelliegen und Saunen Entspannung. Spaß machen Strömungskanal, Erlebnisbecken und die 90 Meter lange Reifenrutsche. Die Therme ist mit gesondertem Baby- und Kinderbereich ein ideales Ziel für Familien. Pro zahlendem Erwachsenen erhalten zwei Kinder freien Eintritt.

An der Therme 1, 95490 Mistelgau
www.therme-obernsees.de

CAMPINGPLÄTZE

❶ Knaus Campingpark Nürnberg
★★½☆☆

Parkähnlicher Campingplatz am Volkspark Dutzendteich. Nebenan ist ein Freibad. Ganzjährig geöffnet.

▶ Hans-Kalb-Straße 56, 90471 Nürnberg
GPS: 49.423207, 11.121449
Tel. 09 11/981 27 17
■ pincamp.de/nb5000

❷ Campingplatz Jurahöhe ★★★☆☆

Ländlicher Platz in der Fränkischen Schweiz. Ideale Basis zum Wandern und Klettern. Ganzjährig geöffnet.

▶ Kleinlesau 9, 91278 Pottenstein
GPS: 49.797975, 11.375307
Tel. 092 43/91 73
■ pincamp.de/nb4680

STELLPLÄTZE

❸ Wohnmobilstellplatz auf der Sportinsel

20 Plätze, Ver- und Entsorgung, Strom, Grillplatz, März bis Oktober: WC, Dusche
Ganzjährig geöffnet.

▶ An der Regnitzbrücke, 91301 Forchheim
GPS: 49.721077, 11.049555

Richard Wagner höchstpersönlich initiierte den Bau des Bayreuther Festspielhauses.

5 VON BAYREUTH NACH WALDSASSEN

BETÖRENDER OBERPFÄLZER WALD UND STIFTLAND

Kultur, Natur und Genuss lassen sich auf dieser Tour optimal verbinden. Das Stiftsland ist eine alte Klosterlandschaft mit Teichwirtschaft. Im »Land der 1000 Teiche« – es sind deutlich mehr – gibt es viel zu entdecken: kleine Kirchen und Kapellen, aber auch imposante Barockbauten. In der hügeligen Landschaft wechseln Wiesen und Felder mit dichtem Wald ab. Immer wieder lohnt es sich, die Route zu verlassen und auf Erkundung zu gehen. Auch ein Abstecher ins Böhmische Bäderdreieck bietet sich an.

BAYREUTH B9

Wunderschön liegt die Wagnerstadt zwischen Fichtelgebirge und Fränkischer Schweiz. Bekannt ist sie vor allem durch die jährlichen Richard-Wagner-Festspiele. Das Markgräfliche Opernhaus gehört als barockes Meisterwerk zum UNESCO-Welterbe. Sehenswert ist auch das Alte Schloss mit Orangerie und Sonnentempel. Die zauberhafte historische Parkanlage Eremitage mit Wasserspielen stammt wie das Opernhaus aus dem 18. Jahrhundert. Dazu

ROUTE 142 KM

Bayreuth → 28 km bis **Neustadt am Kulm** → 5 km bis **Kloster Speinshart** → 24 km bis **Parkstein** → 14 km bis **Weiden in der Oberpfalz** → 8 km bis **Neustadt an der Waldnaab** → 11 km bis **Windischeschenbach** → 20 km bis **Tirschenreuth** → 19 km bis **Bad Neualbenreuth** → 13 km bis **Waldsassen**

kommen prächtige historische Gebäude, Theater, Museen und Kirchen.

In der Grünewaldstraße gibt es kostenfreie Wohnmobilstellplätze. Hervorragend steht man auch auf dem Wohnmobilstellplatz der Lohengrin Therme rund fünf Kilometer westlich vom Zentrum.

2 NEUSTADT AM KULM B10

Die kleinste Stadt der Oberpfalz umgibt eine von erloschenen Vulkanen geprägte Landschaft. Einer davon ist der 683 Meter hohe Basaltkegel direkt am Ort. Der Rauhe Kulm wird gekrönt durch einen Aussichtsturm. Nach dem Aufstieg über einen schmalen Pfad durch Basaltbrocken belohnt ein Rundumblick auf Fichtelgebirge, Oberpfälzer Land und Fränkische Schweiz. Mittelpunkt von Neustadt ist der Markt. Sehenswert ist auch die barocke Stadtkirche.

Am Ortsrand gibt es einen einfachen Stellplatz.

KLOSTER SPEINSHART B10

Kloster Speinshart wurde im 12. Jahrhundert gegründet. Die prächtige barocke Klosterkirche mit reichen Stuckverzierungen im Inneren gehört zu den bedeutendsten Baudenkmälern der Region. Inzwischen leben wieder Mönche hier. Sehenswert ist auch das als Ensemble erhaltene historische Klosterdorf, das liebevoll restauriert wurde. Es entstand nach der Säkularisation, als die Wirtschaftsgebäude der Abtei verkauft wurden. Die meisten Gebäude stammen aus dem 18. Jahrhundert.

PARKSTEIN B10

Alexander von Humboldt pries den Hohen Parkstein, der den Ort überragt, als »schönsten Basaltkegel Europas«. Die Wanderung hinauf zur Bergkirche wird mit der Aussicht auf das sanfte Hügelland des Oberpfälzer Waldes belohnt. Auch die Ruinen der einstigen Burg sind sehenswert. Danach lohnt ein Abstecher in die Kapellengasse zu den Felsenkellern, die ins Vulkangestein getrieben wurden, und zur Basaltwand. Mehr zu den Vulkanen erfährt man im Museum Vulkanerlebnis Parkstein (↗ Kasten).

Wohnmobilstellplätze gibt es am Gasthof Bergstüberl.

WEIDEN IN DER OBERPFALZ C10

Der berühmte Komponist Max Reger (1873–1916) wuchs in Weiden auf. In der Altstadt findet man immer wieder Hinweise auf ihn. Der große Marktplatz erstreckt sich zwischen Oberem und Unterem Tor und ist gesäumt von prächtigen Bürgerhäusern der Renaissance. In der Mitte steht das Alte Rathaus. Weiden ist aber auch Stadt des Jugendstils. Die Industrialisierung um die Wende vom 19. zum 20. Jahrhundert bedeutete Wachstum für die Stadt. Viele der Neubauten wurden im Jugendstil errichtet, schön zu sehen in der Ketteler-, Luitpold-, Johannis- und Sebastianstraße. Auch die Kirche St. Josef ist innen im Jugendstil gestaltet, ein echtes Schmuckstück. Grüne Oase in der Stadt ist der Max-Reger-Park, nur ein paar Gehminuten von der Altstadt entfernt.

Hinter der Weidener Thermenwelt befindet sich der Wohnmobilstellplatz.

VULKANERLEBNIS PARKSTEIN

Im Landrichterschloss erfährt man alles zur Entstehung des Parksteins und des daran beteiligten Vulkans. Dabei begibt man sich auf eine Zeitreise vom Tertiär bis zur Gegenwart. Highlight ist der virtuelle Vulkanausbruch mit Laser-, Nebel- und Lichttechnik, der stündlich immer zehn Minuten vor der vollen Stunde stattfindet. Der Vulkanschlot zieht sich über alle drei Stockwerke des Gebäudes.

Schloßgasse 5, 92711 Parkstein
www.vulkanerlebnis-parkstein.de

NEUSTADT AN DER WALDNAAB B10

Neustadt erstreckt sich auf einem Höhenrücken zwischen Waldnaab und Floss. Sehenswert sind das Alte Lobkowitzerschloss und das Neue Schloss mit dem Barockgarten am historischen Stadtplatz. Auch die Wallfahrtskirche St. Felix aus dem 18. Jahrhundert ist einen Besuch wert. Radfahrern ist der Bockl, der Bahntrassenweg bis Eslarn, und der Waldnaabtal-Radweg zu empfehlen.

Idealer Standort für die Erkundung der Region ist die Camping- und Freizeitanlage direkt an der Waldnaab.

WINDISCHESCHENBACH B10

Wegen seiner 14 Zoiglstuben nennt sich der Ort selbst »Hauptstadt des Zoiglbiers«. In zwei Kommunbrauhäusern wird nach alten Rezepten über offenem Feuer gebraut. Das urige Getränk probiert man mit einer deftigen Brotzeit in den besagten Zoiglstuben, die abwechselnd von Freitag bis Montag geöffnet haben. Sie sind am sechszackigen Zoiglstern vor der Tür zu erkennen.

Eine Attraktion der anderen Art wartet im Geo-Zentrum an der Kontinentalen Tiefbohrung (KTB): Es handelt sich um das tiefste zugängliche Bohrloch (9101 Meter) der Welt und dient zur Erforschung der Erdkruste. Der dazugehörige höchste Landbohrturm der Welt (83 Meter) kann bestiegen werden.

In der um 1300 entstandenen gut erhaltenen Burg Neuhaus ist das Waldnaabtal-Museum untergebracht. Das 14 Kilometer lange Tal mit bis zu 50 Meter hohen Granitfelsen zwischen dem Ortsteil Neuhaus und Falkenberg kann man durchwandern. Je nach Wasserstand sind bizarre Felsformationen, tiefe Strudellöcher, Schliffe und Steinmühlen zu beobachten.

Etwa 1,5 Kilometer südlich vom Ortskern gibt es am Freibad Wohnmobilstellplätze.

TIRSCHENREUTH B11

Über 3500 Teiche bilden die Tirschenreuther Teichpfanne. Mehr zu ihrer Entstehung und Nutzung erfährt man im Oberpfälzer Fischereimuseum. Den Stadtteich im Fischhofpark überspannt die barocke Fischhofbrücke. Auf der Insel befindet sich der Fischhof, der ehemalige Sommersitz der Äbte von Waldsassen. Über eine moderne Spannbandbrücke erreicht man die Altstadt.

Wald und Teiche sorgen für ein angenehmes Klima und bieten viele Möglichkeiten zum Wandern und Angeln. Inmitten der »1000 Teiche« steht der 20 Meter hohe Aussichtsturm Himmelsleiter, der einen vorzüglichen Blick über die Kulturlandschaft ermöglicht. Der Vizinalbahnradweg nach Wiesau führt daran vorbei. Man erreicht sie auch gut vom Parkplatz am Ende der Kornbühlstraße. Auch ein Abstecher in den Naturpark Steinwald mit eigentümlich geformten Felsengruppen bietet sich von hier aus an.

Am Fischhofpark und am ZOB gibt es Wohnmobilstellplätze.

BAD NEUALBENREUTH B11

In Bad Neualbenreuth gibt es viele liebevoll sanierte Egerländer Fachwerkbauten, insbesondere am Marktplatz und in der Turmstraße. Zu sehen sind unter anderem Symbole, die Glück bringen oder Unheil abhalten sollen. Der Sengershof, der zwischen Ostern und Oktober besichtigt werden kann, ist ein typisch Egerländer Fachwerkvierseithof. Dieser Kulturraum erstreckt sich seit 1945 über tschechisches und bayerisches Gebiet. Sehenswert ist auch die Wallfahrtskirche Kleine Kappl bei Ottengrün, eine Rokokosaalkirche mit bemalter Spiegeldecke.

Der Ort zudem eines der jüngsten Kurbäder Deutschlands. Im Sibyllenbad dreht sich alles um Gesundheit und Wellness. Angeschlossen ist ein beliebter Wohnmobilhafen.

Campingplatz Großbüchlberg

WALDSASSEN B11

↗ Tour 6 (Seite 54)

CAMPINGPLÄTZE

❶ Camping Schweinmühle ★★★

Campen auf dem Bauernhof für die ganze Familie. Badeteich, Hofladen und Zoiglstube. Mitte Mai bis Mitte Oktober geöffnet.
▶ Schweinmühle 1, 92670 Windischeschenbach
GPS: 49.819850, 12.145837
Tel. 096 81/13 59
■ pincamp.de/nb8700

❷ Camping Großbüchlberg ★★★★

Familiär geführter Platz mit Pool, Restaurant und Blick auf bewaldete Höhenzüge. Ganzjährig geöffnet.
▶ Großbüchlberg 32, 95666 Mitterteich
GPS: 49.971787, 12.224718
Tel. 096 33/40 06 73
■ pincamp.de/nb8600

STELLPLÄTZE

❸ Wohnmobilstellplatz Lohengrin Therme

18 Plätze, Ver- und Entsorgung, Strom, WC, Dusche, WLAN, Brötchenservice
Ganzjährig geöffnet.
▶ Thermenallee, 95448 Bayreuth
GPS: 49.941910, 11.634805
www.lohengrin-therme.de

Die Stiftsbasilika Waldsassen

6 VON WALDSASSEN NACH KULMBACH

VOM FICHTELGEBIRGE IN DEN FRANKENWALD

Vor allem Naturliebhaber und Genießer kommen auf dieser Tour entlang der tschechischen Grenze und mitten durchs oberfränkische Fichtelgebirge ins Schwärmen. Dabei geben dichte Fichtenwälder und mystische Felsenlandschaften immer wieder überraschende Ausblicke frei. Und auch kulinarische Köstlichkeiten wollen probiert werden. Mineralquellen und Naturseen bieten jede Menge Badespaß. Die Region ist zudem weltbekannt für ihr Porzellan, besonders in Selb und Hohenberg dreht sich alles um das weiße Gold.

1 WALDSASSEN B11

Ganz im Norden Bayerns, einen Steinwurf von der tschechischen Grenze entfernt, liegt Waldsassen. Es wird dominiert von dem 1133 gegründeten prächtigen Kloster, dem die Gegend den Namen Stiftland (↗ Seite 50) verdankt. Heute ist es ein Zisterzienserinnenkloster mit Mädchenschule. Besonders sehenswert sind die barocke Basilika mit den Heiligen Leibern, zehn ein-

ROUTE 123 KM

Waldsassen → 16 km bis **Hohenberg an der Eger** → 12 km bis **Selb** → 24 km bis **Wunsiedel** → 4 km bis **Felsenlabyrinth Luisenburg** → 15 km bis **Weißenstadt** → 26 km bis **Bad Berneck** → 26 km nach **Kulmbach**

gekleideten Ganzkörperreliquien frühchristlicher Märtyrer, und die berühmte Stiftsbibliothek mit ihren kostbar ausgestatteten Sälen. Für lukullische Freuden ist ebenfalls gesorgt: Waldsassen ist einer von 100 ausgezeichneten bayerischen Genussorten – viele Restaurants sind wegen ihrer lokalen Spezialitäten weit über die Region hinaus bekannt.

Kostenlose Wohnmobilstellplätze befinden sich unter anderem am Busparkplatz P1 in der Ortsmitte.

HOHENBERG AN DER EGER A10

Die östlichste Stadt des Fichtelgebirges grenzt in landschaftlich reizvoller Lage direkt an Tschechien. Von der bestens erhaltenen Burganlage hat man eine großartige Fernsicht über das Egerland bis zum Erzgebirge. Jährlich findet hier rund um Pfingsten ein Mittelalterfest statt.

Unterhalb der Burg sprudelt die frei zugängliche Carolinenquelle. Ihre wohltuenden Eigenschaften aufgrund des hohen Mineral- und Kohlensäuregehalts sind bereits seit dem Jahr 1600 bekannt.

Neben einem Besuch im Porzellanikon, dem Museum für Porzellan – eine weitere Zweigstelle befindet sich in Selb –, lohnen sich Rad- oder Mountainbiketouren nach Liba und Cheb in Tschechien. Ein Wanderweg folgt der historischen Handelsstraße, die vom Fichtelgebirge aus bis nach Böhmen führte.

SELB A10

Weltbekannt für Porzellan, dreht sich in Selb alles um das weiße Gold. Die Stadt ist ebenso wie Hohenberg an der Eger Teil der Bayerischen Porzellanstraße, die vom Fichtelgebirge in die Oberpfalz führt und Museen, Produktionsstätten und Werksverkäufe verbindet. Die Region war über Jahrhunderte hinweg eine Hochburg der Porzellanherstellung, gab es hier doch alle nötigen Rohstoffe: Hutschenreuther, Rosenthal, Arzberg, Seltmann Weiden – sie alle produzierten hier und tun es teilweise noch immer.

Im Papiermühlweg befindet sich der Wohnmobilstellplatz, der auch über Toiletten und Duschen verfügt. Die Stadt und die Fabrikverkäufe sind von hier zu Fuß erreichbar.

4 WUNSIEDEL B10

Das oberfränkische Städtchen, umgeben von sanften Hügeln, grünen Tälern und ausgedehnten Wäldern, ist der Hauptort des Fichtelgebirges. In der Altstadt mit ihrem Wahrzeichen Koppetentor wandelt man auf den Spuren des Dichters Jean Paul, der 1763 hier als Johann Paul Friedrich Richter geboren wurde. Im Fichtelgebirgsmuseum, dem größten bayerischen Regionalmuseum, erfährt man mehr über ihn und

Der Bergfried überragt den Bad Bernecker Markt.

über die Kulturgeschichte. Zudem kann hier eine umfangreiche Gesteins- und Mineraliensammlung bewundert werden.

Der Bürgerpark Katharinenberg ist wegen seiner vielfältigen Attraktionen wie Streichelzoo, Rotwildgehege, Greifvogelpark mit Falknerei und Umweltstation samt vieler Mitmachaktionen vor allem bei Familien mit Kindern sehr beliebt.

Der Wohnmobilstellplatz am westlichen Ortsrand von Wunsiedel an der Rot-Kreuz-Straße/Ludwigstraße ist der ideale Ausgangspunkt für den Stadtbesuch und Unternehmungen in der Umgebung.

WEISSENSTADT A10

Malerisch und verträumt – das ist Weißenstadt. Romantische Gässchen führen durch den kleinen Ort an der Eger. Sehenswert sind die Stadtkirche St. Jakobus sowie der Kurpark auf dem Gelände einer ehemaligen Steinschleiferei. Im Rahmen einer spannenden Führung zu besichtigen ist die Weißenstädter Kellerwelt, ein unterirdisches Lager- und Erdkellersystem mit rund 130 Räumen – ein Labyrinth, das bislang noch nicht komplett systematisch erfasst wurde.

Der am Stadtrand gelegene See ist ein Paradies für Freunde von Wassersportaktivitäten wie Tretbootfahren, Segeln, SUP und Angeln oder Beachvolleyball. Neben Bischofsgrün ist Weißenstadt der perfekte Ausgangspunkt für eine Wanderung auf den Schneeberg. Der mit 1051 Metern höchste Berg des Fichtelgebirges ist schon von Weitem am ehemaligen Fern-

FELSENLABYRINTH LUISENBURG

Als hätte ein Riese mit Felsbrocken gespielt – so wirkt diese einzigartige Laune der Natur. Das 300 Millionen Jahre alte Granitsteinmeer mit Höhlen und Schluchten, benannt nach Königin Luise von Preußen, hat Menschen schon immer fasziniert. Wurden für seine Entstehung lange Zeit Erdbeben verantwortlich gemacht, weiß man heute, dass Verwitterung und Erosion das Labyrinth geformt haben. Hindurch führt ein wildromantischer Rundweg mit zahlreichen Rast- und beeindruckenden Aussichtsplätzen. Festes Schuhwerk empfohlen! Zwischen Ende Mai und Anfang September finden hier die Luisenburg-Festspiele mit Theater- und Musicalaufführungen statt.
Luisenburg 2a, 95632 Wunsiedel, April–Okt.
www.wunsiedel.de

meldeturm auf dem Gipfel als Mahnmal des Kalten Krieges erkennbar.

Wer sein Quartier hier für weitere Entdeckungen beziehen möchte: Außerhalb der Stadt befindet sich in der Nähe des Sees ein Campingplatz, und an der Therme Siebenquell gibt es Wohnmobilstellplätze.

BAD BERNECK B10

Sieben Berge umgeben das sympathische Städtchen im Tal der Ölschitz. Wer Erholung sucht, findet sie hier: Seit 1857 ist Bad Berneck Kurort, zunächst Molken- und Luftkurort, seit 1930 Kneippkurort und auf Gesundheitstourismus eingestellt. Auch an die kulinarischen Genüsse ist gedacht: Der Marktplatz besitzt (angeblich) die höchste Gastronomiedichte ganz Frankens und ist ein beliebtes Fotomotiv. Darüber erhebt sich der schlanke Bergfried, der zum Alten Schloss gehörte, das längst verfallen ist. Der Burgenwanderweg verbindet es mit weiteren Burgruinen rund um den Ort.

Auf den Spuren Alexander von Humboldts wandelt man im Dendrologischen Garten, in dessen Zentrum das ehemalige Alaunbergwerk »Beständiges Glück« liegt. Dieses hatte auch Humboldt, als er hier seine selbstentwickelte Grubenlampe testete, dabei das Bewusstsein verlor und durch einen Bergbaumeister in letzter Sekunde gerettet wurde.

Auf einem einfachen Parkplatz am Ortsrand befinden sich Wohnmobilstellplätze.

KULMBACH A9

Kulmbach im Frankenwald besticht mit verwinkelten Gassen, alten Fachwerkhäusern, Türmen und Kirchen. In der einstigen Markgrafenstadt fließen Roter und Weißer Main zusammen. Hoch oben und weithin sichtbar thront mit der Plassenburg die wichtigste Hohenzollernfestung Bayerns. Das Museum macht mit der Geschichte des Herrscherhauses bekannt. Der Arkadenhof gilt als Meisterwerk der Renaissancearchitektur.

Zu Füßen der Burg wird im Mönchshof das gleichnamige Bier gebraut. Wohnmobilfahrer, die in der Brauereigaststätte einkehren, dürfen auf dem Parkplatz übernachten. Bierbrauen hat in Kulmbach Tradition, nachzuvollziehen im angegliederten Brauerei- und Bäckereimuseum. Gemütlich geht es zur Kulmbacher Bierwoche und beim Altstadtfest zu. Ausflüge lohnen sich zur Burg Wernstein, zum Wasserfall Veitlahm und zum Aussichtsturm Patersberg.

Auf dem Wohnmobilstellplatz am Schwedensteg am Ortsrand finden 60 Mobile Platz.

CAMPINGPLÄTZE

❶ Camping am Weißenstädter See ★★★★☆

Campingplatz direkt am See auf einem Wiesengelände. Pool und Restaurant.
Ganzjährig geöffnet.
▶ Badstraße 91, 95163 Weißenstadt
GPS: 50.108443, 11.876057
Tel. 092 53/288
■ pincamp.de/nb8300

❷ Camping Stadtsteinach ★★★☆☆

Gepflegter und ruhig gelegener Platz mit vielen Bäumen. Nebenan ist ein Freibad.
Mitte März bis Mitte November geöffnet.
▶ Badstraße 5, 95346 Stadtsteinach
GPS: 50.160499, 11.516120
Tel. 092 25/80 03 94
■ pincamp.de/nb4200

STELLPLÄTZE

❸ Wohnmobilstellplatz Papiermühlweg

10 Plätze, Ver- und Entsorgung, Strom, WC, Dusche
Ganzjährig geöffnet.
▶ Papiermühlweg 2, 95100 Selb
GPS: 50.169544, 12.125072

Das Plateau des Staffelbergs über Bad Staffelstein ist ein beliebtes Ausflugsziel.

VON KULMBACH NACH WERTHEIM

DIE VIELFALT AM MAIN ENTDECKEN

Die UNESCO-Welterbe-Städte Bamberg und Würzburg gehören ebenso zur Tour wie eindrucksvolle Schlösser, Kirchen und Klöster. Immer am Fluss entlang geht es vorbei an bizarren Felsformationen und Weinbergen durch das weite Maintal. Dabei kann man aus einer Fülle von Campingplätzen und Stellplätzen wählen, auch direkt am Wasser. Der größtenteils flach verlaufende Main-Radweg begleitet die gesamte Strecke.

KULMBACH A9

↗ Tour 6 (Seite 57)

LICHTENFELS A9

Weithin sichtbar ist die mittelalterliche Kirche mit ihrem markanten fünfspitzigen Turm. Und über allem thront das im 16. Jahrhundert gebaute mächtige Stadtschloss. Es war in seiner wechselhaften Geschichte sowohl Adelssitz als auch Lagerraum für verschiedenste Güter. Darunter befindet sich ein weitverzweigtes Labyrinth aus Gängen und Höhlen. Die Besichtigung ist besonders für Kinder ein schauriges Abenteuer. Rund um das barocke Rathaus am Marktplatz erstreckt sich die zauberhafte Alt-

ROUTE 282 KM

Kulmbach → 36 km bis **Lichtenfels** → 10 km bis **Bad Staffelstein** → 34 km bis **Bamberg** → 36 km bis **Haßfurt** → 24 km bis **Schweinfurt** → 29 km bis **Volkach** → 73 km bis **Würzburg** → 40 km bis **Wertheim**

stadt der traditionellen Korbstadt. Geschäfte und zahllose Veranstaltungen halten das alte Flechthandwerk lebendig.

Zwischen Lichtenfels und Bad Staffelstein hat Balthasar Neumann mit der Wallfahrtsbasilika Vierzehnheiligen ein barockes Meisterwerk geschaffen. Das prächtig ausgestaltete Innere hinterlässt bleibenden Eindruck.

Direkt am Main befindet sich der beliebte Campingplatz Maincamping.

BAD STAFFELSTEIN A8

Der Rundgang durch die Altstadt startet am Markt, den Fachwerkhäuser umstehen. Durch Gassen geht es von dort zur mittelalterlichen Stadtkirche St. Kilian. Der Innenraum wurde prunkvoll barock umgestaltet. Vielerorts trifft man auf Spuren des bekanntesten Sohnes der Stadt, Rechenmeister Adam Riese, der 1492 oder 1493 hier geboren wurde. Im und um den Ort gibt es elf Brauereien, die bei Wanderungen oder Radtouren besucht werden können. Wer auf den 539 Meter hohen Staffelberg mit der markanten Felsenkrone oberhalb der Stadt steigt, überlickt die ganze Umgebung.

Ein sehr angenehmer Wohnmobilstellplatz befindet sich direkt neben der Obermain Therme. So kann man vom Camper aus direkt im Bademantel kuren gehen.

BAMBERG B8

Ganz viel mittelalterlicher Charme und reges Treiben erwartet uns in Bamberg. Die Altstadt gehört wegen ihres unzerstörten Gesamtbildes zum UNESCO-Welterbe und ist geprägt von Fachwerkhäusern und prächtigen Barockbauten. Mitten in der Regnitz wurde auf einer künstlichen Insel das Alte Rathaus erbaut. Von hier aus hat man den besten Blick auf das pittoreske Klein-Venedig, wo früher die Fischer wohnten. Weithin sichtbar ist der von Kaiser Heinrich II. gegründete romanische Dom St. Peter und St. Georg. Im Inneren birgt er wertvolle Kunstschätze, allen voran den berühmten Bamberger Reiter. Tilman Riemenschneider schuf das Grab Heinrichs II. und seiner Gat-

Ausblick von der Terrasse der Vogelsburg über den Main

tin, Veit Stoß den Marienaltar im Querhaus. In der kostbar ausgestatteten Neuen Residenz nebenan hatten bis 1802 die Fürstbischöfe von Bamberg ihren Sitz. Sehenswert ist auch die Klosterburg St. Michael, die – ebenso wie der Dom – auf eine Gründung Heinrichs II. im Jahr 1015 zurückgeht. Umgeben von einem Terrassengarten, erstrahlt sie in barocker Pracht.

Auf dem Park&Ride-Platz Heinrichsdamm gibt es Wohnmobilstellplätze. Nicht weit entfernt befindet sich an der Regnitz der empfehlenswerte Campingplatz Insel.

5 HASSFURT B8

Den angenehmen Ort am Main umgeben die Naturparks Steigerwald und Haßberge, zwei ideale Wandergebiete. Die Altstadt von Haßfurt wird von zwei mächtigen Tortürmen bewacht. Auch ein Stück Stadtmauer ist erhalten. Die Hauptstraße säumen sorgsam restaurierte Fachwerkhäuser. Weitere verwunschene Flecken und kleine Plätze entdeckt man beim Bummel durch die verwinkelten Gassen. In der spätgotischen Stadtpfarrkirche St. Kilian am Markt ist man stolz auf zwei Holzfiguren von Tilman Riemenschneider, eine Madonna mit

VOGELSBURG

Die Lage der Vogelsburg bei Volkach ist einmalig und ihre Geschichte bewegt: Der Ort war schon in der Steinzeit besiedelt, diente später als Grab- und Kultstätte und als Festung. Im Frühmittelalter entstand hier ein Königshof. Daraus entwickelte sich eine Burg und im 13. Jahrhundert ein Frauenkloster. Inzwischen fungiert es im Besitz einer sozialen Stiftung als Gasthaus und Hotel. Der Blick von der Terrasse auf den Main und die Weinberge ist erstklassig.

www.vogelsburg-volkach.de

Kind und Johannes der Täufer. Der Hochaltar wird seiner Werkstatt zugeschrieben.

Am Festplatz Gries befindet sich der Reisemobilstellplatz.

SCHWEINFURT B7

Die schönsten Ecken von Schweinfurt und Spuren von 1200 Jahren Stadtgeschichte entdeckt man bei einem Spaziergang durch die liebevoll sanierte Altstadt. Am Marktplatz glänzt das historische Rathaus im Stil der Renaissance. Der prächtige Erbacher Hof war ein Wirtschaftshof der Zisterzienser. Alte Wohnhöfe und Reste der mittelalterlichen Stadtmauer sind erhalten. Das Museum Georg Schäfer zeigt eine herausragende Kunstsammlung mit Werken von 1760 bis 1930, unter anderem von Caspar David Friedrich und Carl Spitzweg. Familien besuchen gerne den städtischen Wildpark an den Eichen mit seinen fast 500 Tieren.

Der Wohnmobilstellplatz Hutrasen liegt idyllisch im Grünen am Altmainarm. Zehn Minuten dauert der Spaziergang in die Altstadt. Von hier lassen sich auch Fahrradtouren am Main unternehmen.

VOLKACH B7

Bei Volkach fließt der Main in einer großen Schleife. Die verschiedenen Landschaftsformen, die hier aufeinandertreffen, stehen unter Naturschutz.

Am Marktplatz der Weinstadt Volkach stehen das Rathaus aus dem 16. Jahrhundert und prächtige Bürgerhäuser. Liebevoll restaurierte Fachwerkhäuser und Gebäude im Rokoko- und Barockstil prägen die Plätze und Gassen. Über 300 Jahre wurde an der Kirche St. Bartholomäus und ihrem markanten Turm gebaut, bis sie im 18. Jahrhundert schließlich fertiggestellt war.

Nicht weit entfernt steht in den Weinbergen die Wallfahrtskirche Maria im Weingarten. Die Madonna im Rosenkranz stammt von Tilman Riemenschneider, aber auch der Blick und die Atmosphäre sind magisch. Dank der vier Fähren an der Mainschleife lassen sich verschiedene Wander- und Radtouren gut kombinieren.

In Flussnähe findet man auf einem Parkplatz den Wohnmobilstellplatz.

WÜRZBURG B7

↗ Tour 8 (Seite 62)

WERTHEIM B6

↗ Tour 33 (Seite 173)

CAMPINGPLÄTZE

❶ Campingplatz Insel ★★★½

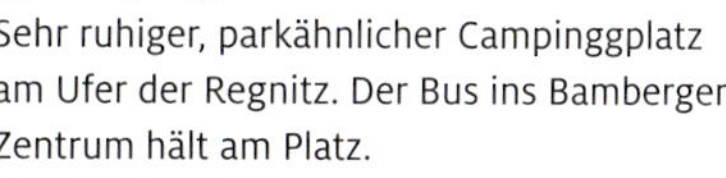

Sehr ruhiger, parkähnlicher Campinggplatz am Ufer der Regnitz. Der Bus ins Bamberger Zentrum hält am Platz.
Ganzjährig geöffnet.
▶ Am Campingplatz 1, 96049 Bamberg
GPS: 49.860953, 10.915824
Tel. 09 51/563 20
■ pincamp.de/nb4400

❷ Campingplatz Ankergrund ★★★★

Der gepflegte Campingplatz liegt direkt an der Mainschleife am Ortsrand von Volkach.
April bis Ende Oktober geöffnet.
▶ Fahrer Straße 7, 97332 Volkach
GPS: 49.869236, 10.214887
Tel. 093 81/67 13
■ pincamp.de/nb2400

STELLPLÄTZE

❸ Wohnmobilstellplatz Obermain Therme
27 Plätze, Ver- und Entsorgung, Strom, WC, WLAN, Brötchenservice (März–Nov.)
Ganzjährig geöffnet.
▶ Am Kurpark 1, 96231 Bad Staffelstein
GPS: 50.108381, 10.988908
Tel. 095 73/961 90
www.obermaintherme.de

Die Festung Marienberg prägt die Silhouette von Würzburg.

8 VON WÜRZBURG NACH FRANKFURT AM MAIN

AUS DEM HERZEN FRANKENS NACH MAINHATTAN

Bei dieser Tour kommen Kulturbegeisterte voll auf ihre Kosten: sei es die barocke Pracht in Würzburg oder das Rokkokoparadies Veitshöchheim, sei es Spessartromantik in Schloss Mespelbrunn und Lohr oder mediterranes Flair im »Bayerischen Nizza«. Meist begleitet uns dabei der Main mit seinen zahlreichen Windungen und bietet immer wieder eine spiegelnde Kulisse. Die waldreiche Umgebung tut ihr Übriges, um den Weg von Franken nach Frankfurt zu einem einzigartigen Erlebnis zu machen.

WÜRZBURG B7

Die fränkische Metropole am Main ist eine sympathische Mischung aus Weinort und Großstadt, was hier überhaupt kein Widerspruch ist. In Würzburg kann man in individuellen Geschäften der Innenstadt dem Shopping frönen und danach einen Schoppen beim Winzer oder in der Wirtschaft nehmen.

Die barocke Residenz mitten in der Stadt ist UNESCO-Welterbe. Mit dem reich ausgestatteten Schloss nach Plänen des damali-

ROUTE 198 KM

Würzburg → 8 km bis **Veitshöchheim** → 46 km bis **Lohr am Main** → 32 km bis **Wertheim** → 8 km bis **Hammermuseum Hasloch** → 26 km bis **Schloss Mespelbrunn** → 19 km bis **Aschaffenburg** → 18 km bis **Seligenstadt** → 41 km bis **Frankfurt am Main**

gen Stararchitekten Balthasar Neumann hat sich Fürstbischof Johann Philipp Franz von Schönborn ein prunkvolles Denkmal gesetzt. Auch der Hofgarten und die Hofkirche sind reich geschmückt und sehr gepflegt, einfach eine Augenweide.

Von unten gesehen prägt die Festung Marienberg das Stadtbild. Von oben hat man einen wunderbaren Blick auf Stadt und Maintal. Wer sie besuchen will, nimmt am besten von der Innenstadt aus den Bus, da der Parkraum sehr begrenzt ist. Der einstige Sitz der Fürstbischöfe wurde ab 1200 stetig ausgebaut und im Dreißigjährigen Krieg mit Bastionen verstärkt. Heute befindet sich hier das Museum für Franken, das neben einer stadtgeschichtlichen und archäologischen Abteilung die größte Riemenschneider-Sammlung der Welt besitzt. Sehenswert sind zudem der romanische Dom mit barockem Inneren, die gotische Marienkapelle am Unteren Markt, die seit ihrer Erbauung von »Kramläden« eingefasst wird, und die Alte Mainbrücke.

Für Wohnmobilisten bietet sich der zentral gelegene Stellplatz am Main an. Gar nicht so weit außerhalb findet sich darüber hinaus ein Campingplatz.

VEITSHÖCHHEIM B7

Am Main entlang geht es weiter nach Veitshöchheim, der einstigen Sommerfrische der Würzburger Fürstbischöfe. Darum steht auch hier ein prachtvolles Schloss mit einem mindestens ebenso prächtigen Park. Der Rokkokogarten Veitshöchheim ist mit seinen streng angelegten Beeten ein eindrucksvolles Beispiel damaliger Gartenkunst. Zahlreiche Figuren und Brunnen zieren die grüne Oase am Main. Der Eintritt ist gratis.

In Veitshöchheim kann man auch ganz entspannt auf der begrünten Mainpromenade flanieren oder sich in der örtlichen Gastronomie kulinarischen Genüssen widmen. Der ganze Ort mit seinen kopfsteingepflasterten Gassen ist fein herausgeputzt.

Noch etwas hat in Veitshöchheim übrigens einen besonders hohen Stellenwert: die fünfte Jahreszeit. Im Schloss findet alljährlich die Prunksitzung der fränkischen Karnevalisten statt, die manch einer aus dem Fernsehen kennt. Die begehrten Karten für die Veranstaltung werden verlost.

Am Main gibt es Wohnmobilstellplätze.

Campingplatz Mainkur, östlich von Frankfurt

LOHR AM MAIN B6

Vor den Toren von Lohr erheben sich die Hänge des Spessarts. Wanderer und Radfahrer freuen sich über ein vielfältiges Wegenetz. In der charmanten Fachwerkstadt kann man sich einfach treiben lassen. Der wuchtige Bayersturm ist als Teil der einstigen Stadtbefestigung erhalten. In luftiger Höhe kann man die Wohnung der Türmerfamilie Bayer besichtigen und den Ausblick genießen. Südlich vom Turm schließt das pittoreske mittelalterliche Fischerviertel an.

Dem Schloss verliehen die Mainzer Kurfürsten seine heutige Gestalt. Hier vermittelt das Spessartmuseum spannende Aspekte der Regionalgeschichte. Im Schloss soll einst Schneewittchen zu Hause gewesen sein. Das Freifräulein von Erthal, geboren 1725, gilt als historisches Vorbild. Auf dem Schneewittchenwanderweg kann man in ihre Fußstapfen treten und »über sieben Berge« vielleicht sogar zu den sieben Zwergen gelangen.

WERTHEIM B6

↗ Tour 33 (Seite 173)

SCHLOSS MESPELBRUNN B6

Ein verträumtes Renaissanceschloss spiegelt sich in einem See. Was sich nach Märchenkulisse anhört, ist in Mespelbrunn Realität. Mitten in einem sattgrünen Wald versteckt sich dieses Schloss, das einmal eine Burg des Ritters Hamann Echter war. Besucher können einen großen Teil des Schlosses besichtigen, das noch heute von den Grafen von Ingelheim, genannt Echter von und zu Mespelbrunn, bewohnt wird. Der Pferdestall wurde zu einem schönen Café umgestaltet.

Ein Besuch des Schlosses lässt sich hervorragend mit einer Wanderung durch den dicht bewaldeten Spessart verbinden. Rund um Mespelbrunn gibt es zahlreiche Wanderwege.

An der Hauptstraße ist der Wohnmobilstellplatz ausgeschildert.

ASCHAFFENBURG B5/6

Aschaffenburg rühmt sich einer der höchsten Kneipendichten der Republik. Wer wollte überprüfen, ob das auch stimmt? So oder so ist in der fränkischen Stadt sowohl die Wein- als auch die Bierkul-

HAMMERMUSEUM HASLOCH

In der interaktiven Ausstellung des Hammermuseums kommen große und kleine Besucher einem alten Handwerksberuf auf die Spur. Beim Schauschmieden und in der Gießerei kann sich jeder ein Bild davon machen, wie einst Beschläge und Verzierungen entstanden.

Eisenhammer, 97907 Hasloch

www.hammer-museum.de

tur stark ausgeprägt. In der heimeligen Altstadt mit ihren verwinkelten Fachwerkhäusern erhebt sich die Stiftsbasilika St. Peter und Alexander aus dem 10. Jahrhundert. Zur wertvollen Ausstattung gehört auch Matthias Grünewalds »Beweinung Christi«. Das Stiftsmuseum zeigt weitere Kirchenschätze.

Das Schloss Johannisburg aus rotem Sandstein mit seinem Schlossgarten lässt die Herzen Kulturinteressierter höher schlagen. Der mächtige Vierflügelbau prägt mit seiner Spätrenaissancefassade Stadt und Mainufer. Der einstige Sitz der Mainzer Erzbischöfe beherbergt heute eine umgangreiche Sammlung zur Kultur- und Industriegeschichte von Aschaffenburg. Ein weiteres Highlight ist das Pompejanum: Die Ausgrabungen in Pompeji inspirierten König Ludwig I. von Bayern zu dieser Rekonstruktion eines römischen Wohnhauses. Wegen der einmaligen Lage auf einem Weinberg über dem Main sprach König Ludwig liebevoll von seinem »Bayerischen Nizza«. Umgeben ist das Haus von einem Garten mit Mandel- und Feigenbäumen.

Auch die übrige Museumslandschaft kann sich sehen lassen: So zeigt das Kirchner-Haus in Wechselausstellungen Werke des Expressionisten Ernst Ludwig Kirchner, der Kindheit und Jugend in Aschaffenburg verbrachte. Und ab Juni 2022 widmet sich das Christian Schad Museum dem Schaffen des Avantgardisten. Schad lebte von 1942 bis zu seinem Tod im Jahr 1982 in der Stadt.

Auf der anderen Mainseite zwischen Adenauerbrücke und Willigisbrücke bietet der beliebte Wohnmobilstellplatz gute Voraussetzungen für einen gelungenen Aufenthalt.

7 SELIGENSTADT B5

Das gerade noch hessische Seligenstadt vor den Toren Frankfurts gehört für einen Frankfurter gefühlt schon zu Bayern. 828 gründete Einhard, der Biograf Karls des Großen, hier ein Benediktinerkloster, das bis heute prägend für die Kleinstadt ist. Ein wunderschön angelegter Klostergarten mit Zier- und Nutzpflanzen lädt zum Spaziergang ein. Nebenan erfahren Interessierte in der wasserbetriebenen Mühle, wie in früheren Zeiten aus Korn Mehl wurde. Auch die barocke Klosteranlage selbst ist für Besucher geöffnet. Besonders prachtvoll: die Prälatur, das Wohngebäude des Abtes und seiner Gäste. Ein Bummel durch die blitzsaubere und liebevoll restaurierte Altstadt mit ihren vielen Cafés und Gaststätten macht den Ausflug zu einem gelungenen Erlebnis.

8 FRANKFURT AM MAIN A5

↗ Tour 37 (Seite 191)

CAMPINGPLÄTZE

1 Seecamping Freudenberg 

Sehr ruhig an einem Weiher gelegen. Mit vielen Spiel- und Sportmöglichkeiten.
Ganzjährig geöffnet.
▶ Mühlgrundweg 10, 97896 Freudenberg
GPS: 49.7623, 9.31866667
Tel. 09 37/583 89
■ pincamp.de/wn1900

2 Campingplatz Mainkur ★★★½

Direkt am Main und ideal für alle, die Frankfurt besuchen möchten. Die Stadt lässt sich per Rad oder ÖPNV gut erreichen.
April bis Ende September geöffnet.
▶ Frankfurter Landstraße 107, 63477 Maintal
GPS: 50.13833333, 8.78238333
Tel. 069/41 21 93
■ pincamp.de/hs7150

STELLPLÄTZE

3 Stellplatz an der Friedensbrücke

30 Plätze, Strom, Ver- und Entsorgung
Ganzjährig geöffnet.
▶ Dreikronenstraße 2, 97082 Würzburg
GPS: 49.797219, 9.923349

Der Hundertwasser-Turm ist die Attraktion der Weißbierbrauerei Kuchlbauer in Abensberg.

VON MÜHLDORF AM INN NACH EICHSTÄTT

FLUSSLANDSCHAFTEN UND RÖMISCHE RELIKTE

Die Tour führt zunächst vom Inn in nordwestlicher Richtung durch sanftes Hügelland zur Isar, weiter bis zur Donau und schlängelt sich dann durch das beschauliche Altmühltal. Besonders beliebt ist die Region zum Radfahren und Wandern. Auf gut ausgebauten Nebenstraßen gibt es schmucke Altstädte und viele Burgen zu entdecken. Oder man begibt sich in Museen und Kastellen auf die Spuren der Römer.

1 MÜHLDORF AM INN F11

↗ Tour 17 (Seite 106)

2 VILSBIBURG F11

An der Strecke liegt kurz hinter Egglkofen mit dem Soccerpark Bayern ein besonderer Fußballplatz. Allerdings muss hier das Runde nicht ins Eckige, sondern durch verschiedene Schikanen in Bodenlöcher. Die Rede ist vom Fußballgolf, ein spaßiger Zwischenstopp für die ganze Familie.

Die kleine, aber feine Altstadt von Vilsbiburg ist schnell erkundet, sehenswert ist das Heimatmuseum mit seiner Sammlung regio-

ROUTE 216 KM

Mühldorf am Inn → 32 km bis **Vilsbiburg** → 21 km bis **Landshut** → 50 km bis **Brauerei Zum Kuchlbauer** → 20 km bis **Kelheim** → 7 km bis **Essing** → 15 km bis **Riedenburg** → 28 km bis **Beilngries** → 17 km bis **Kipfenberg** → 18 km bis **Römerkastell Pfünz** → 8 km bis **Eichstätt**

naler Töpferware. Die Gegend ist bestens für eine Radtour geeignet. Also warum nicht das Steuer mit dem Fahrradlenker tauschen? Idealer Ausgangspunkt ist der Wohnmobilstellplatz am Färberanger.

LANDSHUT F10

Einen ganz besonderen Charme entfaltet die breite Straße namens Altstadt, die teilweise Fußgängern vorbehalten ist. Mit ihren vielen Einkaufs- und Einkehrmöglichkeiten ist sie die Lebensader von Landshut. Ihre prachtvollen Giebelhäuser erinnern an die Blütezeit Landshuts. Im 14. und 15. Jahrhundert hatte der Salzhandel der Stadt einigen Wohlstand beschert. Hier ragt auch der höchste Backsteinturm der Welt empor. Er gehört zur spätgotischen Hallenkirche St. Martin, die auch einen wertvollen, aus Sandstein gemeißelten Hochaltar von 1424 besitzt. In den Museen lässt sich mehr über das kulturelle Erbe der Region erfahren. Die Stadtresidenz – sie gilt als frühester Renaissancepalast auf deutschem Boden – ist wegen Sanierung bis auf Weiteres geschlossen. Über den Dächern der Stadt thront Burg Trausnitz mit dem bezaubernden Hofgarten. Lassen sich ihre ältesten Teile auf etwa 1204 datieren, so erlebte sie im Laufe der Jahrhunderte mehrfache Um- und Ausbauten.

BRAUEREI ZUM KUCHLBAUER

Bei der Führung durch Kuchlbauers Bierwelt können Besucher einen ganz besonderen Turm besteigen. Der kunterbunte Kuchlbauer Turm, der den Biergarten überragt, wurde vom Künstler Friedensreich Hundertwasser gestaltet. Die Weißbierbrauerei ist seit acht Generationen in Familienhand und zählt damit zu den ältesten Brauereien der Welt.
Römerstraße 5–9, 93326 Abensberg
www.kuchlbauer.de

Campingplatz Kratzmühle an der Altmühl

Im Prunksaal des Rathauses stellen Wandgemälde die Szenen der Landshuter Hochzeit dar: 1475 heiratete Georg der Reiche, Sohn des bayerischen Herzogs, die polnische Königstochter Hedwig Jagiellonica. Alle vier Jahre – das nächste Mal 2023 – stellen Tausende kostümierte Landshuter das historische Ereignis nach. Über mehrere Wochen versetzt das Spektakel die ganze Stadt zurück ins Mittelalter. Der feierliche Höhepunkt ist der Hochzeitsumzug in der Altstadt. Besonders Kinder verfolgen gebannt die Ritterturniere.

Rund um Landshut gibt es vielfältige Radfahrmöglichkeiten. Für jedes Fitnesslevel findet sich hier die passende Tour. Wohnmobile parken auf der Grieserwiese.

KELHEIM D/E10

↗ Tour 18 (Seite 110)

ESSING D10

Ab Kelheim folgen wir für den Rest der Tour der Altmühl, die bis Dietfurt als Main-Donau-Kanal Teil der wichtigen europäischen Wasserstraße ist. Über einen Seitenarm der Altmühl führt eine alte Holzbrücke nach Essing, dessen mittelalterliche Gebäude sich am Fuß einer steilen Felswand drängen. Hoch oben thront die Ruine der Raubritterburg Randeck. Mit dem »Tatzlwurm« fällt auch eine moderne Holzbrücke auf, eine der längsten ihrer Art in Europa.

Das Parken mit dem Wohnmobil in Essing ist schwierig. Im Ortskern gibt es keine Parkmöglichkeiten, und die Straßen sind sehr eng. Es gibt einige Parkplätze um den Ort herum, zum Beispiel an der Schiffsanlegestelle oder der Fußgängerbrücke.

RIEDENBURG D10

In Riedenburg wollen ein hübscher historischer Ortskern und vor allem die drei Burgen rundherum erkundet werden. Auf dem Drei-Burgen-Steig lassen sich die Burgruine Rabenstein, der Falkenhof Schloss Rosenburg – die Vogelflugschau ist vor allem für Kinder ein Erlebnis – und die Burgruine Tachenstein erwandern. Sehenswert ist auch das Kristallmuseum mit der größten Bergkristallgruppe der Welt.

Dabei kann man zwischen zwei Campingplätzen und dem Wohnmobilstellplatz direkt an der Altmühl wählen.

BEILNGRIES D9

Weiter an der Altmühl entlang, säumen bewaldete Hänge mit vereinzelten Felsen die Strecke, bis Beilngries erreicht ist. Die Stadt wird im Norden vom Main-Donau-Kanal und im Süden von der Altmühl umflossen. Alte Stadttürme, Reste der Stadtmauer und das barocke Rathaus sind sehenswert. Das Bistumshaus Schloss Hirschberg oberhalb der Stadt, das Museum Erlebniswelt Wasserstraße und das Spielzeugmuseum lohnen ebenfalls einen Besuch.

Am Main-Donau-Kanal entlang radelt man

rund vier Kilometer bis zur Benediktinerabtei Plankstetten, die sich an einen grünen Hang im Sulztal schmiegt. In der Klosterschenke unter uralten Linden schmeckt ein kühles Getränk gleich doppelt gut.

KIPFENBERG D9

Die Strecke schlängelt sich wie die Altmühl weiter durchs Land zum geografischen Mittelpunkt Bayerns nach Kipfenberg. Der Burgstraße bergauf folgend, befindet sich ein Parkplatz, von dem aus sich die zahlreichen Zeugnisse aus der Römerzeit erkunden lassen. Nicht weit entfernt ist die Burg Kipfenberg mit dem Römer- und Bajuwarenmuseum. Die Altstadt mit ihrem hübschen Marktplatz, gesäumt von bunten Häusern, bietet einen einzigartigen Blick auf die Burg. Eine Wanderung entlang der Arnsberger Leite führt zu einem der landschaftlich schönsten Abschnitte des Altmühltals.

Der Campingplatz in Kipfenberg direkt an der Altmühl eignet sich gut als Ausgangspunkt für eine Tour mit dem Kanu.

RÖMERKASTELL PFÜNZ E9

Auch der weitere Streckenverlauf windet sich entlang der Altmühl. Oberhalb von Pfünz befindet sich ein Relikt aus der Zeit der Römer. Geparkt wird entweder am Ortseingang beim Meilenstein Limes, von wo es zu Fuß auf den Kirchberg oberhalb des Ortes weitergeht, oder direkt am Kastell. Das frei zugängliche Römerkastell Castra Vetoniana diente einst zur Sicherung des nahegelegenen Limes. Teile der Umfassungsmauer wurden wiederaufgebaut.

EICHSTÄTT E9

Mit Eichstätt erreichen wir den Mittelpunkt des Naturparks Altmühltal. In der barocken Altstadt ist neben der Fürstbischöflichen Residenz, dem Residenzplatz und dem Dom mit seiner prachtvollen Ausstattung auch die Willibaldsburg mit dem Bastionsgarten äußerst sehenswert. Verschiedene Museen widmen sich den in der Umgebung gefundenen Fossilien, der mehr als 1200 Jahre umfassenden Geschichte des Bistums und der Entwicklung der Region von der Steinzeit bis ins Mittelalter.

Wer nicht den Eichstätter Wohnmobilstellplatz nutzt, der attraktiv am südlichen Stadtrand an der Altmühl liegt, parkt am besten auf dem großen Parkplatz in der Inneren Freiwasserstraße und erkundet die Sehenswürdigkeiten zu Fuß.

CAMPINGPLÄTZE

1 City Camping Landshut ★★½

Kleiner Campingplatz in schöner Lage an der Isar. Wiesengelände mit Bäumen.
Ganzjährig geöffnet.
▶ Breslauer Straße 122, 84028 Landshut
GPS: 48.553977, 12.179569
Tel. 01 60/114 05 47
■ pincamp.de/sb1000

2 Camping Kratzmühle ★★★

Großer Platz mit parzellierten Stellflächen auf Wiesengelände am Ufer der Altmühl. Mietbäder, Minimarkt und Gaststätte mit Biergarten am Platz. Nahe gelegener Badesee.
Ganzjährig geöffnet.
▶ Mühlweg 2, 85125 Pfraundorf
GPS: 49.00358332, 11.4517
Tel. 084 61/641 70
■ pincamp.de/nb6800

STELLPLÄTZE

3 Wohnmobilstellplatz Eichstätt

70 Plätze, Ver- und Entsorgung, Strom, WC, Dusche (saisonal), Grillstelle, Brötchenservice
Ganzjährig geöffnet.
▶ Schottenau 42, 85072 Eichstätt
GPS: 48.884401, 11.19766

Bei der Umrundung des Staffelsees hat man die Alpen immer im Blick.

10 VON EICHSTÄTT NACH KOCHEL AM SEE

STEINZEITDORF, SISI-SCHLOSS UND BLAUER REITER

Eine Tour voller Höhepunkte mit einmaliger Natur, Burgen, Schlössern, Künstlern und den Wittelsbachern. Aber auch richtig gutes Bier kann probiert werden. Es gibt viel Neues zu entdecken, bevor wir das Voralpenland erreichen. Dabei geht die Fahrt auch immer wieder am Wasser entlang. An den Lieblingsseen von Kaiserin Sisi und König Ludwig II. finden auch wir einen Logenplatz mit Alpenblick. Kein Wunder, dass schon die Künstler des Blauen Reiters sich hier gern aufgehalten haben.

1 EICHSTÄTT E9

↗ Tour 9 (Seite 69)

2 BURG NASSENFELS E9

Am Rande der Fränkischen Alb steht in Nassenfels eine der bedeutendsten Burgen Bayerns. Die ehemalige Wasserburg aus dem 13. Jahrhundert ist heute in Privatbesitz und kann deshalb nur an bestimmten Tagen besichtigt werden. Sie ist aber auch von außen eindrucksvoll. Der ungewöhnlich hohe Bergfried misst 37 Meter. Die erhalte-

ROUTE 248 KM

Eichstätt → 13 km bis **Burg Nassenfels** → 9 km bis **Neuburg an der Donau** → 41 km bis **Unterwittelsbach** → 31 km bis **Augsburg** → 37 km bis **Steinzeitdorf Pestenacker** → 4 km bis **Schloss Kaltenberg** → 28 km bis **Dießen am Ammersee** → 12 km bis **Kloster Andechs** → 20 km bis **Bernried am Starnberger See** → 30 km bis **Murnau am Staffelsee** → 23 km bis **Kochel am See**

nen Mauern zeugen mit ihrer Höhe von fünf Metern noch von einstiger Größe. Vom Ort aus führt eine reizvolle Wanderung über den Urdonautalsteig durch das Schuttertal.

NEUBURG AN DER DONAU E9

↗ Tour 19 (Seite 112)

UNTERWITTELSBACH F9

In der Nähe des hübschen Städtchens Aichach befindet sich in Unterwittelsbach das sogenannte Sisi-Schloss, das von Juni bis Oktober besucht werden kann. In diesem Jagdschloss verbrachte Herzog Max in Bayern regelmäßig die Sommer mit seiner Familie. Seine Tochter Elisabeth kennen wir als Sisi. Sie war die spätere Kaiserin von Österreich, Königin von Ungarn und – will man den Quellen glauben – wohl auch die schönste Frau ihrer Zeit. Eine Dauerausstellung widmet sich ihrem Leben und dem Mythos Sisi. Durch den Schlosspark und einen kleinen Wald führt ein Spaziergang nach Oberwittelsbach, wo Reste des Stammschlosses der Wittelsbacher erhalten sind.

Wohnmobilstellplätze gibt es am Freibad in Aichach.

AUGSBURG F8

↗ Tour 16 (Seite 102)

SCHLOSS KALTENBERG G9

Das aus dem 13. Jahrhundert stammende Schloss wurde im 17. und 19. Jahrhundert umgebaut. Dabei erhielt es seine aktuelle Vierflügelform. Die Anlage, in der auch Bier gebraut wird, gehört Luitpold Prinz von Bayern. Er ist der Urenkel von Ludwig III., dem letzten bayrischen König. Besucher haben Zugang zum Innenhof und können die Brauerei König Ludwig besichtigen. In der Ritterschwemme gibt es regionale Küche. Direkt am Biergarten hat der Nachwuchs Spaß auf einem großen Ritterspielplatz. Auf dem Parkplatz finden auch Wohnmobile Platz.

Campingplatz Brugger am glasklaren Riegsee, unweit von Murnau

DIESSEN AM AMMERSEE G9

Das letzte Stück der Fahrt führt am Ammersee entlang. Schon von Weitem ist das prächtig barock gestaltete Marienmünster zu sehen. Bereits die Römer siedelten hier am Südwestende des Sees. Der beschauliche Ort geht auf verschiedene Klostergründungen zurück. Gewerbe und Handwerk spielten in dem ehemaligen Fischerdorf eine wichtige Rolle. Der Kontrast zwischen Wald, Moor und See zog und zieht Künstler an. So wohnten der Maler Carl Spitzweg und der Komponist Carl Orff zeitweilig in Dießen. Auch heute leben hier viele Maler und Kunsthandwerker. Zwischen April und Oktober zeigen sie ihre Werke im Bauhaus-Pavillon in den Seeanlagen.

Aber natürlich ist Dießen auch ideal zum Segeln und für andere Wassersportarten. Neben dem Strandbad gibt es Badestellen in St. Alban und Riederau. Auch Wanderungen und Radtouren durch Feld, Flur und Wald machen hier Freude.

Die Stellplätze für Wohnmobile befinden sich in Seenähe beim Bahnhof. Der Campingplatz St. Alban liegt direkt am See.

KLOSTER ANDECHS G9

↗ Tour 2 (Seite 41)

STEINZEITDORF PESTENACKER

Gezeigt wird hier das Leben früher Siedler in einem rekonstruierten Wohnstallhaus aus der Jungsteinzeit mit Garten und Bienenhäusern. Im Besucherpavillon sind Repliken von Werkzeugen, Waffen, Keramiken und Geflechten zu sehen. Das kleine Freilichtmuseum ist dem 1934 in der Nähe gefundenen Dorf aus der Jungsteinzeit nachempfunden, das zum UNESCO-Welterbe gehört.

Hauptstraße 100, 86947 Weil/OT Pestenacker, April bis Oktober geöffnet
www.steinzeitdorf-pestenacker.de

BERNRIED AM STARNBERGER SEE G9

Das Dorf am Starnberger See wurde schon einmal zu einem der schönsten Dörfer Deutschlands gekürt – eine Auszeichnung, die verpflichtet. Uralte Buchen und Eichen säumen die Straßen ebenso wie Villen aus den Anfangszeiten des Tourismus um 1900. Alte Bauernhäuser stehen im Ortskern rund um das große Kloster aus der Spätrenaissance.

Hauptpublikumsmagnet ist das Buchheim Museum, wo Kunst, Architektur und Natur eine spannende Symbiose eingehen. Es liegt direkt am Ufer in einem Park mit alten Baumgruppen, Teichen und Skulpturen. In zwölf Metern Höhe ragt eine Terrasse spektakulär auf den See hinaus. Der Besuch lohnt sich schon wegen des fabelhaften Blicks. Sammlungsschwerpunkte sind die Expressionisten und Volkskunst aus aller Welt.

Naturliebhaber machen einen Ausflug ins Naturschutzgebiet Bernrieder Filz, eine westlich gelegene Hochmoorlandschaft.

MURNAU AM STAFFELSEE H9

Murnau ist von gleich drei tiefblauen Seen umgeben: Staffel-, Rieg- und Froschhauser See. Herzstück des Ortes ist die Fußgängerzone um den Unter- und Obermarkt mit ihren Kaffeehäusern und Brauereigaststätten. Beim Bummel durch den Ort werden einem einige Motive wahrscheinlich bekannt vorkommen. Kein Wunder, haben sich doch am Staffelsee namhafte moderne Künstler aufgehalten. Wassily Kandinsky und Franz Marc nannten den Ort liebevoll »Herz des Blauen Landes«. Ein »Kunstspaziergang« folgt ihren Spuren. Der ehemalige Sommersitz von Gabriele Münter und Wassily Kandinsky, das Münter-Haus, bewahrt die Erinnerung an das Künstlerpaar. Und das Schlossmuseum zeigt Werke ihrer wegweisenden Künstlergruppe Blauer Reiter.

Wohnmobile parken am Bahnhof, wo es auch Stellplätze gibt. Besser steht man aber auf den Campingplätzen rund um den Ort.

Die Fahrt geht weiter durchs Voralpenland. Unterwegs lohnt ein Abstecher ins Freilichtmuseum Glentleiten mit historischen Gebäuden, Bauerngärten und Einblicken in das Leben der Menschen Oberbayerns in der Vergangenheit.

KOCHEL AM SEE H9

↗ Tour 13 (Seite 87)

CAMPINGPLÄTZE

❶ Camping St. Alban ★★★½

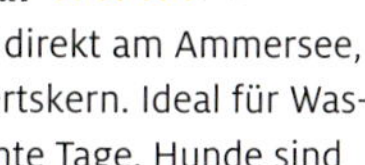

Kleiner Campingplatz direkt am Ammersee, nicht weit weg vom Ortskern. Ideal für Wassersport und entspannte Tage. Hunde sind allerdings nicht erwünscht.
April bis Anfang Oktober geöffnet.
▶ Seeweg Süd 85, 86911 Dießen am Ammersee
GPS: 47.96581667, 11.10448333
Tel. 088 07/73 05
■ pincamp.de/pin_23928

❷ Camping Brugger am Riegsee
★★★★

Gepflegter Platz mit fantastischem Alpenblick. Der Riegsee gilt als einer der wärmsten und saubersten Seen in Bayern.
Anfang April bis Mitte Oktober geöffnet.
▶ Seestraße 2, 82447 Spatzenhausen/OT Hofheim
GPS: 47.70673332, 11.21808333
Tel. 088 47/728
■ pincamp.de/sb5180

STELLPLÄTZE

❸ Wohnmobilstellplatz Schlösslwiese
70 Plätze, Ver- und Entsorgung, Strom, WC
Ganzjährig geöffnet.
▶ Zur Ringmeierbucht, 86633 Neuburg an der Donau
GPS: 48.740182, 11.184052

Im Altmühltal findet jeder mit dem Wohnmobil ein schönes Plätzchen.

11 VON INGOLSTADT NACH ROTHENBURG OB DER TAUBER

DURCHS ALTMÜHLTAL INS FRÄNKISCHE SEENLAND

Die Route folgt erst den Windungen der Altmühl und führt dann quer durchs Fränkische Seenland vorbei am Brombach- und Altmühlsee – perfekt zum Radeln, Wandern und Bootfahren. Ein besonderes Erlebnis ist die Suche nach Fossilien. Es muss ja nicht gleich ein Archaeopteryx sein. Wo einst der Obergermanisch-Raetische Limes verlief, finden sich in der hügeligen Landschaft Überreste römischer Kastelle und Wachtürme. Auf den einladenden Camping- und Stellplätzen möchte man gern etwas länger bleiben.

INGOLSTADT E9

Die liebenswerte Stadt an der Donau blickt auf eine über 1200-jährige Geschichte zurück. Viele historische Bauten gestatten einen Blick in die Vergangenheit, darunter stattliche Tore, schöne Giebelhäuser und barocke Prachtbauten. Guter Ausgangspunkt für den Rundgang durch die liebenwüdige Altstadt ist das Alte Rathaus. Nicht weit entfernt überragt das mächtige Liebfrauenmünster die Stadt. Im prächtigen Neuen Schloss aus dem 15. Jahrhundert

ROUTE 185 KM

Ingolstadt → 26 km bis **Eichstätt** → 15 km bis **Dollnstein** → 11 km bis **Solnhofen** → 3 km bis **Hobbysteinbruch Solnhofen** → 9 km bis **Pappenheim** → 17 km bis **Weißenburg in Bayern** → 15 km bis **Großer Brombachsee** → 25 km bis **Gunzenhausen** → 28 km bis **Ansbach** → 36 km bis **Rothenburg ob der Tauber**

ist das Bayerische Armeemuseum untergebracht. Die etwas versteckt gelegene barocke Asamkirche Maria de Victoria beherbergt ein beeindruckendes Deckenfresko und eine der wertvollsten Monstranzen der Welt. Auf der anderen Donauseite befinden sich klassizistische Festungsanlagen: Der Klenzepark ist das größte deutsche Freilichtmuseum für Festungsarchitektur. Das dortige Reduit Tilly beherbergt das Museum des Ersten Weltkriegs.

Übernachten kann man auf dem Stellplatz am Hallenbad.

EICHSTÄTT E9

↗ Tour 9 (Seite 69)

DOLLNSTEIN E9

Der historische Kern des kleinen Altmühlortes ist von einer mittelalterlichen Ringmauer umgeben. Auf einer Felsbank lag einst Burg Dollnstein. Die Oberburg ist längst abgetragen. In den Stallungen der Unterburg befindet sich heute das Altmühlzentrum Burg Dollnstein mit einer Ausstellung zum Kultur- und Naturraum Altmühltal.

Die Umgebung ist ideal zum Klettern, Wandern, Radfahren und Wasserwandern. Zwischen Dollnstein und Rennertshofen (↗ Seite 113) verläuft das Urdonautal. Allerdings ist es schon Millionen Jahre her, dass die Donau hier eine spektakuläre Landschaft geformt hat. Das Tal kann in fünf Tagesetappen durchwandert werden. Von einem Parkplatz südlich von Dollnstein aus kann man aber auch zu einer sechs Kilometer langen Runde, dem Jägersteig, starten.

Direkt an der Altmühl gibt es einen kleinen Campingplatz.

SOLNHOFEN E8

Die rund um Solnhofen abgebau-

Auch als Ruine eindrucksvoll: Burg Pappenheim

ten Plattenkalke sind seit der Römerzeit ein wichtiges Baumaterial. Auch in der Lithografie finden sie Anwendung. Sie sind außerordentlich reich an Fossilien. So wurden hier zum Beispiel Spuren des vogelartigen Raubdinosauriers Archaeopteryx entdeckt. Das Bürgermeister-Müller-Museum zeigt eine bedeutende paläontologische Sammlung, darunter auch drei der seltenen Urvögel. Im Hobbysteinbruch (↗ Kasten) kann man selbst auf die Suche nach Fossilien gehen. Die eindrucksvolle Landschaft lässt sich am besten bei einer Wanderung genießen.

5 PAPPENHEIM D/E8

In eine Schleife der Altmühl schmiegt sich das charmante Städtchen mit historischem Kern. Von der ehemaligen Residenzstadt haben sich innerhalb der fast kompletten Stadtmauer viele Bürgerhäuser, das Alte und das Neue Schloss der Marschälle von Pappenheim erhalten. Die Kirche St. Gallus ist ein früher protestantischer Kirchenbau. Auf einer Anhöhe zeugt die Ruine von der einst mächtigen Burg. Vom Bergfried genießt man den Blick über das Altmühltal.

6 WEISSENBURG IN BAYERN D8

Vom Reichtum der ehemals Freien Reichsstadt Weißenburg zeugen gotische Fassaden, spätmittelalterliches Fachwerk und barocke Bürgerhäuser. Die Stadtmauer mit 38 Türmen ist noch fast intakt. In Limesnähe gelegen, spielte Weißenburg bereits früh eine wichtige Rolle. Aus der Römerzeit sind das teilrekonstruierte Kastell Biriciana und Thermen erhalten. Das ansprechend gestaltete Römermuseum zeigt den größten römischen Schatzfund Deutschlands. Hier befindet sich auch das Bayerische Limes-Informationszentrum. Noch mehr Römerreste lassen sich auf der Wanderung »Via Biriciana« entdecken. Oberhalb von Weißenburg errichteten 1588 die Hohenzollern die fünfeckige Festung Wülzburg. Der Innenhof ist frei zugänglich.

Der Wohnmobilplatz befindet sich nicht weit weg von der Altstadt am Limesbad.

HOBBYSTEINBRUCH SOLNHOFEN

Im Naturpark Altmühl gibt es fünf Steinbrüche, in denen man auf eigene Faust nach Fossilien suchen darf. Einer davon ist der Hobbysteinbruch in Solnhofen. Das Werkzeug wird gestellt. Hier kann man versteinerte Fische, Pflanzen und Ammoniten finden. Oder vielleicht auch den nächsten Archaeopteryx? Das weckt den Entdeckergeist und ist besonders für Familien ein einmaliges Erlebnis. Empfehlenswert ist ein Kombiticket mit dem Bürgermeister-Müller-Museum.

Frauenberger Weg, 91807 Solnhofen, Ende März bis Ende Oktober geöffnet
www.solnhofen.de

GROSSER BROMBACH-SEE D8

Unweit der Staumauer des Brombachsees dreht sich im Infozentrum Seenland – Wasser für Franken in der Mandlesmühle alles um das Fränkische Seenland. In den 1970er-Jahren entstanden durch Überleitung und Stauung von Altmühl und Donau hier mehrere Seen. So sollte ein Ausgleich geschaffen werden zwischen dem wasserreichen Süden Bayerns und dem deutlich trockeneren Norden. Der größte der so entstandenen Seen, der Brombachsee, ist ein echtes Paradies zum Baden, Segeln, Surfen und Bootfahren, umgeben von hügeliger Landschaft, Wiesen und Wäldern. Wer genug vom Wasser hat, kann sich im Erlebnispark Pleinfeld mit Sommerrodelbahn, Wildgehege und Bungee-Trampolinen die Zeit vertreiben. Gut ausgebaute Rad- und Wanderwege führen um den See herum. Auch für Kinder kurzweilig ist der »Sandbockelweg«.

In Ramsberg, Enderndorf und Absberg gibt es Wohnmobilstellplätze. Letzterer ist besonders gut ausgestattet. Bei Pleinfeld und in Langlau gibt es Campingplätze.

GUNZENHAUSEN D8

Direkt durch das heutige Gunzenhausen verlief der Obergermanisch-Raetische Limes. Immer wieder finden sich beim Stadtbummel entsprechende Hinweisschilder. Im Burgstallwald kann man sich auf gekennzeichneten Spazierwegen auf die Spuren der Römer begeben. Zu sehen sind Reste von zwei Wachtürmen und einem Kastell.

Viele Urlauber kommen auch wegen des nahen Altmühlsees, der großartige Möglichkeiten zum Baden, Surfen, Segeln und Tauchen bietet. Rund um den See gibt es attraktive Camping- und Wohnmobilstellplätze.

ANSBACH D8

Die ehemalige Residenz der Hohenzollern gilt als Juwel des Barocks und des Rokokos. Das prächtige Schloss mit 27 Prunkräumen, Porzellansammlung und Gemäldegalerie sowie die Orangerie im Hofgarten gehören zu den Baudenkmälern aus dieser Zeit. Man sollte sich Zeit lassen für den Bummel durch die Altstadt mit ihren winkligen Gässchen und lauschigen Innenhöfen.

Am Freizeitbad Aquella, zehn Gehminuten vom Zentrum, befindet sich der kostenfreie Stellplatz. Es fährt auch ein Bus.

ROTHENBURG OB DER TAUBER C7

↗ Tour 33 (Seite 172)

CAMPINGPLÄTZE

❶ SeeCamping Langlau ★★★½

Naturnaher Platz mit Strand am Südwestufer des Brombachsees. Imbiss und Laden.
März bis Mitte November geöffnet.
▶ Seestraße 30, 91738 Pfofeld-Langlau
GPS: 49.12706666, 10.86451667
Tel. 098 34/969 69
■ pincamp.de/nb6100

❷ Altmühlsee-Camping Herzog
★★★★

Gepflegter, familienfreundlicher Campingplatz in direkter Nähe zum Altmühlsee und zu einem großen Strand. Restaurant am Platz.
April bis Ende Oktober geöffnet.
▶ Seestraße 12, 91710 Gunzenhausen
GPS: 49.127103, 10.743723
Tel. 098 31/90 33
■ pincamp.de/nb6150

STELLPLÄTZE

❸ Wohnmobilstellplatz am Hallenbad

13 Plätze, Ver- und Entsorgung, Strom
Ganzjährig geöffnet.
▶ Jahnstraße 9, 85049 Ingolstadt
GPS: 48.760301, 11.420006

Füssen ist umgeben von mehreren Seen, der Forggensee ist der größte von ihnen.

VON LINDAU (BODENSEE) NACH HOHENSCHWANGAU

TRAUMHAFTES ALLGÄU

Vom Westallgäu führt diese Traumtour immer entlang der Nagelfluhkette, einer Hochgratkette am Nordrand der Allgäuer Alpen. Vorbei an mittelalterlichen Orten und romantischen Schluchten schlängelt sich die Straße mit grandiosen Ausblicken durch das hügelige Voralpenland. Kurvige Streckenabschnitte entlang der Deutschen Alpenstraße lassen echtes Roadtrip-Gefühl aufkommen. Vorbei an unzähligen Seen, die zum Baden einladen, geht es auf den Spuren eines ganz besonderen Königs hinein in eine verwunschene Märchenwelt.

LINDAU (BODENSEE) H6

Südländisches Flair erwartet Besucher in Lindau beim Bummel durch schmale Gassen mit zahlreichen mittelalterlichen Gebäuden. Die Altstadt liegt auf einer Insel. Quirlig geht es an der Uferpromenade am Hafen zu. Die Wahrzeichen der Stadt sind der südlichste Leuchtturm Deutschlands und der Bayerische Löwe, die gemeinsam die Hafeneinfahrt rahmen. Wer den 36 Meter

ROUTE 132 KM

Lindau (Bodensee) → 21 km bis **Scheidegger Wasserfälle** → 19 km bis **Oberstaufen** → 6 km bis **Käseschule Allgäu** → 12 km bis **Immenstadt im Allgäu** → 9 km bis **Starzlachklamm** → 16 km bis **Jochpass** → 31 km bis **Burgruine Falkenstein** → 14 km bis **Füssen im Allgäu** → 4 km bis **Hohenschwangau**

hohen Turm ersteigt, überblickt den östlichen Bodensee. Ob gemütlich mit dem Ausflugsschiff oder sportlich mit SUP und Kanu, ob Wasserspaß in einem der schönen Strandbäder auf dem Festland oder ausgedehnte Radtour – in der warmen Jahreszeit sind die Möglichkeiten schier endlos. Aber auch die Kultur kommt in Lindau nicht zu kurz. Einzigartig ist die Lindauer Marionettenoper. Die ausdrucksstarken Puppen, detailreichen Kostüme und Kulissen versprechen ein ganz besonderes Theatererlebnis. Das Repertoire umfasst unter anderem »Die Zauberflöte« und »La Traviata«.

Mit dem Wohnmobil ist das Fahren auf der Insel nicht erwünscht. Es gibt auf dem Festland aber Parkmöglichkeiten für Camper, zum Beispiel den Wohnmobilstellplatz an der Therme Lindau oder am Hartplatz Zech. Von hier aus gibt es einen 4,4 Kilometer langen Fußweg zur Insel, aber auch einen Bus.

2 SCHEIDEGGER WASSERFÄLLE H7

Die B 308 führt in zahlreichen Kurven hinauf zu einem der schönsten Geotope Bayerns. Die romantische Rohrachschlucht und die beiden 18 und 22 Meter hohen Scheidegger Wasserfälle sind bekannte Fotomotive. Auf mehreren Wegen mit Aussichtspunkten auf die Wasserfälle kann das Naturparadies erkundet werden. Der Geo-Erlebnispfad bringt Familien mit Kindern auf moderne und unterhaltsame Weise die Erdgeschichte

Der Leuchtturm von Lindau im Bodensee

näher. Auch die Kleinsten kommen hier nicht zu kurz. Ein großer Wasserspielplatz erfreut sich vor allem bei hochsommerlichen Temperaturen großer Beliebtheit. Geöffnet hat das Naturschauspiel von Mai bis Oktober. Auf dem großen Parkplatz dürfen tagsüber auch Wohnmobile kostenlos stehen.

OBERSTAUFEN H7

Von Bergen und Almwiesen umgeben, ist Oberstaufen ein perfekter Ausgangspunkt für Unternehmungen in der Natur. Der Naturpark Nagelfluhkette bietet hervorragende Wandermöglichkeiten in den Allgäuer Bergen. Der Aufstieg erfolgt dabei entweder aus eigener Kraft oder mit einer der vielen Bergbahnen.

Abenteuer und Action für die ganze Familie verspricht die zehn Kilometer östlich gelegene Alpsee Bergwelt mit Sommerrodelbahn, Abenteuerspielplatz, Alpakagehege und Kletterwald. Hinauf geht es mit dem Sessellift. Für Wasserratten und bei schlechtem Wetter ist das Erlebnisbad Aquaria ein Highlight. Eine riesige Wasserlandschaft und ein großes Saunaangebot versprechen Erholung nach einem langen Wandertag.

Ob Almhütte oder traditionelles Wirtshaus – Tradition und Genuss werden in der Region großgeschrieben. Bekannt ist sie vor allem für den Allgäuer Bergkäse. Wie er hergestellt wird, erfährt man beim Besuch in einer Schaukäserei. Oder man wird gleich selbst zum Käsemeister (↗ Kasten).

KÄSESCHULE ALLGÄU

Zwischen Oberstaufen und Immenstadt befindet sich die Käseschule Allgäu. In der Erlebniskäserei kann man unter fachkundiger Anleitung seinen eigenen Käse herstellen und anschließend mit nach Hause nehmen. Die Termine stehen auf der Internetseite, eine Anmeldung ist erforderlich.

Kirchdorfer Straße 7, 87534 Oberstaufen/ OT Thalkirchdorf
www.kaeseschule.de

IMMENSTADT IM ALLGÄU H7

Zwei Kilometer südöstlich des Großen Alpsees erreichen wir das mittelalterliche Immenstadt. 1275 erstmalig erwähnt, ist es die älteste Stadt im Oberallgäu mit einer langen Geschichte als Handelsstadt. Den mediterran anmutenden Marienplatz prägen die auffällige Stadtpfarrkirche, das Stadtschloss sowie das alte Rathaus.

Das Wohnmobil stellt man am besten auf dem großen Viehmarktplatz etwas außerhalb ab. Am Großen Alpsee gibt es einen Campingplatz. Auf einem elf Kilometer langen Rundweg lernt man den größten natürlichen See des Allgäus in all seinen Facetten kennen. Unterwegs bieten sich viele Bademöglichkeiten. Auch Segeln, Surfen und Angeln sind hier beliebte Zeitvertreibe. In Bühl bringt das Naturparkzentrum Nagelfluhkette Besuchern diesen besonderen Naturraum näher. Und Kinder freuen sich über den Piratenspielplatz.

STARZLACHKLAMM H7

In Sonthofen, der südlichsten Stadt Deutschlands, geht es ländlich und städtisch zugleich zu. Umrahmt von der Natur und urigen Bergdörfern, gibt es hier auch eine gemütliche Fußgängerzone mit kleinen Geschäften. Große Wohnmobile finden am besten einen Parkplatz am Erlebnisbad Wonnemar.

Nur wenige Kilometer vom Stadtzentrum entfernt befindet sich ein Naturschauspiel, das man sich nicht entgehen lassen sollte: Der Bergbach Starzlach hat hier eine enge

Am Immstädter Marktplatz geht es heiter-gelassen zu.

und wildromantische Schlucht in den Fels gegraben. Eine Besonderheit sind die Nummuliten, münzenförmige Fossilien gehäusetragender Einzeller, die vor rund 30 Millionen Jahren in den Meeresschlamm absanken und versteinerten. Auch Fossilien einer seltenen Krabbenart wurden hier gefunden. Die Starzlachklamm lässt sich auf einem etwa anderthalbstündigen Rundweg durchwandern. Geöffnet ist sie von Ende April bis Ende November. Startpunkt ist der Parkplatz im Sonthofener Ortsteil Winkel. Festes Schuhwerk und Schwindelfreiheit sind ein Muss. An einigen Stellen wird es recht eng, der Weg ist aber immer gut gesichert und auch von Kindern zu meistern – ein eindrucksvolles Naturerlebnis für die ganze Familie.

JOCHPASS H8

Rund um Bad Hindelang bilden die Berge eine beeindruckende Kulisse. Das Heilklima ist ideal für Allergiker. Hinter Hindelang erwartet uns mit der Jochstraße ein echtes Highlight. Über mehr als 100 Kurven schraubt sich die Straße 360 Höhenmeter hinauf zu einem weiten und sonnigen Hochplateau. Der Blick von der Aussichtskanzel ist sensationell und macht diese Strecke zu einer der beliebtesten Passstraßen Deutschlands – die kurvigste ist sie allemal.

BURGRUINE FALKENSTEIN H8

Bereits König Ludwig II. war verliebt in die abwechslungsreiche Landschaft rund um Pfronten. Zahlreiche Burgruinen und herrliche Seen bestimmen die Szenerie. Es können wieder die Wanderschuhe oder die Räder hervorgeholt werden: Die traditionellen Ortschaften, urigen Berghütten und beeindruckenden Ausblicke lassen sich am besten aktiv genießen. Ein besonderes Erlebnis ist hier der Besuch der höchstgelegenen

Bei Füssen liegt der komfortable Campingplatz am Hopfensee, Alpenpanorama inklusive.

Burgruine Deutschlands, Burg Falkenstein. Auf einer Felsnadel in 1200 Metern Höhe bietet eine Aussichtsplattform einen sensationellen 360-Grad-Panoramablick. Eine Ausstellung vermittelt Interessantes zur Geschichte der um 1270 erbauten Burg und zu den Plänen des Märchenkönigs, genau an dieser Stelle ein weiteres Fantasieschloss errichten zu lassen. Dazu sollte es nicht mehr kommen. Als Ludwig II. 1886 starb, waren lediglich die Zufahrt und eine Wasserleitung realisiert, die Arbeiten wurden eingestellt.

Es gibt einige Wandermöglichkeiten hinauf zur Ruine, die aber Kondition erfordern. Der Weg lässt sich mittels einer Mautstraße mit Ampelregelung, die allerdings nur einmal in der Stunde befahren werden kann, zu einem kleinen Parkplatz unterhalb des Burghotels abkürzen. Die Auffahrt ist nur kleineren Kastenwägen und Wohnmobilen zu empfehlen, da die Straße sehr schmal ist und die Parkmöglichkeiten oben sehr begrenzt sind.

8 FÜSSEN IM ALLGÄU H8

Rund um Füssen locken zahlreiche Seen: Weißen-, Hopfen-, Alp-, Schwan- und Bannwaldsee lassen die Herzen aller Wasserratten höherschlagen. Nicht nur die Kinder werden sich freuen. Auf dem größten, dem Forggensee, verkehren Ausflugsschiffe – eine gemütliche Gelegenheit, das Alpenpanorama auf sich wirken zu lassen. Die Region hat auch kulturell und historisch einiges zu bieten. Füssen, die höchstgelegene Stadt Bayerns, besticht mit fast schon mediterranem Flair, romantischen Gassen und vielen Straßencafés.

Überragt wird sie vom Hohen Schloss. Die einstige Sommerresidenz der Fürstbischöfe von Augsburg ist nicht nur wegen ihrer spätgotischen Architektur einen Besuch wert. Sie beherbergt auch eine Dependance der Bayerischen Staatsgemäldesammlungen und die Städtische Gemäldegalerie.

Unterhalb des Hohen Schlosses liegt am

Ufer des Lech das Kloster St. Mang. Der Stadtpatron, der hl. Magnus, soll hier im 8. Jahrhundert als Einsiedler gelebt haben. Das um 850 gegründete Benediktinerkloster beeinflusste fast 1000 Jahre lang die Geschicke der Region. Der barocke Klosterbau beherbergt heute neben der Stadtverwaltung auch das Museum Füssen. Am nördlichen Flussufer kann man von hier in einer Viertelstunde zum Lechfall spazieren: Über ein Stauwehr stürzen die smaragdgrünen Wasser des Lech zwölf Meter in die Tiefe und weiter durch eine enge Schlucht Richtung Füssen.

Kostenlos stehen Wohnmobile auf dem Parkplatz am Eisstadion. Am Hopfensee gibt es einen empfehlenswerten Campingplatz.

HOHENSCHWANGAU H8

Unweit von Füssen lockt im Örtchen Hohenschwangau die Top-Sehenswürdigkeit Bayerns und das berühmteste Schloss Deutschlands: Neuschwanstein. Spektakulär auf einer Felskuppe und vor einer großartigen Bergkulisse gelegen, zieht es alljährlich fast anderthalb Millionen Touristen an. Auf den Grundmauern zweier Burgen ließ sich der junge Bayernkönig Ludwig II. hier ab 1869 sein ideales Mittelalterschloss errichten, allerdings mit modernster Technik jener Zeit und allem Komfort. Ludwig sollte die Fertigstellung jedoch nicht mehr erleben, 1886 kam er unter bis heute ungeklärten Umständen ums Leben. Schon wenige Wochen nach seinem frühen Tod wurde das Schloss der Öffentlichkeit zugänglich gemacht.

Der Standort von Neuschwanstein war nicht zufällig gewählt, Ludwig II. kannte ihn gut: Einen Kilometer Luftlinie in westlicher Richtung liegt vis-à-vis Schloss Hohenschwangau. Ludwigs Vater, Maximilian II., hatte die mittelalterliche Burg 1832 als Sommerresidenz erworben und neogotisch umbauen lassen. Unter Ludwig II. erfuhr das Schloss weitere Umgestaltungen. Die königlichen Gemächer, die Schlossküche und der Garten können besichtigt werden.

CAMPINGPLÄTZE

❶ Park-Camping Lindau am See
★★★★½

Naturnaher, freundlicher Campingplatz mit Seezugang und altem Baumbestand, rund 5 km von Lindau. Ideal für Familien.
Ende März bis Mitte November geöffnet.
▶ Fraunhoferstraße 20, 88131 Lindau
GPS: 47.53781666, 9.73113333
Tel. 083 82/889 99 99
■ pincamp.de/sb3550

❷ Alpsee Camping ★★★★

Luxuscampingplatz am Alpsee. Infinitypool, Sauna, Hundestrand, Bistro mit Seeterrasse.
Ende März bis Mitte September und Weihnachten geöffnet.
▶ Seestraße 25, 87509 Immenstadt/OT Bühl
GPS: 47.57249999, 10.19356666
Tel. 083 23/77 26
■ pincamp.de/sb3800

❸ Camping Hopfensee ★★★★★

Wiesengelände mit Bäumen direkt am See, asphaltierte Parzellen. Sehr sauber und gepflegt. Sauna, Hallenbad und Indoorspielplatz.
Mitte Dezember bis Anfang November geöffnet.
▶ Fischerbichl 17, 87629 Hopfen am See
GPS: 47.60196667, 10.68314999
Tel: 083 62/91 77 10
■ pincamp.de/sb4550

STELLPLÄTZE

❹ Wohnmobilstellplatz Wiesengrund

30 Plätze, Ver- und Entsorgung, Strom, WC, Dusche, WLAN, Brötchenservice, Restaurant
Ganzjährig geöffnet.
▶ Ostrachstraße 23, 87541 Bad Hindelang
GPS: 47.499374, 10.372149
www.wohnmobil-stellplatz-hindelang.de

Zum Greifen nah erscheinen die Alpengipfel bei klarer Sicht.

13 VON FÜSSEN IM ALLGÄU ZUM SCHLIERSEE

PARADIESISCHE SEEN UND MÄRCHENSCHLÖSSER

Meisterwerke des Barocks und Rokokos, glasklare Seen und grandiose Ausblicke machen diese Tour durch das oberbayerische Voralpenland zu einem Highlight. Tosende Wasserfälle und schwindelerregende Schluchten lassen nicht nur die Kinder staunen. Die Zugspitze erreicht man von Garmisch-Partenkirchen auch bequem mit der Zahnradbahn. Tradition und Religiosität prägen die Region bis heute: Zwei bedeutende Klosteranlagen liegen ebenso an der Strecke wie der Passionsspielort Oberammergau und die drei Märchenschlösser von König Ludwig II.

1 FÜSSEN IM ALLGÄU H8

↗ Tour 12 (Seite 82)

2 HOHENSCHWANGAU H8

↗ Tour 12 (Seite 83)

3 WIESKIRCHE H8

Die Strecke schlängelt sich durch eine Landschaft wie gemalt – in der Ferne erheben sich stolz die Alpengipfel –, bis wir bei Steingaden einen besonderen Wallfahrts-

ROUTE 242 KM

Füssen im Allgäu → 4 km bis **Hohenschwangau** → 25 km bis **Wieskirche** → 26 km bis **Oberammergau** → 14 km bis **Schloss Linderhof** → 12 km bis **Kloster Ettal** → 11 km bis **Kuhfluchtwasserfälle** → 7 km bis **Garmisch-Partenkirchen** → 29 km bis **Walchensee** → 12 km bis **Kochel am See** → 8 km bis **Kloster Benediktbeuern** → 17 km bis **Bad Tölz** → 25 km bis **Sylvensteinstausee** → 31 km bis **Tegernsee** → 17 km bis **Schliersee**

ort erreichen. Die Wieskirche gehört als eine der bedeutendsten Kirchen des Rokokos seit 1983 zum UNESCO-Welterbe. Nachdem 1738 eine Bäuerin an einer Figur des gegeißelten Christus Tränen erkannt haben wollte, setzten die Wallfahrten zu einer eigens errichteten Kapelle ein. Als diese dem Zustrom der Pilger nicht mehr gewachsen war, begann man 1745 mit dem Bau der Wallfahrtskirche Zum gegeißelten Heiland auf der Wies – so der offizielle Name. Heute bewundern Besucher aus der ganzen Welt den heiter anmutenden, beschwingten Innenraum mit seinem überreichen Stuck- und Freskenschmuck.

OBERAMMERGAU H9

Seit 1680 finden in Oberammergau alle zehn Jahre die weltbekannten Passionsspiele statt, das nächste Mal von Mai bis August 2022. Das ganze Dorf bereitet sich dann hingebungsvoll darauf vor. Wenn die Haare und Bärte der Einheimischen länger werden, ist es bald wieder soweit. Den ganzen Ort umgibt eine religiöse Aura, die auch so manchen Besucher erfasst. Neben den Herrgottschnitzern ist die Lüftlmalerei typisch für Oberammergau. Im Ortskern kann man diese regionaltypische Form der Fassadengestaltung mit religiösen Motiven, bäuerlichen Szenen und detailverliebten Trompe-l'œil-Elementen bewundern. Die Schnitzfiguren können in den örtlichen Geschäften erworben werden.

Wohnmobil stehen auf dem kostenlosen Parkplatz am Passionstheater.

KLOSTER ETTAL H9

Eindrucksvoll erhebt sich der mächtige Komplex des Klosters Ettal mit seiner Kuppelbasilika in dem grünen Tal. 1330 als Benediktinerabtei gegründet, erhielt es seine heutige barocke Gestalt im Zuge des Wiederaufbaus nach einem Brand im Jahr 1744. Die Säkularisation brachte das Bauge-

SCHLOSS LINDERHOF

Ein reizvoller Abstecher durch ein romantisches Tal führt zum kleinsten der drei bayerischen Königsschlösser, Schloss Linderhof. Ludwig II. ließ hier ab 1869 zunächst ein Forsthaus umgestalten und schließlich ein intimes und dennoch prunkvolles Schlösschen mit weitläufiger Parkanlage errichten. Besonders eindrucksvoll ist das üppig goldverzierte Schlafzimmer. Die Besichtigung findet im Rahmen von Führungen statt, die laufend starten.
Linderhof 12, 82488 Ettal
www.schlosslinderhof.de

schehen 1803 zunächst zum Erliegen. Als dann 1900 wieder Mönche einzogen, richteten sie ein bis heute existierendes Gymnasium ein. Die rührigen Ordensbrüder unterhalten darüber hinaus einen facettenreichen Betrieb mit Hotel, Restaurant, Brauerei, Liqueurmanufaktur, Käserei sowie Land- und Fortwirtschaft. Die Basilika ist öffentlich zugänglich, Brauerei und Liqueurmanufaktur können im Rahmen öffentlicher Führungen besichtigt werden.

KUHFLUCHTWASSERFÄLLE H9

Die Kuhfluchtwasserfälle sind ein lohnenswerter Zwischenstopp, vor allem für bewegungshungrige Kinder. Das Wohnmobil parkt man am besten beim Warmfreibad Farchant, wo ein Walderlebnispfad startet. Die Kleinen balancieren über Baumstämme oder probieren das Waldxylofon aus. Die Wanderung am Fluss entlang bietet an warmen Tagen Gelegenheit zur Erfrischung. Die drei Wasserfälle erreichen zusammen eine Höhe von etwa 270 Metern.

GARMISCH-PARTENKIRCHEN H9

Die gigantische Kulisse des Wettersteinmassivs mit Deutschlands höchstem Gipfel überragt Garmisch-Partenkirchen. Mit einer Zahnradbahn erreicht man die 2962 Meter hohe Zugspitze auf bequeme Weise. Vom zehn Kilometer entfernten Eibsee aus schwebt seit 2017 auch eine atemberaubende Seilbahn zum Gipfel hinauf.

Spätestens seitdem 1936 hier die Olympiade ausgetragen wurde, ist Garmisch-Partenkirchen auch als Wintersportort berühmt. Die alte Olympiaschanze wurde inzwischen durch eine moderne Anlage ersetzt, eine Station der alljährlichen Vierschanzentournee.

In dem belebten Doppelort wurden viele Fassaden mit üppiger Lüftlmalerei verschönt. Traditionelle Wirtshäuser und der Kurpark laden zum Verweilen ein. Das Museum Werdenfels widmet sich der Kulturgeschichte, den Traditionen und Künstlern der Region.

Ein Publikumsmagnet ist die nahe Partnachklamm, die Stege und in den Fels geschlagene Galerien erschließen. Zwischen steilen Felswänden rauschen die Wassermassen der Partnach unter den Besuchern zu Tal. Ein Naturschauspiel, das nicht nur die Kinder staunen lässt.

Ein großer, kostenloser Parkplatz für Wohnmobile befindet sich am Eisstadion in Bahnhofsnähe.

WALCHENSEE H9

Die Route führt direkt am karibisch anmutenden türkisblauen Wasser des Walchensees entlang. Ein Anblick, der zum ausgiebigen Baden oder zum Wassersport verlockt. Vom Lieblingsberg König Ludwigs II., dem 1731 Meter hohen Herzogstand über dem westlichen Ufer, bietet sich ein sensationeller Blick auf das Zwei-Seen-Land. Eine Gratwanderung führt hinüber zum Heimgarten, eine der schönsten Touren der

Die Wieskirche bei Steingaden entfaltet erst innen ihre ganze Rokokopracht.

Alpen. Wer den Aufstieg zu Fuß zu anstrengend findet, nimmt die Herzogstandbahn.

Weil die Szenerie aber auch norwegisch anmutet, diente der Walchensee 2008 als Kulisse für den Film »Wickie und die starken Männer«. An der Seestraße unweit der Herzogstandbahn befindet sich noch heute das Wikingerdorf »Flake«. Es kann besichtigt werden – spannend für kleine Entdecker.

Das Parken am Walchensee kann an schönen Tagen und zur Hauptsaison zum Problem werden. Der Nachtparkplatz Einsiedel bietet sich zum Parken wie auch zum Übernachten mit dem Wohnmobil an.

KOCHEL AM SEE H9

In 14 Kehren schlängelt sich die Kesselbergstraße nun hinunter zum 200 Meter tiefer gelegenen Kochelsee. Da kommt Fahrfreude auf, das Bergpanorama bleibt weiter eindrucksvoll. Kein Wunder, dass illustre Gäste die Region schon früh zu den bezauberndsten in ganz Bayern zählten. Das Walchenseekraftwerk nutzt seit 1924 den Höhenunterschied zwischen Walchen- und Kochelsee zur Stromgewinnung – eine beeindruckende Ingenieursleistung. Es kann besichtigt werden.

In Kochel widmet sich das ambitionierte Franz Marc Museum dem Œuvre des Mitbegründers der Künstlervereinigung Blauer Reiter. Der Maler der berühmten blauen Pferde hat in Kochel viele Sommer mit seiner Familie verbracht. Wer die traumhafte Natur genießen will, kann eine Wanderung um den See mit einer gemütlichen Schiffsfahrt verbinden. Und die Kristall Therme, traumhaft am See gelegen, verspricht Entspannung.

KLOSTER BENEDIKTBEUERN H9

Um 740 als Benediktinerabtei gegründet, wurde Benediktbeuern Mitte des 17. Jahrhunderts barock umgestaltet. Auch die Klosterkirche St. Benedikt entstand zu dieser Zeit. Im Zuge der Säkularisation wurden 1803 in der Bibliothek die »Beurer Lieder« gefunden. Diese einzigartige Sammlung von Vagantendichtung aus dem 11. bis 13. Jahrhundert geriet jedoch bald wieder in Vergessenheit. 1935 von Carl Orff wiederentdeckt, sollte der »Codex Buranus« als »Carmina Burana« in dessen Vertonung aber schließlich doch noch weltweite Bekanntheit erlangen. Nach der Aufhebung wurde der Komplex zunächst als Glashütte, dann für militärische Zwecke genutzt, bis ihn 1930 die Salesianer Don Boscos wieder zu einer klösterlichen Einrichtung machten. Die Ordensbrüder widmen sich heute in vielfältiger Weise der Jugend- und Umweltbildung. Einige Klosterbereiche stehen der Besichtigung offen, andere können nur im Rahmen einer öffentlichen Führung besichtigt werden.

Wer verschnaufen möchte, hat die Wahl zwischen dem Klostercafé im ehemaligen Refektorium und dem benachbarten Klosterbräustüberl, einem Biergarten.

Faller-Klamm-Brücke am Sylvensteinstausee

11 BAD TÖLZ H9/10

Ländlich und doch urban zeigt sich Bad Tölz am Isarwinkel. Umgeben von sanften Hügeln, gibt es hier viel zu entdecken. Die Sehenswürdigkeiten lassen sich auf einem rund dreistündigen Rundgang erkunden: Von der anheimelnden Altstadt geht es durch die Marktstraße mit Giebelhäusern aus dem 18. Jahrhundert und hinauf zum Kalvarienberg mit der Leonhardikapelle. Auf der anderen Isarseite erreicht man schließlich das Park- und Bäderviertel. Jedes Jahr Anfang November bringt ein ganz besonderes Spektakel die Kleinstadt in Wallung: Zu Ehren des hl. Leonhard ziehen dann prachtvoll geschmückte Pferde und Gespanne auf den Kalvarienberg. Die Tölzer Leonhardifahrt gehört seit 2016 zum Immateriellen Kulturerbe in Deutschland. Im berühmten Tölzer Marionettentheater stehen verschiedene märchenhafte Stücke für Kinder ab vier Jahren auf dem Programm.

Das Wohnmobil kann an der Isar auf dem Wohnmobilstellplatz abgestellt werden.

SYLVENSTEINSTAUSEE H10

Der fjordartige Sylvensteinstausee wird umringt von einer beeindruckenden Bergkulisse. Das unbebaute Ufer und waldige Hänge wecken Erinnerungen an Norwegen. In den 1950er-Jahren wurde hier zum Zweck des Hochwasserschutzes und der Stromgewinnung die Isar aufgestaut. Über die Faller-Klamm-Brücke führt ein Abstecher über den See in das unberührte und wildromantische Isartal. Auf dem großen Wohnmobilstellplatz direkt hinter der Brücke ist die Übernachtung im Landschaftsschutzgebiet für eine Nacht möglich.

TEGERNSEE H10

Durch bergige Waldlandschaft windet sich die Strecke weiter entlang der Weißach Richtung Tegernsee. Da kommt echtes Roadtrip-Gefühl auf. Umgeben von Bergen liegt er schließlich da: Der Tegernsee ist ein Paradies für Outdoorenthusiasten. Ob zu Wasser, an Land oder in der Luft: Tauchen, Segeln, Paragliding, Mountainbiken und Wandern sind hier nur einige der Möglichkeiten, aktiv zu werden.

Am Südufer finden sich in Rottach-Egern neben Galerien, exklusiven Boutiquen und Spitzengastronomie auch altbayrische Gasthöfe und gemütliche Biergärten. Direkt am See freuen sich Kinder über den Spielplatz mit Kletterschiff und Badewiese. Eine Kabinenbahn führt von Rottach-Egern hinauf zum 1722 Meter hohen Wallberg. Die Aussicht reicht bei gutem Wetter bis München und zur Zugspitze. Große wie kleine Abenteurer sausen im Winter hier auf der längsten Naturrodelbahn Deutschlands den Berg hinab.

Die Stadt Tegernsee ist vor allem für ihr Bier bekannt. Benediktinermönche erbauten hier im 8. Jahrhundert ein Kloster samt Brauerei. Im Zuge der Säkularisation gelangte es 1803 in den Besitz der Wittelsbacher und wurde zum Schloss Tegernsee umgestaltet. Das Bräustüberl und die Pfarrkirche St. Quirinus stehen Besuchern offen.

In jedem Ort am See gibt es Parkmöglichkeiten. An schönen Tagen und am Wochenende lohnt es sich aber, früh dort zu sein.

SCHLIERSEE H10

Auch der Schliersee lädt zum Baden ein. Eine sieben Kilometer lange Wanderung führt um den von Bergen eingerahmten See herum. Ein Abstecher bringt uns dabei hinauf zur Burgruine Hohenwaldeck.

Südlich des Schliersees sollte man in Neuhaus das Markus Wasmeier Freilichtmuseum nicht verpassen. In dem Bauernhofdorf mit zehn historischen Gebäuden aus der Region werden Brauchtum und traditionelle Handwerkskunst auch für künftige Generationen bewahrt. Neben alten Haustierrassen gibt es üppige Bauerngärten zu bewundern. Und ein Biergarten darf natürlich auch nicht fehlen.

In Neuhaus lohnt eine Wanderung zu den Josefsthaler Wasserfällen. Aber Achtung: Die Parkmöglichkeiten sind begrenzt, und gerade am Wochenende kann es voll werden. Die Wanderung lässt sich bis zum Spitzingsee verlängern. Bayerns größter Bergsee, auf etwa 1100 Metern gelegen, besticht mit kristallklarem Wasser. Er kann auch direkt angefahren werden. Vom Wohnmobilstellplatz direkt am Ufer an der Talstation der Taubensteinbahn bietet sich ein tolles Panorama.

CAMPINGPLÄTZE

❶ Alpen-Caravanpark Tennsee
★★★★½

Familiengeführter, komfortabler Platz am See mit tollem Bergblick. Restaurant am Platz. Mitte Dezember bis Anfang November geöffnet.

▶ Am Tennsee 1, 82494 Krün
GPS: 47.49036667, 11.25503333
Tel. 088 25/170
■ pincamp.de/sb5500

❷ Campingplatz Kesselberg

Naturbelassener Platz, idyllisch am Kochelsee gelegen. Biergarten und Restaurant. Mai bis Anfang Oktober geöffnet.

▶ Altjoch 2 ½, 82431 Kochel am See
GPS: 47.636825, 11.348644
Tel. 088 51/464
■ pincamp.de/pin_23916

❸ Campingplatz Demmelhof ★★★½

An einem Weiher gelegenes, terrassenartiges Wiesengelände mit Bäumen. Gaststätte mit hübschem Biergarten. Ganzjährig geöffnet.

▶ Stallau 148, 83646 Stallau
GPS: 47.75048333, 11.50213332
Tel. 080 41/81 21
■ pincamp.de/sb6430

STELLPLÄTZE

❹ Nachtparkplatz Einsiedl

80 Plätze, Strom, Versorgung, WC (Sommer)
Ganzjährig geöffnet.

▶ B 11, 82432 Walchensee
GPS: 47.569666, 11.302199
www.nachtparkplatz-einsiedl.de

Der Weitsee zwischen Reit und Ruhpolding gehört zu einer Kette aus drei zauberhaften Seen.

VOM SCHLIERSEE ZUM KÖNIGSSEE

OBERBAYERN IN ALL SEINEN FACETTEN

Die Tour führt vom Seenland südlich von München durch den Chiemgau ins Berchtesgadener Land. Kurvige Straßen durch grüne Täler bescheren ein einzigartiges Fahrvergnügen mit grandiosen Bergpanoramen. Bei Wanderungen oder Radtouren erlebt man die eindrucksvolle Landschaft besonders intensiv. Aber auch Burgen und Schlösser, typisch bayerische Dörfer und einen bekannten Wintersportort gibt es zu entdecken.

SCHLIERSEE H10

↗ Tour 13 (Seite 89)

BAYRISCHZELL H10

Das urige Dorf diente schon häufig als Filmkulisse. Kein Wunder, verbinden sich gelebte Traditionen, Architektur und Landschaft hier doch zum Inbegriff Bayerns. Die Touristeninformation gibt Broschüren heraus, mit denen man Bayrischzell und die Nachbardörfer auf einem Spaziergang erkunden kann.

Der 1838 Meter hohe Wendelstein ist das Wahrzeichen der Region. Man schwebt wahlweise mit der Seilbahn hinauf oder überwindet die 1000 Höhenmeter zu Fuß. Oben wartet dann ein Panoramarestaurant auf erschöpfte Wanderer. Etwas unterhalb des

ROUTE 197 KM

Schliersee → 16 km bis **Bayrischzell** → 57 km bis **Aschau im Chiemgau** → 8 km bis **Bernau am Chiemsee** → 5 km bis **Museum Salz & Moor** → 20 km bis **Reit im Winkl** → 25 km bis **Ruhpolding** → 11 km bis **Inzell** → 8 km bis **Weißbachschlucht** → 8 km bis **Bad Reichenhall** → 19 km bis **Hintersee** → 5 km bis **Ramsau bei Berchtesgaden** → 9 km bis **Berchtesgaden** → 6 km bis **Königssee**

Gipfels klammert sich die höchstgelegene Kirche Deutschlands spektakulär an einen Felsgrat. Auch eine Sternwarte und eine Schauhöhle befinden sich in Gipfelnähe.

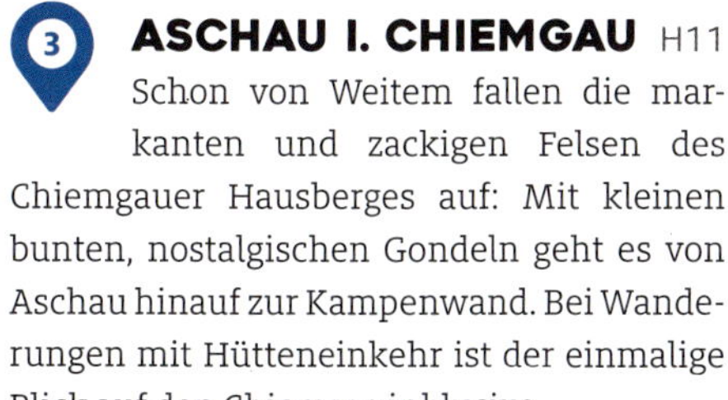

ASCHAU I. CHIEMGAU H11

Schon von Weitem fallen die markanten und zackigen Felsen des Chiemgauer Hausberges auf: Mit kleinen bunten, nostalgischen Gondeln geht es von Aschau hinauf zur Kampenwand. Bei Wanderungen mit Hütteneinkehr ist der einmalige Blick auf den Chiemsee inklusive.

Auf einem Felsen über dem Bächlein Prien thront eindrucksvoll Schloss Hohenaschau. Ende des 12. Jahrhunderts erbaut, wurde es später im Stil der Renaissance und des Barocks umgestaltet und erweitert. Schloss und Prientalmuseum können in den Sommermonaten mit Führung besichtigt werden. Das Museum dokumentiert die Geschichte der Eisenindustrie in der Region. Unterhalb des Schlosses kann man in der Falknerei Burg Hohenaschau bei Flugvorführungen erleben, wie Greifvögel zur Jagd ausgebildet werden. Saison ist von April bis Oktober.

Geparkt wird das Wohnmobil am besten auf dem Parkplatz Festhalle.

BERNAU AM CHIEMSEE G11

Durch die sanfte Voralpenlandschaft wird das Wohnmobil im leichten Bergauf und Bergab Richtung Bayerisches Meer gelenkt. Ein geeigneter Ausgangspunkt für dessen Entdeckung ist am Südufer der Chiemseepark Felden bei Bernau mit Park- und Stellplatz, Strandbad, Bootsverleih und Schiffsanlegestelle. Mit Dampfern schippert man gemütlich hinüber zu den Inseln Frauen- und Herrenchiemsee. Auf der kleineren Fraueninsel befindet sich seit dem 7. Jahrhundert

MUSEUM SALZ & MOOR

Zwischen Rottau und Grassau entführt das Museum Salz & Moor in die Zeit der Salzgewinnung, die in der Region einst eine bedeutende Rolle spielte. So transportierte hier eine Pipeline salzhaltige Sole von den Bergwerken im Berchtesgadener Land nach Rosenheim. Reste dieser Leitung sind immer noch zu finden. Auf der anderen Straßenseite beginnt ein Erlebnisweg durch das Hochmoor Kendlmühlfilzen, der besonders für kleine Entdecker spannend ist.

Klaushäusl 9, 83224 Grassau, Mai bis Oktober geöffnet

www.grassau.de/das-museum

die Benediktinerinnenabtei Frauenwörth, das älteste Nonnenkloster Deutschlands. Von den Ursprungsbauten ist die karolingische Vorhalle als eines der ältesten Gebäude Bayerns erhalten. Im Klosterladen bieten die Ordensschwestern Marzipan, Likör und Lebkuchen an. Aber nicht nur Nonnen wohnen auf der Insel. Viele Familien leben hier seit jeher von der Fischerei. Also unbedingt die geräucherten Renken probieren!

Auf der Herreninsel gibt es ein Wiedersehen mit dem Märchenkönig. 1873 erwarb Ludwig II. die Insel mit dem 1803 säkularisierten Augustiner-Chorherrenstift. 1948 wurde hier das Grundgesetz der BRD ausgearbeitet. Eine Ausstellung dokumentiert neben der Klostergeschichte auch diese historische Episode. Der See hat seit dem 18. Jahrhundert auch zahlreiche Künstler inspiriert. In der Galerie »Maler am Chiemsee« kann man ihre Werke studieren. In der Inselmitte ließ Ludwig II. zwischen 1878 und 1886 das Neue Schloss, sein persönliches Versailles, errichten. Kaum zu glauben, aber die prunkvolle Ausstattung übertrifft das prominente Vorbild noch um Längen.

REIT IM WINKL H11

Landschaftlich äußerst reizvoll geht es weiter Richtung Reit im Winkl. Der Ort besticht mit dem typischen Charme eines bayerischen Dorfes. Blumengeschmückte Bauernhöfe, Kirchen und Almwiesen bestimmen die Szenerie. Mehrere Premiumwanderwege erschließen die Umgebung.

Über die Mautstraße von Seegatterl aus kann man auch mit dem Wohnmobil auf die Winklmoosalm fahren. Es gibt allerdings zwei relativ steile Abschnitte mit 18 Prozent Gefälle, für die es Konzentration und Ruhe braucht. Das Almgebiet ist nicht nur fürs Wandern prädestiniert, sondern zudem zertifizierter Sternenpark. Eine nächtliche Sternenführung vermittelt Besuchern die unendlichen Weiten der Galaxie.

Eine Traumstrecke mit unvergleichlichen Ausblicken führt im Anschluss weiter durch das Drei-Seen-Gebiet des Weit-, Mitter- und Lödensees. Über eine Badepause mit Picknick freuen sich hier nicht nur die Kinder. Parkmöglichkeiten sind entlang der Straße zu finden; für größere Gefährte kann das Parken allerdings problematisch werden.

RUHPOLDING H11

Kurz vor Ruhpolding befindet sich das Biathlon Weltcupzentrum Chiemgau Arena. Im Winter finden hier spannende Wettkämpfe statt. Im Sommer kann man die Arena besichtigen und sogar die eigene Treffsicherheit an einem der Schießstände unter Beweis stellen. Ein Stück weiter befindet sich das Holzknechtmuseum, wo man das Leben der Waldarbeiter in früheren Zeiten auf moderne Weise multimedial und interaktiv nachempfinden kann.

Ein rasantes Vergnügen verspricht der

Campingplatz Lindlbauer in Inzell

1100 Meter lange Chiemgau-Coaster: Auf Schienen saust man hier mit bis zu 40 km/h zu Tal, und zwar ganzjährig und mit einmaliger Aussicht. Familien mit Kindern jeden Alters freuen sich über den im Wald verborgenen märchenhaften Freizeitpark Ruhpolding, der mit Achterbahn, Rutschen, Märchenland oder Seilpark jede Menge Abwechslung bietet.

INZELL G/H11

Mitten in einem sonnigen Tal erreichen wird das sympathische Dorf Inzell, umgeben von duftenden Wiesen, Almen und Seen. Hier fangen die Alpen an. Wanderungen zu den umliegenden Almen werden mit eindrucksvollen Ausblicken belohnt. Hinzu kommen 750 Kilometer Radwege, für jeden Schwierigkeitsgrad ist etwas dabei. Und auch Mountainbiker lieben die Chiemgauer Alpen rund um Inzell. Im Kurgarten laden zwei Kneippanlagen zum Wassertreten ein. Und auch unterwegs ergibt sich öfter die Gelegenheit, die Füße ins erfrischende Wasser eines Baches zu stecken.

Am Hausernhof gibt es einen kleinen Wohnmobilstellplatz. Ideal für einen längeren Aufenthalt ist der zentral gelegene Campingplatz Lindlbauer.

WEISSBACH-SCHLUCHT H11

Zurück auf der Alpenstraße, schlängelt sich die Strecke durch Wald und entlang mächtiger Felswände. Eine Wanderung, die Naturerlebnis und Abenteuerlust vereint, führt durch die Weißbachschlucht. Direkt an der Straße befinden sich allerdings nur wenige Parkmöglichkeiten, und die sind für große Wohnmobile nicht geeignet. Von Inzell oder Ruhpolding verkehren aber auch Busse zur Haltestelle Mauthäusl. Über Treppen und Stege geht es immer entlang des wilden Wassers mit spektakulären Ausblicken und herabtosenden Wasserfällen. Festes Schuhwerk ist Voraussetzung.

9 BAD REICHENHALL H12

Umringt von Bergen, trumpft Bad Reichenhall nicht nur mit seiner einmaligen Lage auf, sondern bietet auch zahlreiche Sehenswürdigkeiten. Ein Rundgang durch die Altstadt kann am großen Gradierhaus im Königlichen Kurgarten starten, wo sich die Lungen mit wohltuender Alpensole füllen. Als 15 v. Chr. die Römer die Herrschaft über die Region errangen, bauten sie die örtlichen Solequellen zur produktivsten Saline im Alpenraum aus. Die Salzproduktion bestimmte fortan die Geschicke der Stadt und bescherte ihr großen Reichtum. Soleleitungen und Gradierwerke entstanden, und Mitte des 19. Jahrhunderts etablierte sich auch der Kurbetrieb. Von Stadtbränden und Krieg weitestgehend verschont, ist die Obere Stadt mit dem romantischen Florianiplatz der älteste Bereich von Bad Reichenhall. Die Alte Saline mit ihrem Stollensystem ist ein imposantes Industriedenkmal. Sie war bis 1929 in Betrieb und beherbergt heute das Salzmuseum.

St. Bartholomä am Königssee

Bei Wanderungen oder einer Fahrt mit der Predigtstuhlbahn von 1928, der ältesten original erhaltenen Großkabinenbahn der Welt, lässt sich die traumhafte Bergwelt am besten erleben.

Wer hier übernachten möchte oder ein größeres Mobil hat, stellt sein Gefährt auf dem Stellplatz an der RupertusTherme ab. Die Therme eignet sich hervorragend für einen Besuch mit Kindern.

10 HINTERSEE H12

Der kurvige Streckenverlauf führt weiter durch einsame Natur mit beeindruckenden Ausblicken auf die Berge. Hier präsentiert sich Bayern wie aus dem Bilderbuch. Der Hintersee, einer der schönsten Bergseen in der Region, ist über eine schmale Straße erreichbar. Am anderen Ende des Sees befinden sich ausreichend Parkmöglichkeiten. Ein Spaziergang um den See oder eine Wanderung durch den Zauberwald, eine kleine Klamm, machen hier Spaß.

11 RAMSAU BEI BERCHTESGADEN H12

Zurück auf der Hauptstraße, führt der Weg an der Pfarrkirche St. Sebastian im Bergsteigerdorf Ramsau vorbei. Die Ramsauer Ache im Vordergrund, Brücke und Kirche in der Mitte des Bildes und die gigantische Bergkulisse im Hintergrund – schon ist das perfekte Urlaubsmotiv im Kasten. Das Parken kann etwas schwierig werden. In Richtung Ortsausgang gibt es für kleinere Wohnmobile aber rechts einen kleinen Parkplatz.

Für diejenigen, die von wildromantischen Schluchten und tosenden Bächen noch nicht genug haben, besteht abermals die Möglichkeit zu einer Klammwanderung. Die Wimbachklamm ist nur wenige Kilometer entfernt. Von der Hauptstraße führt der Weg über eine Brücke zum großen Parkplatz an der Wimbachbrücke mit Nationalpark-Infostelle. Holzstege und Treppen führen durch die schmale Schlucht mit moosbewachsenen Felsen, der tosende Bach darunter.

BERCHTESGADEN H12

Das Haus der Berge des Nationalparks Berchtesgaden ist ein lohnenswertes Ziel für Familien. Mit Ton- und Lichtinszenierungen erleben Besucher die Natur auf ganz besondere Art und Weise. Der Komplex des 1102 gegründeten Augustiner-Chorherrenstifts wurde ab 1819 von den bayerischen Königen als Jagdschloss genutzt. 30 der 214 Räume können im Rahmen von Führungen besichtigt werden: Möbel, Gemälde, Jagdtrophäen und Waffen gehören zur Ausstattung.

Ein Besuch im Salzbergwerk Berchtesgaden darf auch nicht fehlen. Seit 1517 wird hier Salz abgebaut. Mit einer Bahn geht es hinein in den kalten Stollen. Die Bergmannsrutsche und die Floßfahrt über den unterirdischen Spiegelsee werden zum unvergesslichen Highlight, besonders für Kinder.

KÖNIGSSEE H12

Der weitere Streckenverlauf führt über Schönau schließlich zu einem der bezauberndsten und prominentesten Alpenseen. Der fjordähnliche Königssee bildet den krönenden Abschluss der Deutschen Alpenstraße. Elektroboote gleiten lautlos über den knapp 200 Meter tiefen See – eine Kulisse wie gemalt. Auf halber Strecke lässt der Bootsführer die Trompete erschallen, um das berühmte Echo zu demonstrieren. Da werden auch Kinder ganz still und lauschen gespannt. Bald darauf taucht auch schon die Wallfahrtskirche St. Bartholomä mit ihren roten Zwiebeltürmen auf, überragt vom Massiv des 2713 Meter hohen Watzmanns. Von der Endstation Salet führt eine kurze Wanderung zum sagenhaft schönen Obersee und zur Fischunkelalm – auch für Familien mit Kindern ein eindrucksvolles Erlebnis. Die Tour lässt sich noch bis zum Röthbachfall fortsetzen, dem mit 470 Metern höchsten Wasserfall Deutschlands.

CAMPINGPLÄTZE

1 Chiemsee-Camping Rödlgries

Herrlich gelegene, gepflegte Anlage am Chiemsee, viele Spiel- und Freizeitangebote.
April bis Anfang Oktober geöffnet.
▶ Rödlgries 1, 83236 Übersee
GPS: 47.84121667, 12.47166666
Tel. 086 42/470
■ pincamp.de/sb7700

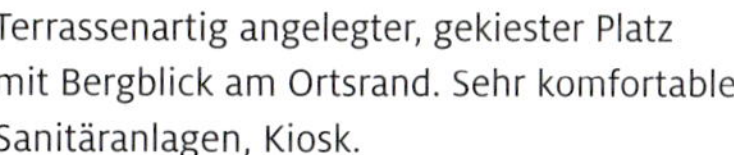

2 Camping Lindlbauer

Terrassenartig angelegter, gekiester Platz mit Bergblick am Ortsrand. Sehr komfortable Sanitäranlagen, Kiosk.
Mitte Dezember bis Anfang November geöffnet.
▶ Kreuzfeldstraße 44, 83334 Inzell
GPS: 47.76735, 12.75385
Tel. 086 65/928 99 88
■ pincamp.de/sb9420

3 Campingplatz Simonhof

Gepflegte, familiär geführte Anlage mit Wiesengelände und tollem Bergblick. Kiosk.
April bis Oktober und Mitte Dezember bis Mitte Januar geöffnet.
▶ Alte Reichenhaller Straße 110, 83486 Ramsau bei Berchtesgaden
GPS: 47.627435, 12.869471
Tel. 086 57/284
■ pincamp.de/sb9650

STELLPLÄTZE

4 Wohnmobilhafen in Bernau-Felden

50 Plätze, Ver-, Entsorgung, Strom, WC, Dusche
Ganzjährig geöffnet.
▶ Rathausstraße 15, 83233 Bernau a. Chiemsee
GPS: 47.831161, 12.385237
Tel. 080 51/963 15 25
www.bernau-am-chiemsee.de

Traumplatz für Sonnenanbeter – Camping-Resort Allweglehen in Berchtesgaden

VON ALTÖTTING NACH BERCHTESGADEN

ENTDECKUNG DES RUPERTIWINKELS

Entlang von Salzach und Saalach, der Grenze zu Österreich, führt diese Tour durch den Rupertiwinkel. Dabei geht es vorbei am Waginger See, an der längsten Burg der Welt in Burghausen, durch mittelalterliche Städtchen bis in die einzigartige Bergwelt der Berchtesgadener Alpen. Die Rossfeld-Panoramastraße bildet hier den grandiosen Abschluss der Tour. Camper finden überall angenehme Plätze zum Verweilen.

ALTÖTTING F11

Als karolingische Königspfalz und Kloster liegen die Wurzeln Altöttings im 7. und 8. Jahrhundert. Aus dieser Zeit stammt auch die Gnadenkapelle, die mit ihren Votivtafeln den Mittelpunkt des von Kirchen und Klöstern umgebenen Kapellplatzes bildet. Nachdem im Jahr 1489 ein für ertrunken gehaltener Junge auf dem Altar zum Leben erwacht war, setzten die Wallfahrten zum Gnadenbild der »Schwarzen Madonna« ein. Altötting wurde zum bedeutendstes Marienwallfahrtsort im deutschsprachigen Raum. Sehenswert sind die

Schatzkammer mit dem Wallfahrtsmuseum und die Dioramenschau des Altöttinger Marienwerkes. Letztere lässt in 22 Szenen mit 5000 Figuren Begebenheiten der Wallfahrtsgeschichte aufleben.

Eine weitere kulturgeschichtliche Besonderheit ist das Jerusalem Panorama Kreuzigung Christi von 1903. Es ist eines von nur drei in Europa erhaltenen historischen Rundbildern mit religiöser Thematik. Allein die Dimensionen sind eindrucksvoll: 12 Meter hoch und 30 Meter im Durchmesser.

Für Eltern mit Kindern bietet sich ein Spaziergang zum Naturerlebnispfad im Gries an. Zehn kindgerechte Mitmachstationen lassen keine Langeweile aufkommen.

Auf dem großen und kostenfreien Dultplatz findet selbst das größte Wohnmobil einen Platz.

ROUTE 151 KM

Altötting → 15 km bis **Burghausen** → 19 km bis **Tittmoning** → 18 km bis **Waging am See** → 21 km bis **Laufen (Salzach)** → 30 km bis **Bad Reichenhall** → 33 km bis **Rossfeld-Panoramastraße** → 15 km bis **Berchtesgaden**

2 BURGHAUSEN F12

Bereits aus der Ferne ist die einzigartige Burganlage von Burghausen sichtbar. Ein Spaziergang durch die einstige Residenz der niederbayerischen Wittelsbacher erfreut historisch Interessierte wie Romantiker. Rosenstöcke, Zinnen und Türme zieren die 1051 Meter lange Burg, die ihre heutige Gestalt zwischen 1480 und 1500 erhielt. Drei spannende Museen befinden sich hier: das Haus der Fotografie, das modern gestaltete Stadtmuseum und das Burgmuseum. Der unterhalb der Burg gelegene Wöhrsee bietet an heißen Sommertagen Abkühlung. Für das schönste Panorama von Burghausen muss man sich auf einen der historischen Plätte begeben. Auf den einstigen Salzkähnen schippert man gemütlich die Salzach entlang.

Die farbigen Bürgerhäuser der Altstadt sind typisch für die Inn-Salzach-Region. Der zentrale Stadtplatz lädt zur gemütlichen Café- oder Biergartenpause ein. In der Fußgängerzone In den Grüben werden berühmte Gastmusiker der Burghausener Jazzwoche mit der »Street of Fame« geehrt.

Parkmöglichkeiten für kleinere Wohnmobile gibt es am Burgeingang. Auf dem ruhig gelegenen Wohnmobilstellplatz am südlichen Stadtrand findet jeder einen Platz. Mit dem Rad ist man rasch in der Altstadt.

Auf der Weiterfahrt passieren wir nach sechs Kilometern das älteste Zisterzienserkloster Altbayerns, Kloster Raitenhaslach, heute Akademiezentrum der TU München.

Mit sechs Höfen und 1051 Metern thront über Burghausen die längste Burg der Welt.

Die barocke Klosterkirche mit prunkvoller Rokokoausstattung und die Außenanlagen können besichtigt werden.

TITTMONING G11

Auch die Festung Tittmoning ist bereits von Weitem zu sehen. 1234 als salzburgische Grenzfeste errichtet, kamen Burg und Ort erst 1816 zu Bayern. Zwischen Mai und September können die Schauräume, das Gerbereimuseum und das Museum Rupertiwinkel besichtigt werden. Der Burghof und ein Café sind ganzjährig zugänglich. Die nahezu komplett erhaltene Stadtmauer, die Kirchen und Brunnen machen den besonderen Charme der Altstadt aus.

Kleinere Wohnmobile stehen auf dem großen Stadtplatz, für größere Gefährte eignet sich der kostenlose Parkplatz Wasservorstadt.

WAGING AM SEE G11

Ideal zum Baden und für Bootstouren sind der Waginger See sowie sein Nachbar, der Tachinger See. Sie gehören zu den wärmsten Badeseen Oberbayerns – ein Paradies für Familien. Mit dem Rad lässt sich die Umgebung wunderbar erkunden. Ein Ausflug in den historischen Ortskern – verbunden mit einem Einkaufsbummel und einer Auszeit im Café – macht einen gemütlichen Reisetag perfekt.

In Waging befindet sich die weit über die Region hinaus bekannte Käserei Bergader.

LAMAWANDERUNG

Ein Naturerlebnis der besonderen Art – vor allem für Familien mit Kindern – ist eine Wanderung mit Lamas. Der Ferienhof Reiter bietet kurze Schnupper- sowie mehrstündige geführte Touren an. Die Begleitung der sanftmütigen Tiere entschleunigt und lenkt den Blick auf die kleinen Dinge.

Buchwinkel 5, 83329 Waging am See
www.lamasamwagingersee.de

In der Käseakademie erhalten Besucher Einblick in den Herstellungsprozess und die Historie. An der Käsetheke können die Spezialitäten anschließend erworben werden.

Auf der Weiterfahrt bietet sich ein Zwischenstopp bei der Schönramer Brauerei an. Neben den verschiedenen Biersorten lockt hier auch hervorragende Wirtshausküche. Um die Pfunde wieder abzutrainieren, ist eine Wanderung durch das nahe gelegene Schönramer Moor der optimale Ausgleich.

LAUFEN (SALZACH) G12

Die Grenzstadt Laufen besticht mit ihrer von der Salzach umflossenen Altstadt, die bereits zur Römerzeit besiedelt war. Der Salzhandel verhalf auch dieser Stadt zu Reichtum. Verwinkelte Gassen, stattliche Bürgerhäuser und die älteste gotische Hallenkirche Bayerns mit ihrem Arkadenumgang lassen sich auf einem Spaziergang entdecken. Das Wahrzeichen von Laufen ist die eiserne Brücke, die seit 1903 ins österreichische Oberndorf hinüberführt.

Wohnmobile sollten am südlichen Ortsausgang parken, in der Stadt wird es eng.

BAD REICHENHALL H12

↗ Tour 14 (Seite 94)

ROSSFELD-PANORAMA-STRASSE H12

Bevor unsere Tour auf der Deutschen Alpenstraße endet, empfiehlt sich noch ein letzter Schlenker über die Rossfeld-Panoramastraße. Die Mautstraße ist Deutschlands höchstgelegene Panoramastraße und besticht mit sensationellen Ausblicken. Sie kann ganzjährig befahren werden.

Bei der Abfahrt ist ein Abstecher zur Dokumentation Obersalzberg möglich. Seit 1999 informiert hier eine Ausstellung über die Historie des Ortes, der von Hitlers Urlaubsdomizil zur medienwirksamen Schaltstelle der Macht des Dritten Reiches ausgebaut und nach dem Krieg von der US-Armee als Ferienanlage genutzt wurde.

Mit dem Bus kann man von hier aus auch das Kehlsteinhaus besuchen. Die Buslinie startet am Parkplatz Obersalzberg – allein die Fahrt ist ein Erlebnis. Durch einen Tunnel und mit dem »goldenen Fahrstuhl« geht es dann hinauf zum Berggasthof. Bei gutem Wetter ist der Ausblick atemberaubend.

BERCHTESGADEN H12

↗ Tour 14 (Seite 95)

CAMPINGPLÄTZE

❶ Strandcamping Waging ★★★★★

Am Waginger See gelegen mit eigenem Strandbad. Großes Wiesengelände mit Hecken und Bäumen, Supermarkt und Restaurant. Ganzjährig geöffnet.

▶ Am See 1, 83329 Waging am See
GPS: 47.94333333, 12.74741667
Tel. 086 81/552
■ pincamp.de/sb8150

❷ Camping-Resort Allweglehen

★★★★☆

Terrassenartiger Panoramaplatz. Beheizter Pool, Wellness, Restaurant mit Biergarten. Ganzjährig geöffnet.

▶ Allweggasse 4, 83471 Berchtesgaden
GPS: 47.647582, 13.040291
Tel. 086 52/23 96
■ pincamp.de/sb9800

STELLPLÄTZE

❸ Wohnmobilpark RupertusTherme

25 Plätze, Ver- und Entsorgung, Strom, WLAN
Ganzjährig geöffnet.

▶ Hammerschmiedweg 1,
83435 Bad Reichenhall
GPS: 47.734233, 12.875801
Tel. 086 51/762 20
www.rupertustherme.de

Je nach Tages- und Jahreszeit zeigt sich der Chiemsee immer wieder im neuen Gewand.

16 VON INZELL NACH DILLINGEN AN DER DONAU

ZWISCHEN BERCHTESGADENER LAND UND DONAU

Einmal quer durch Bayern führt diese abwechslungsreiche Tour, von der österreichischen Grenze bis zur Donau. Immer wieder bieten sich unterwegs Möglichkeiten für Aktivitäten in der Natur und Wassersport. Vielseitigkeit ist hier Trumpf: die Chiemgauer Alpen, der fabelhafte Chiemsee, die lebendige Metropole München und die Fuggerstadt Augsburg versprechen Natur- und Kulturgenuss gleichermaßen.

1 INZELL G/H11

↗ Tour 14 (Seite 93)

2 TRAUNSTEIN G11

Salz und Salzhandel haben den Ort im Chiemgau geprägt und reich gemacht. Unter anderem wurde 1619 von Bad Reichenhall nach Traunstein eine der ersten Pipelines der Welt gebaut, um die salzhaltige Sole zu transportieren – inklusive Pumpwerken zur Überwindung des beachtlichen Höhenunterschieds. Einen Einblick bekommt man im ehemaligen Salinenbezirk mit Brunnenhaus – wo die Pipeline endete –,

ROUTE 266 KM

Inzell → 17 km bis **Traunstein** → 16 km bis **Seebruck** → 30 km bis **Wasserburg am Inn** → 69 km bis **Bavaria Filmstadt** → 11 km bis **München** → 30 km bis **Fürstenfeldbruck** → 45 km bis **Augsburg** → 48 km bis **Dillingen an der Donau**

8 Dillingen an der Donau
Anschluss Tour 19
7 Augsburg
Anschluss Tour 10
6 Fürstenfeldbruck
Bavaria Filmstadt
5 München
Anschluss Tour 2
4 Wasserburg am Inn
Anschluss Tour 17
3 Seebruck
2 Traunstein
1 Inzell
Anschluss Tour 14

historischen Salinenhäusern, Salinenkapelle und mächtigen Pumpen. Im Zentrum von Traunstein stehen einige Barockgebäude auf dem Stadtplatz und der prächtige Lindlbrunnen. Allerdings wurde bei einem Stadtbrand im 19. Jahrhundert sehr viel zerstört. In der Bahnhofstraße und im Villenviertel am Wochinger Spitz dominieren deshalb Jugendstilfassaden.

Die Umgebung ist ideal zum Wandern, Radfahren oder Langlaufen. Familien und andere Wasserratten lockt das Erlebniswarmbad mit Riesenrutsche und Schwimmkanal. Im Stadtgebiet laden auch mehrere Kneippanlagen zum Wassertreten ein – das ist ganz schön kalt, aber auf jeden Fall gesund.

SEEBRUCK G11

Der Blick vom Nordufer des Chiemsees bei Seebruck über das tiefblaue Bayerische Meer reicht bei gutem Wetter vom Wendelstein bis zu den Berchtesgadener Alpen. Dieser Platz war schon früh besiedelt. Wo sich heute die Kirche St. Thomas und St. Stephan aus dem 15. Jahrhundert befindet, stand zuvor ein römisches Kastell. Heute freuen sich Schwimmer und Familien über das saubere Wasser und den flach abfallenden Strand. Eine weitere Attraktion ist der große Yachthafen mit Bootsverleih und Segelschule. Rund um den See führt auch ein Radweg, der am nördlichen Ufer besonders attraktiv ist.

WASSERBURG A. INN G11

↗ Tour 17 (Seite 106)

MÜNCHEN G9

Die Silhouette der Stadt prägen die Türme vom Neuen Rathaus, von St. Peter und der Frauenkirche. Vom Turm der Peterskirche gibt es einen herrlichen Blick über die Dächer und weit darüber hinaus. In der lebendigen Altstadt zwischen Isartor, Stachus, Sendlinger Tor und Feldherrnhalle liegen die Gebäude und Plätze, die man gesehen haben sollte, bevor es weitergeht zur mächtigen Wittelsbacher-Residenz und zum Maximilianeum über der Isar, dem Sitz des Bayerischen Landtags. Kunstinteressierte steuern das Kunstareal mit den Pinakotheken, Lenbachhaus, Museum Brandhorst und anderen interessanten Museen an. Das riesige Deutsche Museum ist ein Technikmuseum zum Anfassen – vom Bergwerk bis zu den Sternen reicht das Themenspektrum. Tage könnte man hier verbringen. Ein tolles Erlebnis, vor allem für Familien, die gleich danach noch den Tierpark Hellabrunn ansteuern sollten, einen der tierreichsten Zoos in Europa.

Die Fuggerei in Augsburg

Im Sommer spielt sich das Leben draußen ab, tagsüber an der glasklaren Isar mitten in der Stadt, abends in den Biergärten. Im weitläufigen Englischen Garten entspannen Münchner genauso wie Touristen. Ein aufregendes Schauspiel ist hier die Beobachtung der Surfer auf der stehenden Welle im Eisbach. Aber auch ein Besuch im Olympiapark von 1972 mit dem markanten Olympiastadion und Olympiaturm sollte auf dem Programm stehen. Zum Oktoberfest füllt sich die Stadt mit Besuchern aus der ganzen Welt.

Allzu viele Wohnmobilstellplätze gibt es in München nicht, außer zum Oktoberfest, dann wird ein riesiger Stellplatz aus dem Boden gestampft, einfach, aber teuer. Groß, aber ohne Ausstattung ist der Stellplatz am Olympiapark. Gut gelegen ist der Stellplatz an der Allianz-Arena, in die Stadt geht es mit den öffentlichen Verkehrsmitteln. Allerdings ist hier leider an Spieltagen geschlossen. Dazu kommen mehrere einfache Campingplätze.

6 FÜRSTENFELDBRUCK F9

Historische Häuser aus verschiedenen Zeiten ziehen in der Altstadt den Blick auf sich, und die Amper schlängelt sich mitten durch Fürstenfeldbruck. Barocke Pracht entfaltet das ehemalige Kloster Fürstenfeld mit seiner Kirche. Der Innenraum ist überaus reich gestaltet, die Handschrift der Gebrüder Asam unverkennbar. Eine gute Möglichkeit, aktiv zu werden, bietet der Ammer-Amper-Radweg.

Mit der S-Bahn ist man in circa 30 Minuten mitten in München. Am Hallen- und Freibad AmperOase befindet sich der Wohnmobilstellplatz.

7 AUGSBURG F8

In Augsburg kann man viel Zeit verbringen. Das Rathaus mit dem 14 Meter hohen Goldenen Saal ist einer der bedeutendsten Profanbauten der Renaissance nördlich der Alpen. Vom 70 Meter hohen Perlachturm reicht der Blick bis zu den Alpen. In der Altstadt taucht man ein in

BAVARIA FILMSTADT

Bei einer 90-minütigen Führung über den Medien-Campus kann man buchstäblich hinter die Kulissen der Filmemacher schauen. In zwölf Studios sind die Sets von Serien und Filmen wie »Das Boot« aufgebaut. Zusätzlich sind das 4D-Kino und das Filmstadt Atelier buchbar.
Ab 3,60 Meter Höhe ist wegen einer Unterführung die Anfahrt über die Grünwalder/Geiselgasteigstraße nicht möglich.
Bavariafilmplatz 7, 82031 Grünwald
www.filmstadt.de

ein Netz aus krummen Gassen und reizenden Plätzen mit einladenden Geschäften und Cafés. Das historische Heilig-Geist-Spital ist seit 1948 Spielstätte der berühmten Augsburger Puppenkiste. Beim Besuch des angegliederten Puppentheatermuseums schlagen nicht nur Kinderherzen höher. Überhaupt ist die Museumslandschaft ungewöhnlich vielfältig und spiegelt unterschiedlichste Facetten der Stadtgeschichte wider: vom Römischen Museum über die Lutherstiege und das Schaezlerpalais bis hin zum Jüdischen Museum mit Synagoge, Brechthaus oder Zentrum für Gegenwartskunst H2.

Östlich der Altstadt liegt die verträumte Fuggerei, die älteste Sozialsiedlung der Welt. Eine Stiftung von Jakob Fugger legte im 16. Jahrhundert den Grundstein für 67 Häuser mit 140 Wohnungen, eine Kirche und Verwaltungsgebäude. Im Fuggereimuseum können Räume des letzten original erhaltenen Hauses besichtigt werden. Wer noch mehr über die Kaufmannsdynastie erfahren will, besucht das modern gestaltete Fugger und Welser Erlebnismuseum.

Augsburg hat mehr Brücken als Venedig, denn etliche Bäche und Kanäle durchziehen die Stadt am Lech. Sie sind wichtige Elemente des Augsburger Wassermanagements, das mit 22 Objekten zum UNESCO-Welterbe gehört. Mehr erfährt man im Welterbe Info-Zentrum am Rathausplatz.

Zentrumsnah gelegen ist der Wohnmobilstellplatz Wertach.

DILLINGEN AN DER DONAU E8

Dichte Wälder säumen das Donauufer, bis Dillingen erreicht ist. Im »Schwäbischen Rom« fallen prächtige weiße Gebäude und bunte Bürgerhäuser auf. Lange Jahre spielte die ehemalige Jesuitenuniversität eine Rolle. Die wichtigsten Sehenswürdigkeiten sind das Dillinger Schloss, einst Residenz der Fürstbischöfe von Augsburg, die Basilika St. Peter und der Goldene Saal der ehemaligen Universität. Auch die üppig im Rokokostil gestaltete Universitätskirche ist unbedingt einen Besuch wert, bevor man sich der Medizingeschichte zuwendet: Pfarrer Sebastian Kneipp erprobte in Dillingen die Grundlagen seiner Wassertherapie. Der Kneipp-Rundweg führt unter anderem zur Natur-Kneippanlage im Auwald an der Donau. Hier nahm Kneipp um 1849 eiskalte Tauchbäder und heilte sich so selbst von einer Lungenerkrankung.

Am Stadtrand übernachtet man auf einem kleinen Campingplatz an der Donau.

CAMPINGPLÄTZE

❶ Camping Kupferschmiede ★★★½☆
Einfacher, angenehmer Campingplatz in unmittelbarer Nähe zum Chiemseestrand.
April bis Ende September geöffnet.
▶ Trostberger Straße 4, 83339 Arlaching
GPS: 47.930083, 12.492856
Tel. 086 67/446
■ pincamp.de/sb7550

❷ Camping Ludwigshof am See
★★★½☆
Kleiner Naturcampingplatz an einem Badesee. Viele der Stellplätze haben Blick aufs Wasser.
April bis Mitte Oktober geöffnet.
▶ Augsburger Straße 36, 86444 Affing-Mühlhausen
GPS: 48.431543, 10.924133
Tel. 082 07/962 15 00
■ pincamp.de/sb250

STELLPLÄTZE

❸ Wohnmobilstellplatz AmperOase
9 Plätze, Ver- und Entsorgung, Strom, WLAN
Ganzjährig geöffnet.
▶ Klosterstraße, 82256 Fürstenfeldbruck
GPS: 48.173219, 11.243506
www.fuerstenfeldbruck.de

Der Inn umfließt in einer engen Schleife die Altstadt von Wasserburg.

17 VON KIEFERSFELDEN NACH PASSAU

AM INN ENTLANG ZUM DREIFLÜSSEECK

Von der Bergwelt rund um Kiefersfelden folgen wir dem Inn bis in die Dreiflüssestadt Passau, wo er in die Donau mündet. Unterwegs passieren wir viele Beispiele der Inn-Salzach-Bauweise, eine bedeutende Marienwallfahrtsstätte und Europas größte Thermallandschaft. Und immer wieder ergeben sich Einblicke in das einzigartige Naturschutzgebiet entlang des Flusses.

1 KIEFERSFELDEN H10/11

Der Ort vor der mächtigen Kulisse des Kaisergebirges ist ein hervorragender Ausgangspunkt für Outdoorbegeisterte. Es gibt unzählige Wandermöglichkeiten, zum Beispiel durch die Gießenbachklamm. Über Treppen und Stege führt ein Rundweg vorbei am größten Wasserrad Bayerns. Abkühlung bietet anschließend der nahe gelegene Hechtsee, der sich allerdings schon auf österreichischer Seite befindet. Mit dem Rad können ebenfalls verschiedenste Touren unternommen werden. Und auch für Nostalgiker bietet Kiefersfelden etwas: Eine Fähre,

ROUTE 215 KM

Kiefersfelden → 17 km bis **Wendelsteinbahn** → 16 km bis **Rosenheim** → 30 km bis **Wasserburg am Inn** → 25 km bis **Kraiburg am Inn** → 14 km bis **Mühldorf am Inn** → 14 km bis **Altötting** → 62 km bis **Bad Füssing** → 37 km bis **Passau**

nach alter Handwerkskunst aus Holz gebaut, überquert seit Jahrhunderten den Inn. Auch die Ritterschauspiele auf historischer Bühne und das Blaahaus-Museum vermitteln regionale Traditionen.

Das Wohnmobil kann man am Bahnhof parken.

WENDELSTEINBAHN

Seit über 100 Jahren bringt die Wendelsteinbahn, Deutschlands erste Hochgebirgsbahn, Besucher in 30 Minuten sicher von Brannenburg auf den 1838 Meter hohen Wendelstein (↗ Seite 90). Die Zahnradbahn war eine technische Meisterleistung ihrer Zeit, und die Fahrt vorbei an Almwiesen und steilen Felsen ist nach wie vor ein Erlebnis für Abenteurer jeden Alters. Die Bremsenergie bei der Talfahrt wird übrigens ganz ökologisch zum Antrieb für die Bergfahrt genutzt.

Sudelfeldstraße 106, 83098 Brannenburg
www.wendelsteinbahn.de

2 ROSENHEIM G10

In Rosenheim verbinden sich bayerische Traditionen mit südländischem Lebensgefühl. Am Inn und wichtigen Handelsstraßen gelegen, avancierte Rosenheim im Mittelalter zum wichtigen Warenumschlagplatz. Ab 1810 bescherten die örtliche Saline und der Kurbetrieb der Stadt dann weiteren Wohlstand. Die prächtigen Bürgerhäuser und stimmungsvollen Laubengänge zeugen noch heute davon. Sehenswert sind das Holztechnische Museum sowie das Städtische Museum im Mittertor, dem ältesten Gebäude der Stadt. Im Ausstellungszentrum Lokschuppen entführen interaktive Wechselausstellungen zu unterschiedlichsten Themen Besucher in ferne Länder und vergangene Zeiten. Fans der ZDF-Serie »Die Rosenheim-Cops« können die Drehorte wie das Rathaus, das als Polizeistation fungiert, bei einer Führung erkunden.

In der Dreiflüssestadt Passau gehört eine Schiffstour zum Pflichtprogramm.

Das Wohnmobil parkt man am besten auf der geräumigen Loretowiese.

3 WASSERBURG A. INN G11

Umschlossen vom Inn liegt Wasserburg auf einer Halbinsel. Das bestens erhaltene Altstadtensemble erinnert an die Zeiten der Innschifffahrt und des florierenden Salzhandels: Patrizierhäuser, Arkadengänge, das Brucktor an der Innbrücke, Altes und Neues Mauthaus und Reste der Stadtbefestigung spiegeln den einstigen Wohlstand. Das Musem Wasserburg besitzt eine umfangreiche Sammlung zur Kulturgeschichte der Region, darunter mehrere originalgetreue Werkstätten. Über dem Ort thront die alte Burg der Hallgrafen und Wittelsbacher, heute Seniorenheim und Verwaltungsgebäude.

Für die Übernachtung bietet sich der Stellplatz am Bade- und Freizeitzentrum Badria an. Für Tagesgäste gibt es wenige Stellplätze in der Altstadt beim Parkplatz Am Gries oder Unter der Rampe.

4 KRAIBURG AM INN F11

Durch Wiesen- und Bauernland führt der weitere Streckenverlauf ins Örtchen Kraiburg. Der mittelalterliche Marktplatz ist eine Augenweide, und wer den Schlossberg mit der Kapelle St. Georg erklimmt, wird mit einer beeindruckenden Aussicht auf das Inntal belohnt. Ein Besuch des Heimatmuseums in den historischen Salzstadeln aus dem 17. Jahrhundert bringt die Zeiten der Innschifffahrt und des Salzhandels näher.

Das Wohnmobil lässt sich unproblematisch in der Nähe der Tennisplätze parken.

5 MÜHLDORF AM INN F11

Nur wenige Kilometer entfernt, blickt Mühldorf auf eine über 1100-jährige Geschichte zurück. Der lang gezogene Stadtplatz ist ein sehenswertes Beispiel der Inn-Salzach-Bauweise. Ein Blickfang ist der Nagelschmiedturm, auch Münchner Tor genannt, aus dem 12. Jahrhundert.

Die letzte seilgebundene Innfähre bringt Passagiere vom Innstadtpark auf die andere Flussseite – ein tolles Erlebnis für die ganze Familie. Hier informiert der Naturerlebnisweg Innaue an elf interaktiven Stationen Wanderer oder Radfahrer über das Zusammenspiel von Mensch und Natur. Das ist auch für Kinder spannend.

Vom großen Parkplatz am Hallenbad sind es nur wenige Schritte zum Stadtplatz.

ALTÖTTING F11

↗ Tour 15 (Seite 96)

BAD FÜSSING F12

In Bad Füssing lädt Europas größte Thermenlandschaft zum Erholen ein. Bei der Suche nach Erdöl stieß man 1938 stattdessen auf schwefelhaltige Quellen. In den 50er-Jahren begann schließlich der Kurbetrieb. Heute gibt es drei Thermen mit Strömungskanal, Saunen, Wellnessangeboten und vielem mehr. Für Tagesbesucher eignet sich der große Parkplatz am Johannesbad am besten, um die Kurstadt mit Kurpark und Spielbank zu entdecken.

Wer noch aktiv werden will, kann das Naturschutzgebiet Unterer Inn erkunden. Es gibt mehrere Lehrpfade und gut erschlossene Radwege.

PASSAU E13

Einen grandiosen Abschluss der Tour bildet Passau, wo Inn und Ilz in die Donau münden. Jeder Fluss hebt sich durch seine Farbe von den anderen ab – ein tolles Naturschauspiel. Eine Schiffsfahrt ist hier natürlich ein Muss und macht auch Kindern Spaß. Herzstück der Altstadt mit ihren verwinkelten Gassen ist der Dom St. Stephan. In der bedeutendsten Barockkirche nördlich der Alpen ertönt wochentags um 12 Uhr die größte Domorgel der Welt. Sehenswert sind auch das Alte Rathaus an der Donaupromenade und der Residenzplatz mit dem Wittelsbacher Brunnen.

Ab 1219 ließ Fürstbischof Ulrich II. auf der anderen Donauseite eine Burg errichten, die ab dem 17. Jahrhundert ihre heutigen beeindruckenden Ausmaße erhielt. Die Veste Oberhaus beherbergt ein regionalgeschichtliches Museum und bietet den besten Blick auf das Dreiflüsseeck, die Spitze der Altstadthalbinsel.

Der Wohnmobilstellplatz an der Ilz ist ideal für eine Übernachtung. In der Nähe befinden sich Picknickplätze und ein Spielplatz.

CAMPINGPLÄTZE

❶ Kaiser Camping Outdoor Resort
★★★★☆

Großer Campingplatz mit Wiesenstellplätzen. Restaurant mit Biergarten, beheiztes Schwimmbad, Außen- sowie Indoorspielplatz. Ganzjährig geöffnet.

▶ Reithof 2, 83075 Bad Feilnbach
GPS: 47.78978332, 12.00575
Tel. 080 66/88 44 00
pincamp.de/sb6750

❷ Camping Holmernhof ★★★★½

Campingplatz mit Physiotherapiepraxis und Wellnessfarm. Wiesengelände mit Baumbestand, Biergarten, kleiner Supermarkt. Ganzjährig geöffnet.

▶ Am Tennispark 10, 94072 Bad Füssing
GPS: 48.35816667, 13.30686667
Tel. 085 31/247 40
pincamp.de/sb1780

STELLPLÄTZE

❸ Reisemobilstellplatz Parkdeck Ilzbrücke

13 Plätze, Ver- und Entsorgung, Strom
Ganzjährig geöffnet.

▶ Halser Straße 2, 94034 Passau
GPS: 48.578374, 13.473829

Wer eine Donaukreuzfahrt macht, ankert auch in Vilshofen.

VON PASSAU NACH INGOLSTADT

AUF TUCHFÜHLUNG MIT DER DONAU

Von der Dreiflüssestadt Passau folgt die Tour den Windungen der Donau bis nach Ingolstadt. Große und kleine Städte und mehrere Heilbäder liegen an der Strecke. Vor der beeindruckenden Kulisse des Bayerischen Waldes geht es durch eine facettenreiche Flusslandschaft mit Auwäldern und Altarmen. An manchen Stellen darf der mächtige Strom auch noch frei fließen. Unterwegs muss man aber unbedingt immer auf den Wasserstand achten.

PASSAU E13

↗ Tour 17 (Seite 107)

VILSHOFEN AN DER DONAU E12

In der kleinen Dreiflüssestadt, die auf 1200 Jahre Geschichte zurückblickt, münden Vils und Wolfach in die Donau. Nachdem 1794 ein Brand weite Teile der Stadt vernichtet hatte, wurde Vilshofen in der Inn-Salzach-Bauweise wiedererrichtet, gut zu sehen am Stadtplatz. Ein Erlebnis ist der Besuch der BierUnterwelten in den ehemaligen Gär- und Lagerkellern der Brauerei Wienin-

Passau → 24 km bis **Vilshofen an der Donau** → 31 km bis **Deggendorf** → 38 km bis **Straubing** → 40 km bis **Walhalla** → 11 km bis **Regensburg** → 25 km bis **Kelheim** → 18 km bis **Bad Gögging** → 16 km bis **Vohburg an der Donau** → 18 km bis **Ingolstadt**

ger. Hätten Sie es gewusst? Der Pilserfinder Joseph Groll stammte aus Vilshofen. Ein ins Gneisgestein geschlagener, 90 Meter langer mittelalterlicher Gang führt zu den Ausstellungsräumen. Oberhalb der Stadt liegt die Benediktinerabtei Schweiklberg mit einem Laden für die klostereigenen Produkte und einem gemütlichen Café mit Sonnenterrasse. Immer am zweiten Juliwochenende heißt es »Donau in Flammen«. Dann strömen Tausende Besucher nach Vilshofen, um von den Promenaden und Schiffen aus ein musikalisch begleitetes Feuerwerk zu bestaunen.

An der Donau befindet sich am Sportboothafen der Wohnmobilstellplatz. Leider ist es hier recht laut.

3 DEGGENDORF E12

Über kleine Straßen und vorbei an der Burgruine Hilgartsberg erreichen wir Deggendorf. Auf dem Stadtmarkt steht das sehenswerte Alte Rathaus mit wuchtigem Turm. Beim Stadtbummel sollte man auch einen Blick in die Stadtkirche Mariä Himmelfahrt werfen: Der eindrucksvolle Hochaltar aus Marmor ist zwölf Meter hoch, denn ursprünglich war er für den Dom in Eichstätt (↗ Seite 69) bestimmt.

Etwa fünf Kilometer südlich mündet am anderen Ufer die Isar in die Donau. Wander- und Radwege erschließen das dortige Naturschutzgebiet aus Auwald- und Altwasserbereichen. Hier sind seltene Blumen und Vögel beheimatet.

Wohnmobilstellplätze in Laufnähe zum Ortskern gibt es am Donaupark – ideal, wenn man den Abend in einem der Biergärten im Ort verbringen möchte.

4 STRAUBING E11

Schon von Weitem sind die Türme der Herzogstadt Straubing zu sehen. Gesiedelt haben die Menschen an dieser attraktiven Stelle an der Donau schon früh. Kelten, Römer und frühe Bayern haben ihre Spuren hinterlassen, wie man im Gäubodenmuseum erfährt. Unter anderem ist dort ein römischer Schatzfund zu sehen.

Auf dem »Goldenen Weg« entdeckt man die wichtigsten Sehenswürdigkeiten: Das Schloss an der Donau entstand im 14. Jahrhundert als Residenz der Herzöge von Bay-

Campingplatz Felbermühle

ern-Straubing, wurde später zur Kaserne umfunktioniert und ist heute Sitz verschiedener städtischer Einrichtungen. Mittelalterlich geht es im Herzen von Straubing rund um den Ludwigs- und den Theresienplatz zu. Die prächtigen Fassaden der Bürgerhäuser illustrieren den Wohlstand ihrer Erbauer. Das prunkvolle Rathaus wurde 2016 durch einen Brand stark beschädigt, die Renovierungsarbeiten laufen. In direkter Nachbarschaft steht der 68 Meter hohe, gewaltige Stadtturm mit fünf Spitzen. Oben bietet sich ein herrlicher Blick über Stadt und Donau bis zum Bayerischen Wald. Die Stadtkirche ist ein Schmuckstück der Spätgotik und im Inneren aufwendig gestaltet. Das Moses-Fenster geht auf einen Entwurf Albrecht Dürers zurück.

Nach so viel Kultur locken mehrere Surf- und Badeweiher in der Umgebung oder das aus einer Heilquelle gespeiste Erlebnisbad Aquatherm. Der Tiergarten Straubing in einer alten Parkanlage gefällt nicht nur Familien.

Eine Nacht darf man mit dem Wohnmobil am zentrumsnahen Festplatz stehen.

5 WALHALLA D11

Zwischen den Ausläufern des Bayerischen Waldes und der Donau liegt der kleine Marktflecken Donaustauf. Über dem Ort steht auf dem Bräuberg die eigentliche Attraktion. Nach dem Vorbild des Athener Parthenon entwarf Leo von Klenze die mächtige klassizistische Walhalla. Ideengeber war König Ludwig I. von Bayern. Zu sehen sind in dem »Prachttempel« 130 Büsten und 65 Gedenktafeln, die an deutsche Taten und Persönlichkeiten erinnern. Sie werden seit 1962 stetig ergänzt. Bei gutem Wetter reicht die Aussicht bis zu den Alpen.

Es gibt einen kostenpflichtigen Parkplatz, man kann aber auch über eine Treppe von der Donau hinaufsteigen oder den Besuch mit einer Wanderung verbinden. An der Donau gibt es auch einen Wohnmobilstellplatz.

6 REGENSBURG D10

↗ Tour 1 (Seite 34)

7 KELHEIM D/E10

Bei der Anfahrt gerät schon von Weitem ein rundes Gebäude ins Blickfeld, die hoch über Kehlheim liegende Befreiungshalle. Sie wurde von König Ludwig I. in Auftrag gegeben und erinnert an die Siege über Napoleon. Sie ist nicht nur von außen beeindruckend, auch das Innere ist äußerst sehenswert. Vom Wohnmobilstellplatz aus kann man mit der Ludwigsbahn, einem Mini-

LIMES-THERME

Im Erholungsbad mit seinen sechs Innen- und vier Außenbecken lässt es sich gut aushalten. Das Thermalwasser aus 498 Metern Tiefe hat angenehme 28 bis 36 Grad. Der Wellness- und Therapiebereich, die großzügige Römersauna, der Strömungskanal und das Kneippbecken sorgen für Entspannung auf ganzer Linie.
Am Brunnenforum 1, 93333 Bad Gögging
www.limes-therme.de

zug, zur Befreiungshalle fahren. Wohnmobile können aber auch auf dem großen Parkplatz beim Besucherzentrum stehen. Ein Bummel durch die mittelalterliche Stadt führt an bunten Häusern, Stadttoren, Cafés und Gasthäusern vorbei. Im Archäologischen Museum gehen Besucher auf Entdeckungsreise in die keltische und römische Vergangenheit.

Von Kehlheim aus sollte man unbedingt eine Schifffahrt zum Kloster Weltenburg machen, zu dem die älteste Klosterbrauerei der Welt gehört. Die gewaltigen Felsen des Donaudurchbruchs sind spektakulär.

In Kehlheim mündet die Altmühl in die Donau. Der Wohnmobilstellplatz liegt auf der Landzunge zwischen den beiden Flüssen. Wer nur ein paar Stunden bleibt, parkt kostenfrei auf dem großen Parkplatz nebenan.

BAD GÖGGING E10

Auf dem Weg kommt man in Einig am Kastell Abusina vorbei, das sich an einem Abbruch zur Donau befindet. Dessen Besatzung überwachte den Limes und kam bereits vor 2000 Jahren nach Bad Gögging zum Kuren. Vermutet wird hier eines der größten römischen Heilbäder nördlich der Alpen. Beim Bau der Kirche wurden Überreste der Thermenanlagen entdeckt.

Die Tradition der Römer wird in der Limes-Therme (↗ Kasten) fortgesetzt. Direkt nebenan befindet sich ein sehr großzügiger Wohnmobilstellplatz. Die sanitären Einrichtungen der Therme dürfen mitgenutzt werden. Der Platz ist auch ideal zum Erkunden der Region auf ausgedehnten Fahrradtouren, zur Brauerei Kuchlbauer in Abensberg (↗ Seite 67) oder zum Kloster Weltenburg und dem Donaudurchbruch (↗ Kehlheim).

VOHBURG AN DER DONAU E10

Durch das repräsentative Klein-Donau-Tor betritt man das Südende des Stadtplatzes mit historischen Häusern und Cafés. Die Altstadt der Herzogstadt ist rund um den Burgberg entstanden. Dieser war wahrscheinlich bereits in der Bronzezeit bewohnt und wurde im Frühmittelalter erst als Hof und später als Burg befestigt. Durch das Burgtor gelangt man zum Burgbergareal, zu dem das Pflegschloss und die Pfarrkirche St. Peter gehören. Der eindrucksvolle Burgmauerring war einst acht Meter hoch. Auf über 500 Metern ist er erhalten.

INGOLSTADT E9

↗ Tour 11 (Seite 74)

CAMPINGPLÄTZE

1 Campingplatz Straubing ★★★

Ruhiger Campingplatz mit vielen Bäumen in einer Flussschleife der Donau. Restaurant. April bis Mitte Oktober geöffnet.
▶ Wundermühlweg 9, 94315 Straubing
GPS: 48.89326667, 12.57656667
Tel. 094 21/897 94
■ pincamp.de/nb9940

2 Campingplatz Felbermühle ★★★

Mit Liebe betriebener, kleiner Campingplatz auf einer Insel zwischen zwei Armen des Flüsschens Abens.
März bis Ende November geöffnet.
▶ Felbermühle 1, 93333 Neustadt a. d. Donau
GPS: 48.81691666, 11.77056666
Tel. 094 45/516
■ pincamp.de/sb60

STELLPLÄTZE

3 Wohnmobilstellplatz Limes-Therme

43 Plätze, Ver- und Entsorgung, Strom, WLAN, WC und Dusche in der Therme
Ganzjährig geöffnet.
▶ Am Brunnenforum 1, 93333 Bad Gögging
GPS: 48.817200, 11.789855
www.limes-therme.de

Bummel durch das einstige Fischer- und Gerberviertel von Ulm

VON INGOLSTADT NACH BLAUBEUREN

ABWECHSLUNGSREICHES DONAUTAL

Die Tour folgt der Donau zwischen Ingolstadt und Ulm und führt weiter bis Blaubeuren. Dabei wechseln wir immer wieder die Donauseite und passieren Hügelland, Auwälder und Moore, mit Zwischenstopps in historischen Orten. Nicht immer gelingt es, mit dem Wohnmobil direkt am Fluss zu fahren. Dann steigen wir aufs Fahrrad um oder unternehmen ausgedehnte Spaziergänge und Wanderungen. Gartenfreunde freuen sich auf den Dehner Blumenpark in Rain, Familien steuern das Legoland in Günzburg an.

INGOLSTADT E9

↗ Tour 11 (Seite 74)

NEUBURG AN DER DONAU E9

Die Fahrt geht durch die waldige Auen- und Moorlandschaft entlang der Donau nach Neuburg. Durch das Obere oder Untere Tor betritt man die Altstadt. Der Karlsplatz bildet ihren Mittelpunkt, umstanden von alten Linden, stattlichen Adels- und Bürgerhäusern, Rathaus und Hofkirche.

ROUTE 176 KM

Ingolstadt → 21 km bis **Neuburg an der Donau** → 10 km bis **Rennertshofen** → 18 km bis **Dehner Blumenpark** → 14 km bis **Donauwörth** → 28 km **Dillingen an der Donau** → 27 km bis **Günzburg** → 32 km bis **Ulm** → 26 km bis **Blaubeuren**

Das Residenzschloss mit seinen zwei markanten Rundtürmen ist das Wahrzeichen der Renaissancestadt. Hier zeigt die Staatsgalerie Flämische Barockmalerei unter anderem Werke von Peter Paul Rubens. Als Schmuckstück präsentiert sich die reich ausgestattete Schlosskapelle. Im Rahmen einer Führung besichtigt man in der Provinzialbibliothek den prachtvollen Barocksaal mit seinem kunstvollen Schrankwerk. Neuburg ist auch ein guter Ausgangspunkt für Rad- und Wandertouren, zum Beispiel zum Jagdschloss Grünau.

Am nördlichen Donauufer befindet sich neben dem Parkplatz Schlösslwiese der Wohnmobilstellplatz. In wenigen Gehminuten ist man in der Innenstadt.

DEHNER BLUMENPARK

Der Blumenpark am Stammsitz der Firma Dehner in Rain ist eine Mischung aus Gartencenter, Zoo und Erlebniswelt. Hauptattraktionen sind der weitläufige Schau- und der Naturlehrgarten. In Letzterem steht die heimische Tier- und Pflanzenwelt im Mittelpunkt. Und im Schaugarten finden Hobbygärtner sicher noch die eine oder andere Anregung für das heimische Grün. Für Kinder gibt es einen Spielbereich. Eintritt und Parkplätze sind gratis.

Donauwörther Straße 3–5, 86641 Rain
www.dehner.de/blumenpark

RENNERTSHOFEN E9

Am Südrand der Fränkischen Alb ist Rennertshofen wegen seines einladenden Marktensembles einen Zwischenstopp wert: Zwei Tore begrenzen die Marktstraße mit Renaissancerathaus, barocker Kirche, sorgfältig restaurierten Bürgerhäusern und der historischen Marktmauer. Im Süden führen Gassen hinunter zur Ussel.

Auch hier zieht die Umgebung Wanderer magisch an: Ein intakter Auwald umgibt Rennertshofen, und Richtung Norden erstreckt sich das Urdonautal (↗ Seite 75). In den

Das Residenzschloss von Neuburg an der Donau dominiert die Stadtsilhouette.

Weinberg- oder Mauerner Höhlen in dessen Steilhang haben in der Steinzeit Menschen Zuflucht gesucht. Die Höhleneingänge sind vergittert. Wer von Steppberg auf den Antoniberg wandert, hat eine vortreffliche Aussicht auf das Trockental, den neuen Flusslauf und die Auen der Donau.

DONAUWÖRTH E8

↗ Tour 33 (Seite 170)

DILLINGEN AN DER DONAU E8

↗ Tour 16 (Seite 103)

GÜNZBURG F7

Bei der Anfahrt zum nächsten Ziel geht es quer durch das Schwäbische Donaumoos, das auf Stegen erkundet werden kann. Dann erscheint auch schon die Silhouette von Günzburg. Unter anderem haben 500 Jahre Zugehörigkeit zum Haus Habsburg die von den Römern gegründete Stadt geprägt. Die Frauenkirche wurde im üppigen Stil des Rokokos erbaut. Den Besuch startet man am besten am Schlossplatz. Besonders im Sommer verweilt man gerne in der charmanten und lebendigen Altstadt – der Marktplatz wird auch als längstes Freiluftcafé Schwabens bezeichnet.

Im Donau-Auwald neben dem Waldbad liegt der Wohnmobilstellplatz von Günzburg.

Südlich von Günzburg bietet der Familien- und Freizeitpark Legoland Deutschland Resort mehr als 55 Attraktionen wie Achterbahnen oder Miniland. Auch ein Campingplatz gehört dazu.

ULM F7

Erst Königspfalz und später Freie Reichsstadt – Ulm blickt auf eine lange Geschichte zurück. Prominentester Bürger ist wohl der Schneider von Ulm, Albrecht Ludwig Berblinger: 1811 unternahm er im Beisein König Friedrichs von Württemberg von der Adlerbastei aus einen Flugversuch. Sein selbst gebauter Flugapparat scheiterte jedoch an den Windverhältnissen, und so stürzte der Erfinder in die Donau und wurde zum Gespött seiner Zeitgenossen. Übrigens wurde er 1986 doch noch rehabilitiert, als es einem Wagemutigen gelang, mit dem Apparat über den Fluss zu segeln. Ein Nachbau des Fluggerätes ist im Rathaus zu sehen, das verschiedene Baustile vereint. Die astronomische Uhr wurde wohl um 1520 gefertigt, der Freskenzyklus an der Fassade 1540 abgeschlossen.

Nicht weit entfernt strebt der höchste Kirchturm der Welt 161,53 Meter gen Himmel. Er gehört zum Ulmer Münster. Die Anstrengung des Aufstiegs wird mit einem spektakulären Blick belohnt, bei gutem Wetter sogar bis zu den Alpen. Die Kirche wurde aus Geldmangel erst im 19. Jahrhundert fertiggestellt, 513 Jahre nach Baubeginn.

Die Altstadt prägen bemerkenswerte historische Gebäude. Im Grünen Hof mit der Nikolauskapelle ist das älteste Steinhaus der Stadt Teil eines sehenswerten Ensembles. Zwei Arme der Blau durchfließen das lauschige Fischer- und Gerberviertel mit seinen engen Gassen und Fachwerkhäusern. Ein schöner Spaziergang führt auf der Stadtmauer und an der Uferpromenade entlang. Sehr gelungen ist die Integration von historischer und moderner Architektur. Gebäude bekannter Architekten prägen Ulms Neue Mitte rund um den Hans-und-Sophie-Scholl-Platz. In einer riesigen Glaspyramide ist die Stadtbibliothek untergebracht. Ein Hingucker ist die rote Treppe im Inneren. Wer Entspannung sucht, steuert einen Lieblingsort der Ulmer an: die Friedrichsau mit Teichen, Spazierwegen, Spielplätzen und Tiergarten.

Lust auf ein spannendes Stück Geschichte? Die »Ulmer Schachtel« war ein Schiffstyp, der vom Schwarzwald bis zum Schwarzen Meer für den Warentransport im Einsatz war. Im 18. Jahrhundert fuhren Ulmer Schiffer damit Auswanderer nach Ungarn. Im Donauschwäbischen Zentralmuseum wird das Schicksal der 400 000 Deutschen von der Ansiedlung bis zur Vertreibung 1945 dokumentiert.

In Ulm gibt es eine recht große Umweltzone, im Süden durch die Donau begrenzt. In Neu-Ulm südlich der Donau gibt es Parkplätze und am Donaubad einen Stellplatz. Rund 20 Minuten dauert der Spaziergang ins Stadtzentrum. In der Nähe hält auch ein Bus.

8 BLAUBEUREN F6/7

↗ Tour 30 (Seite 158)

CAMPINGPLÄTZE

❶ Camping Schwarzfelder Hof

Camping auf einem Bauernhof mit Badesee. Durch Angebote wie Ponyreiten, Tierfütterung und Spielscheune ist er ideal für Familien.
Ganzjährig geöffnet.
▶ Schwarzfelder Weg 2, 89340 Riedheim
GPS: 48.46464999, 10.20346666
Tel. 082 21/726 28
pincamp.de/sb190

❷ Camping Heidehof

Großer Campingplatz mit engagierter Leitung. Besonders für Kinder wird viel geboten: Schwimmbad, Abenteuerspielplatz oder Bastelstunden.
Ganzjährig geöffnet.
▶ Heidehofstraße 50, 89150 Machtolsheim
GPS: 48.477634, 9.744746
Tel. 073 33/64 08
pincamp.de/wb6600

STELLPLÄTZE

❸ Wohnmobilstellplatz am Donaubad

49 Plätze, Ver- und Entsorgung, Strom, WC im Infopoint, Dusche im Erlebnisbad, WLAN
Ganzjährig geöffnet.
▶ Öschweg 6, 89231 Neu-Ulm
GPS: 48.383481, 9.986255
Tel. 07 31/98 59 90
www.donaubad.de

Auf dem Kemptener Rathausplatz darf die Pause gerne etwas länger dauern.

20 VON IMMENSTADT IM ALLGÄU NACH SCHWÄBISCH HALL

DURCHS ALLGÄU NACH SCHWABEN

Die Tour startet vor der Alpenkulisse und führt durch das vielseitige Allgäu nach Schwaben. Kempten, Ulm und Schwäbisch Hall sind die drei sehr verschiedenen urbanen Höhepunkte der Route. Aber auch die weniger bekannten Orte überraschen mit historischen Stadtkernen und vielen Fachwerkbauten. Entlang der Route der Industriekultur erkunden wir im Filstal eine der Keimzellen der baden-württembergischen Wirtschaft.

IMMENSTADT IM ALLGÄU H7

↗ Tour 12 (Seite 80)

KEMPTEN (ALLGÄU) H7

Mitten im Allgäu erreichen wir mit Kempten die älteste schriftlich beurkundete Stadt Deutschlands. Die Altstadt mit lebendigem Rathausplatz, winkligen Gassen und prächtigen Häusern lädt zum Bummeln ein. Lange Zeit lagen im Mittelalter zwei gleich benannte, konkurrierende Städte direkt nebeneinander: das Fürststift Kempten und die Freie Reichsstadt Kempten.

ROUTE 263 KM

Immenstadt im Allgäu → 24 km bis **Kempten (Allgäu)** → 37 km bis **Kaufbeuren** → 26 km bis **Mindelheim** → 70 km bis **Ulm** → 32 km bis **Geislingen an der Steige** → 28 km bis **Schwäbisch Gmünd** → 29 km bis **Gaildorf** → 17 km bis **Schwäbisch Hall**

Die eine wurde evangelisch, die andere blieb katholisch, und im Dreißigjährigen Krieg führte man sogar Krieg gegeneinander. Erst 1818 wurde die Doppelstadt vereint. Mehr zur spannenden Geschichte erfährt man im Kempten-Museum im Zumsteinhaus. In der Erasmuskapelle wird die wechselvolle Stadtgeschichte als Multivisionsshow erlebbar. Im Archäologischen Park Cambodunum reist man zurück in die Römerzeit. Ein Blick lohnt sich auch in die prachtvollen Wohnräume der Fürstäbte im Stil des Barocks und Rokokos in der Residenz.

Der Wohnmobilstellplatz befindet sich an der Iller und am Illerstadion. Rund sechs Kilometer südlich gibt es einen Campingplatz.

KAUFBEUREN G8

Die Innenstadt der sonnenreichsten Stadt in Deutschland ist mittelalterlich geprägt. Hier steht das Crescentiakloster, die Keimzelle Kaufbeurens. Die Kirche und der ehemalige Nutzgarten des Franziskanerinnenklosters sind öffentlich zugänglich. Der am Hang gelegene, üppige Garten ist eine zauberhafte Oase mit vielen lauschigen Rastplätzen.

Die Stadtmauer mit ihren Türmen ist in Teilen erhalten, darunter das Wahrzeichen der Stadt, der 33 Meter hohe Fünfknopfturm. Der ehemalige Feuerwachturm kann bei einer Führung besichtigt werden.

Im Stadtteil Neugablonz siedelten sich Vertriebene aus dem Kreis Gablonz in Nordböhmen an und nahmen ihr traditionelles Gewerbe, die Modeschmuckproduktion, wieder auf. In der Erlebnisausstellung der Gablonzer Industrie kann man ihre Schmuckstücke betrachten und auch erwerben.

Den Wohnmobilstellplatz findet man in der Buronstraße am Kletterzentrum.

MINDELHEIM G8

Kultur und Lebensfreude hat sich Mindelheim auf die Fahnen geschrieben. Mittelpunkt der Altstadt ist der Marienplatz mit bunten Fassaden und repräsentativen Gebäuden. Von 1622 bis 1773 betrieben im Gebäude des vormaligen Augustinerklosters die Jesuiten ein Kolleg. Heute sind hier mehrere Museen ansässig: das Krippen-, das Textil- und das Archäologiemuseum sowie

Das Mindelheimer Obere Tor zur Fasnacht

die Carl-Millner-Galerie. Sehenswert ist auch die im Stil des frühen Rokokos gestaltete Jesuitenkirche. Neben Teilen der ehemaligen Stadtbefestigung sind drei mächtige Stadttore erhalten. Zur Fasnacht wird das fünfstöckige Obere Tor als Narr – Durahansl – »verkleidet«.

Südwestlich der Stadt liegt hoch oben die Mindelburg mit Bastionen, Gräben und Türmen. Hier soll zukünftig das Heimatmuseum einziehen. Der Burghof kann das ganze Jahr über besucht werden. Ein Blick vom Bergfried ist von April bis Oktober möglich.

Im Ort ist ein Wohnmobilstellplatz in Vorbereitung.

ULM F7

↗ Tour 19 (Seite 114)

GEISLINGEN AN DER STEIGE E7

Die Fünftälerstadt Geislingen liegt umgeben von den bewaldeten Hängen des Albtraufs. Die mittelalterliche Stadtanlage mit ihren alamannischen Fachwerkhäusern ist fast vollständig erhalten. Als das schönste Fachwerkhaus in Baden-Württemberg gilt der Alte Bau, ein Kornspeicher aus dem 15. Jahrhundert. Hier befindet sich heute ein Museum mit Beispielen der Geislinger Beindrechslerei und Elfenbeinschnitzerei und ein 26 Meter langes Modell der Geislinger Steige. Dieser 1850 eröffnete Eisenbahnabschnitt war lange Zeit einer der steilsten in Europa. Von der Bahnanbindung profitierte auch eine 1853 gegründete Fabrik, die später als Württembergische Metallwarenfabrik, besser bekannt als WMF, zum Weltkonzern avancieren sollte (↗ Kasten). In der sogenannten Fischhalle von 1912 befindet sich heute ein WMF-Outlet.

Über der Stadt thront die Burgruine Helfenstein. Vom Bahnhof ist sie in einer 45-minütigen Wanderung erreicht. Oben bietet sich ein ausgezeichneter Blick auf Geislingen.

ROUTE DER INDUSTRIEKULTUR

Das Filstal ist eine der Keimzellen der baden-württembergischen Wirtschaft. Die Nutzung der Wasserkraft und der Eisenbahnbau begünstigten im 19. Jahrhundert hier die Ansiedlung von Betrieben wie WMF oder Märklin. Entlang der 75 Kilometer langen »Route der Industriekultur« lassen sich über 100 Orte – Fabriken, Arbeitersiedlungen, Wassermühlen, E-Werke – entdecken. Der Radweg folgt dem Verlauf der Fils über Geislingen bis nach Plochingen. Über QR-Codes lassen sich Informationen über die Orte auf der Webseite abrufen. Es gibt auch eine umfangreiche Broschüre zum Download.
www.industriekultur-filstal.de

SCHWÄBISCH GMÜND E7

1162 erstmals beurkundet, gilt Schwäbisch Gmünd am Fuß der Schwäbischen Alb als älteste Stauferstadt. Zuvor hatten auch schon die Römer, Alamannen und Germanen hier gesiedelt. Neben dem Römerkastell Schirenhof zeugen mehrere Kloster- und Kirchenbauten, mittelalterliches Fachwerk und barocke Bürgerhäuser vom Wandel der Zeiten. Von der mächtigen Stadtmauer sind noch sechs Türme erhalten, darunter der Johannisturm, den man besteigen kann. Handwerk, vor allem die Gold- und Silberschmiedekunst, spielt immer noch eine wichtige Rolle in der Stadt. Zahlreiche Galerien, Schmuckläden und das futuristisch anmutende Forum Gold und Silber im Stadtpark lassen sich bei einem Bummel erkunden.

Der Himmelsgarten im Stadtteil Wetzgau ist ein Tummelplatz für Familien mit Kindern: ein Wasserspielplatz, Saurierskulpturen, eine 300 Meter lange Holzmurmelbahn, ein Erlebniswaldpfad, Kletterpark und Aussichtsturm sorgen für Spaß und Abwechslung. Rund um Schwäbisch Gmünd gibt es viele Wander- und Radwege mit Ausblicken auf die Dreikaiserberge.

Auf einem Parkplatz am Bad am Stadtrand gibt es Wohnmobilstellplätze.

GAILDORF D6

Die Straße nach Gaildorf windet sich auf und ab durch eine abwechslungsreiche Landschaft. In und um die Stadt am Kocher kann man auf verschiedenen Themenwegen auf Entdeckung gehen, dem »Historischen Rundgang«, dem »Kulturweg« oder dem »Geologischen Pfad«. Im Zentrum steht das Alte Schloss, das ab dem 15. Jahrhundert den Schenken von Limpurg als Residenz diente. Heute ist der prächtige Fachwerkbau mit dem sehenswerten bemalten Innenhof das Wahrzeichen von Gaildorf und wird von Museen, Vereinen und Künstlern genutzt. In der Altstadt mit romantischen Gassen und Kopfsteinpflaster stehen behutsam renovierte Fachwerkhäuser. Im Februar geht es in Gaildorf hoch her: Dann findet hier das größte Volksfest der Region statt, der Pferdemarkt mit Festumzug, Pferdeschau und Markttreiben.

In Flussnähe gibt es Wohnmobilstellplätze auf einem Parkplatz.

SCHWÄBISCH HALL D6

↗ Tour 31 (Seite 163)

CAMPINGPLÄTZE

❶ Camping Zeh am See ★★★½

Gepflegter kleiner Campingplatz am Niedersonthofener See mit Blick auf die liebliche Umgebung. Idealer Ausgangspunkt für Wanderungen und Radtouren.
Ganzjährig geöffnet.
▶ Burgstraße 27, 87448 Niedersonthofen
GPS: 47.630137, 10.245807
Tel. 083 79/70 77
■ pincamp.de/sb3830

❷ See Camping Günztal ★★★½

Sehr gepflegter Campingplatz am Oberrieder Weiher bei Krumbach mit Biergarten, Surfschule und Sportmöglichkeiten.
Mitte April bis Ende Oktober geöffnet.
▶ Oberrieder Weiherstraße 5, 86488 Breitenthal
GPS: 48.227675, 10.293539
Tel. 082 82/88 18 70
■ pincamp.de/sb3050

STELLPLÄTZE

❸ Wohnmobilstellplatz am Illerstadion

7 Plätze, Ver- und Entsorgung
Ganzjährig geöffnet.
▶ Illerdamm/Jahnweg, 87435 Kempten
GPS: 47.729341, 10.319360
www.kempten-tourismus.de

Kurviges Fahrvergnügen im Schwarzwald

UNTERWEGS IN
BADEN-WÜRTTEMBERG

Ländliche Szenerie in der Nähe von Ravensburg

VON ULM NACH FRIEDRICHSHAFEN

VON DER DONAU BIS ZUM BODENSEE

Von Ulm folgen wir der Donau und fahren dann quer durch Oberschwaben zum Bodensee. Die Region ist vielfältig. Auf dem Weg liegen die größte Barockbasilika Deutschlands, eine prächtige Rokokobibliothek und kleine und große Schlösser. Erholung am oder im Wasser und der Besuch historischer Städte stehen auf dem Programm. In Bad Waldsee werden Wohnmobile gebaut. Das Werk kann besichtigt werden, und im Erwin Hymer Museum dreht sich alles ums mobile Reisen.

ULM F7

↗ Tour 19 (Seite 114)

2 EHINGEN (DONAU) F6

Ehingen mit seinen fünf inhabergeführten Brauereien nennt sich selbst »Bierkulturstadt«. Auf einem 14 Kilometer langen Bierwanderweg, vorbei an Brauereien und Biergärten, entdeckt man die Sehenswürdigkeiten und Schönheiten des Donautals. In der Nähe ist auch der BurgFelsenPfad im Lauertal ein lohnendes Ziel. Der Marktplatz und einige prächtige Gebäude finden sich in der Oberen Stadt von Ehingen. In der

ROUTE 138 KM

Ulm → 30 km bis **Ehingen (Donau)** → 23 km bis **Biberach an der Riß** → 17 km bis **Bad Schussenried** → 14 km bis **Bad Waldsee** → 23 km bis **Weingarten** → 5 km bis **Ravensburg** → 10 km bis **Ravensburger Spieleland** → 5 km bis **Tettnang** → 11 km bis **Friedrichshafen**

Unteren Stadt, der eigentlichen Altstadt, gibt es viele sehenswerte Fachwerkhäuser.

Am Ortsrand am Stadion befinden sich Wohnmobilstellplätze, so kann man das hier gebraute Bier auch unbeschwert genießen.

BIBERACH A. D. RISS G7

Der Marktplatz von Biberach mit dem alten und neuen Rathaus ist von prunkvollen Patrizierhäusern umgeben. Drum herum liegt die sehenswerte Altstadt mit dem mittelalterlichen Weberviertel am Weberberg, Fachwerkhäusern, mehreren Wachtürmen und einem Teil der einstigen Stadtmauer. In der Zeughausgasse steht eines der ältesten Weberhäuser Süddeutschlands, wahrscheinlich entstand es zu Beginn des 14. Jahrhunderts. Die gotische Stadtkirche ist die älteste von beiden Konfessionen gemeinsam genutzte Kirche in Deutschland.

Biberach ist auch guter Ausgangspunkt für Ausflüge zum Europareservat Federsee mit Vogelparadies und Freilichtmuseum. Zu sehen sind zwölf Pfahlbauten aus der Stein- und Bronzezeit. Ideale Ergänzung ist der archäologische Moorlehrpfad zu Originalfundplätzen. Immer im Juli steigt das Biberacher Schützenfest, ein Kinder- und Heimatfest mit historischen Festzügen und Rummel.

In der Rißstraße, fünf Gehminuten von der Altstadt entfernt, befinden sich Wohnmobilstellplätze.

BAD SCHUSSENRIED G6

In Bad Schussenried sind Gebäude verschiedener Jahrhunderte und ein Stadttor erhalten. Über 600 Jahre bestimmten die Chorherren des Prämonstratenserordens das Leben der Stadt. Im 18. Jahrhundert begannen sie mit dem Bau eines prächtigen Barockklosters. Aus Geldmangel wurde es allerdings nur in Teilen fertig. Trotzdem gilt es als eine der Hauptsehenswürdigkeiten an der Oberschwäbischen Barockstraße. Höhepunkt ist der beeindruckende Bibliothekssaal im Rokokostil. Auch die spätromanische Klosterkirche St. Markus ist sehenswert. Im barocken Innenraum fällt das reich verzierte Chorgestühl auf.

Einen Blick in das Leben der Menschen Oberschwabens bietet das Oberschwäbische Museumsdorf Kürnbach, das von Juni bis

Oktober geöffnet ist. Zu sehen sind 30 original eingerichtete Gebäude aus 600 Jahren, darunter viele Werkstätten.

Neben der Brauerei und am Zellersee gibt es Wohnmobilstellplätze.

Camping Wirthshof in Markdorf

BAD WALDSEE G6

Durch hügeliges Land mit vielen Kirchen und Kapellen erreichen wir Bad Waldsee. Nur 40 Kilometer oberhalb vom Bodensee kurt man hier mit Moor, Thermalwasser und Kneippschen Methoden. In der zwischen zwei Seen gelegenen ehemaligen Ackerbürgerstadt sind sehenswerte historische Gebäude erhalten, wie das Heilig-Geist-Spital aus dem 14. Jahrhundert, die barocke Stiftskirche oder das Rathaus. Diesem gegenüber befindet sich das mächtige Kornhaus mit gotischem Staffelgiebel. Das Schloss lag außerhalb der Stadtmauer und war ein befestigtes Wasserschloss.

In Bad Waldsee baut Hymer Wohnmobile und Caravans. Ein Blick in die Produktion ist bei einer Werksbesichtigung möglich. Und im Erwin Hymer Museum dreht sich in einem spektakulären Gebäude alles um Camping und mobiles Reisen. Hingebungsvoll restaurierte Fahrzeuge, Traumziele und Reiseerlebnisse stehen im Mittelpunkt – ein Muss für Camper. Und im benachbarten Aulendof fertigt die Marke Carthago.

An der Waldsee-Therme befindet sich der Wohnmobilstellplatz. Weitere Stellplätze in schöner Lage bietet das Golf- & Natur-Resort Bad Waldsee.

WEINGARTEN G6

Zuerst kamen die Alamannen und dann die Welfen. In der historischen Innenstadt mit ihren Kopfsteinpflastergassen, anheimelnden Plätzen und sorgfältig restaurierten Gebäuden trifft man noch auf ihre Spuren: Im Kornhaus befindet sich das Alamannenmuseum, und das Amtshaus ist mit einer Darstellung der Welfensage verziert. Hauptattraktion ist aber das im 11. Jahrhundert von den Welfen gegründete Kloster mit seiner mächtigen Kirche. Deutschlands größte Barockbasilika steht hoch über der Stadt auf dem Martinsberg und ist schon von Weitem zu sehen. Im Altar befindet sich die Heilig-Blut-Reliquie, Ziel der bekannten Wallfahrten. Ein besonderes Erlebnis ist der »Blutfreitag«, der Freitag nach Christi Himmelfahrt, wenn der Heilig-Blut-Reiter in

RAVENSBURGER SPIELELAND

Im Mittelpunkt der acht Themenwelten mit über 70 Attraktionen stehen Mitmachen, Neues Ausprobieren und spielerisches Lernen. Auch die beliebtesten Spielideen von Ravensburger sind im XXL-Format dabei. Und die Stars aus der »Sendung mit der Maus« schauen im Themenpark ebenfalls regelmäßig vorbei. Im dazugehörigen Feriendorf gibt es Wohnmobil- und Wohnwagenstellplätze.

Am Hangenwald 1, 88074 Meckenbeuren/ Liebenau

www.spieleland.de

einer prächtigen Prozession mit der Reliquie durch die Stadt und das Umland zieht. Mehr als 100 Musikkapellen und bis zu 2500 Reiter in Frack und Zylinder begleiten ihn. Mehr zur Geschichte der Welfen, des Klosters und der Heilig-Blut-Verehrung erfährt man im Stadtmuseum, das in einem prächtigen Renaissancebau untergebracht ist.

Rund um Weingarten gibt es viel Grün und abwechslungsreiche Strecken zum Laufen, Wandern, Radfahren oder Mountainbiken. Kurzweilig ist zum Beispiel eine Wanderung am »Stillen Bach«, einem ausgeklügelten Kanalsystem der Benediktinermönche, das den Rössler Weiher mit einbezieht. Dieser ist einer der ältesten Stauseen in Mitteleuropa.

Am Festplatz gibt es Wohnmobilstellplätze.

7 RAVENSBURG H6

Das ehemalige Handelszentrum Ravensburg ist wegen vieler individueller Geschäfte und einer belebten Fußgängerzone ein beliebtes Einkaufsziel. Auch das Stadtbild bezaubert: Besonders gut erhalten ist die Altstadt mit Gebäuden aus verschiedenen Jahrhunderten, Gassen, Plätzen, Toren und Türmen. Der breite Marienplatz verbindet die Ober- mit der Unterstadt. Das Humpis-Quartier ist eines der besterhaltenen Wohnviertel aus dem Spätmittelalter in Süddeutschland. Wegen des gleichnamigen Spiele- und Buchverlags ist Ravensburg seit über 100 Jahren als Spielestadt bekannt. Im Museumsviertel in der Oberstadt liegt das Museum Ravensburger und zehn Kilometer entfernt der Freizeitpark Ravensburger Spieleland (↗ Kasten). Beliebte Kinderfiguren werden hier lebendig, und natürlich darf auch gespielt werden. Für Abwechslung sorgt eine kleine Wanderung zum Wasserfall im Rinkenberger Tobel.

Am Ufer der Schussen, in der Mühlbruckstraße nicht weit vom Zentrum, befindet sich der Wohnmobilstellplatz.

8 TETTNANG H6

Schon fast am Bodensee, erreichen wir das auf einem Hügelrücken über dem Schussental liegende Tettnang im drittgrößten Hopfenanbaugebiet Deutschlands. Drei Schlösser und weitere prächtige Gebäude prägen die »Kleine Residenz am Bodensee«, in der bis Ende des 18. Jahrhunderts die Grafen von Montfort lebten.

In der Loretostraße gibt in Fußnähe zum Zentrum einen Wohnmobilstellplatz.

9 FRIEDRICHSHAFEN H6

↗ Tour 22 (Seite 127)

CAMPINGPLÄTZE

❶ Campingplatz Buchseehof
Sympathischer, zu einem Bauernhof gehöriger kleiner Platz an einem See.
Ganzjährig geöffnet.
Buchsee 1, 88273 Fronreute-Blitzenreute
GPS: 47.879885, 9.571542
▶ Tel. 075 02/91 21 98
■ pincamp.de/pin_233853

❷ Camping Wirthshof ★★★★★
Familienfreundlicher, engagiert geführter Platz mit Pool, 10 km von Friedrichshafen. Angebote für Kinder, Wellness, Biergarten.
Mitte Januar bis Mitte Dezember geöffnet.
▶ Steibensteg 10, 88677 Markdorf
GPS: 47.714520, 9.408631
Tel. 075 44/962 70
■ pincamp.de/wb7600

STELLPLÄTZE

❸ Wohnmobilstellplatz an der Therme Bad Waldsee
39 Plätze, Ver- und Entsorgung, Strom, WLAN
Ganzjährig geöffnet.
▶ Unterurbacher Weg 26, 88339 Bad Waldsee
GPS: 47.914145, 9.760637
www.waldsee-therme.de

Beschaulich geht es am Wasserburger Hafen zu.

VON LINDAU (BODENSEE) NACH ÖHNINGEN

RENDEZVOUS MIT DEM BODENSEE

Hier folgen wir dem deutschen Ufer des Bodensees, das traumhafte Alpenpanorama immer im Blick. Obst, Wein und Hopfen gedeihen im milden Klima. Wunderschön ist es im Frühling zur Obstblüte und im Herbst zur Weinlese. Mehrere Campingplätze haben einen direkten Seezugang. Magisch, wenn der Morgendunst langsam über dem Wasser aufsteigt oder beim Sonnenuntergang eine ganz besondere Stimmung in der Luft liegt.

LINDAU (BODENSEE) H6

↗ Tour 12 (Seite 78)

WASSERBURG (BODENSEE) H6

Die Wasserburger Halbinsel besticht mit ihrer Uferpromenade, Kirche, Schloss und Malhaus, in dem sich das Heimatmuseum befindet. Mit dem Schiff kann man zur Besichtigung der Insel Mainau oder der Reichenau aufbrechen. Eine erstklassige Aussicht auf die hügelige Landschaft, Weinberge, Bodensee und Bergpanorama hat man bei der Wanderung auf dem Streuobstwander-

ROUTE 122 KM

Lindau (Bodensee) → 6 km bis **Wasserburg (Bodensee)** → 5 km bis **Kressbronn am Bodensee** → 5 km bis **Langenargen** → 11 km bis **Friedrichshafen** → 18 km bis **Meersburg** → 7 km bis **Pfahlbauten Unteruhldingen** → 10 km bis **Schloss Salem** → 13 km bis **Überlingen** → 26 km bis **Radolfzell am Bodensee** → 21 km bis **Öhningen**

weg zur Antoniuskapelle. Aber auch der Wasserspaß kommt nicht zu kurz: An mehreren Stellen ist der See frei zugänglich. Der Campingplatz liegt ebenfalls direkt am Wasser.

KRESSBRONN AM BODENSEE H6

Obstplantagen umgeben Kressbronn direkt am Ufer des Bodensees. Nach ein paar Stunden im Naturstrandbad geht es auf Entdeckung durch Kressbronn. Neben großen Rasenflächen stehen im Schlösslepark viele alte Bäume, darunter auch seltene Arten wie Zedern, Ginkgo oder Mammutbäume. Im ehemaligen Pferdestall ist ein gemütliches Café untergekommen. Aber auch die ländliche Vergangenheit ist noch lebendig. Die historische Hofanlage Milz im Ortsteil Retterschen ist heute ein Museum. Der Besuch ist besonders für Familien ein Highlight. Nicht weit entfernt beindet sich der Campingplatz direkt am Ufer.

LANGENARGEN H6

Der See und die landschaftliche Kulisse lassen sich besonders gut von der Uferpromenade aus genießen. Auf einer Halbinsel steht Schloss Montfort, das im 17. Jahrhundert im maurischen Stil umgebaut wurde. Vom Turm ergibt sich ein toller Blick. Die prächtige Barockkirche St. Martin am Marktplatz gilt als eine der Perlen der Oberschwäbischen Barockstraße. Der außergewöhnliche Hochaltar und die Deckenfresken sind überaus prächtig. Auf Kunstfreunde wartet ein weiterer Hochgenuss: Im ehemaligen Pfarrhof zeigt das Museum Langenargen seine herausragende Sammlung. Der Schwerpunkt liegt dabei auf Werken der Moderne.

FRIEDRICHSHAFEN H6

Sonne tanken und aufs Wasser gucken – die Uferpromenade von

Campingpark Gitzenweiler Hof

Friedrichshafen mit Blick auf die Alpen zählt zu den anziehendsten am ganzen Bodensee. In der Nähe legen die Ausflugsschiffe an. Noch besser ist der Blick vom vorgelagerten Aussichtsturm an der Hafenmole. Auch die beiden Kuppeltürme der Schlosskirche ziehen den Blick auf sich. Das Wahrzeichen der Stadt gilt als barockes Meisterwerk.

Überall in Friedrichshafen begegnet man der Luftfahrt und Ferdinand Graf von Zeppelin. Im Jahr 1900 hatte dieser das erste lenkbare Luftschiff über dem Bodensee aufsteigen lassen und baute später Zeppeline. Stationen und Originalschauplätze können auf dem »Zeppelin-Pfad« erkundet werden. Die bedeutende Rolle von Friedrichshafen in der Luftfahrtgeschichte veranschaulicht auch das Zeppelin Museum. Das Dornier Museum am Flughafen zeigt rund 400 Exponate aus 100 Jahren Luft- und Raumfahrtgeschichte.

Mobile Reisende können in Friedrichshafen zwischen zwei Campingplätzen und einem Wohnmobilplatz auswählen.

MEERSBURG H6

Meersburg gilt als eine der schönsten Städte am Bodensee. In der verwinkelten Altstadt stehen Gebäude aus mehreren Jahrhunderten. Dazu gehört auch das Alte Schloss, die älteste durchgehend bewohnte Burg Deutschlands. Eine Besichtigung führt durch mittelalterliche Räume, die Waffen- und die Folterkammer und in das Sterbezimmer Annette von Droste-Hülshoffs. Das zum See ausgerichtete, prachtvoll ausgestattete Neue Schloss, die ehemalige Residenz der Fürstbischöfe von Konstanz, entstand Anfang des 18. Jahrhunderts in barocken Formen. Wer Entspannung sucht, kann die beliebte Meersburg Therme ansteuern.

Von den Wohnmobilstellplätzen Allmend 1 und 2 und Ergeten läuft man 15 Minuten ins Zentrum, oder man nutzt den Bus.

PFAHLBAUTEN UNTERUHLDINGEN H6

In Unteruhldingen befindet sich ein einzigartiges Freilichtmuseum. Auf Stegen wandert man über das Wasser zu den rekonstruierten Pfahldörfern und lernt dabei das

SCHLOSS SALEM

In Salem befindet sich eines der größten Zisterzienserklöster Süddeutschlands. Das Ensemble besteht aus einer gotischen Kirche – im Inneren klassizistisch in Weiß und Gold gestaltet – und mächtigen barocken Klostergebäuden. Der Abt residierte wie ein Fürst in der prächtigen Prälatur, aus der später das Badische Schloss wurde. Nach Aufhebung des Klosters übernahmen die Markgrafen von Baden den Komplex und siedelten sich selbst an. 1920 gründeten sie eine Reformschule, die bis heute als Internat fortbesteht. Kloster, Schloss, Museum und Münster können von Ende Mai bis zum 1. November besichtigt werden. Mehrmals täglich werden Führungen angeboten.

www.salem.de

Leben der Menschen in der Stein- und Bronzezeit kennen. Vieles kann man selbst ausprobieren – das freut vor allem die Kinder. Die am Seegrund erhaltenen Überreste historischer Pfahlbauten gehören zum UNESCO-Welterbe. Nach dem Museumsbesuch geht es ab an den Naturstrand ganz in der Nähe.

Wohnmobile parken auf dem ausgeschilderten Parkplatz P1.

ÜBERLINGEN H5

Überlingen blickt auf eine wechselvolle Geschichte zurück. Die Lage an wichtigen Verkehrswegen führte zu frühem Reichtum. Das mächtige Gebäude Überlinger Greth direkt am Seeufer diente einst als Lagerhalle und Umschlagplatz für Getreide. Vor dem Bau der Seepromenade im 19. Jahrhundert stand es noch direkt am Wasser. Neben Palmen säumen Cafés und Restaurants die mit fast fünf Kilometern längste Uferpromenade am See. In der Altstadt steht das Münster St. Nikolaus neben aufwendig gestalteten Patrizierhäusern. Historische Parks, üppige Gärten oder der Spazierweg im ehemaligen Stadtgraben – überall locken grüne Oasen. Im Heilbad mit Thermalquelle und in der Bodensee-Therme wird die Kneipp-Therapie großgeschrieben.

In der Nähe vom Helios Spital am Ortsrand befindet sich der beliebte Wohnmobilstellplatz. Wer einen Platz bekommen will, sollte ihn früh anfahren.

RADOLFZELL AM BODENSEE H5

↗ Tour 26 (Seite 142)

ÖHNINGEN H5

Auf der Halbinsel Höri liegt der westlichste deutsche Ort am Bodensee. Nur ein paar Schritte sind es ins Nachbarland Schweiz. Durch die Grenzlage geht es hier eher ruhig zu, ideal für ein paar gemütliche Tage am Ufer. Sehenswürdigkeiten sind das ehemalige Augustiner-Chorherrenstift, die kleine Totenbruderschaftskapelle und die trutzige romanische Wallfahrtskirche St. Genesius in Schienen. Wer aktiv werden will, kann über Brücken und Stege eine romantische Wanderung durch die Klingenbachschlucht unternehmen.

Im drei Kilometer östlich gelegenen Wangen gibt es am Untersee einen Campingplatz mit einigen Stellplätzen am Wasser.

CAMPINGPLÄTZE

❶ Campingpark Gitzenweiler Hof

★★★★½

Nicht weit vom Bodensee campt man hier zwischen Wiesen, Wäldern und Weihern. Besonders für Familien wird viel geboten – vom fantasievollen Sanitärbereich für Kinder über den Pool bis zum Streichelzoo und Ponyreiten. Ganzjährig geöffnet.

▶ Gitzenweiler 88, 88131 Lindau (Bodensee)
GPS: 47.584918, 9.705156
Tel. 083 82/949 40
■ pincamp.de/sb3500

❷ Camping Park Gohren am See

★★★★

Sehr schön gelegener, beliebter und gut ausgestatteter Platz mit direktem Seezugang. Ende März bis Mitte Oktober geöffnet.

▶ Zum Seglerhafen, 88079 Kressbronn am Bodensee
GPS: 47.587664, 9.563639
Tel. 075 43/605 90
■ pincamp.de/wb9550

STELLPLÄTZE

❸ Reisemobilhafen Überlingen

42 Plätze, Ver- und Entsorgung, Strom, WC
Ganzjährig geöffnet.
▶ Kurt-Hahn-Straße 1, 88662 Überlingen
GPS: 47.775952, 9.148604
www.ueberlingen-bodensee.de

Kloster Beuron – traumhaft im Oberen Donautal gelegen

23 VON RADOLFZELL AM BODENSEE NACH HEILBRONN

QUER ÜBER DIE REIZVOLLE SCHWÄBISCHE ALB

Auf der Tour vom Bodensee an den Neckar entdecken wir die schönsten Seiten der Schwäbischen Alb. Hier verbringt man sehr gerne mehr Zeit und geht auf Entdeckung – im Camper, mit dem Boot, dem Fahrrad oder zu Fuß. Spektakuläre Landschaften, wie der Albtrauf oder der Donaudurchbruch bei Beuron, wechseln mit historischen Städten und beeindruckender Architektur ab: Klöster, barocke Kirchen, prächtige Residenzen und der Stammsitz der ehemaligen deutschen Kaiser.

RADOLFZELL AM BODENSEE H5

↗ Tour 26 (Seite 142)

MESSKIRCH G5

Das strahlend weiße Schloss Meßkirch gilt als älteste Vierflügelanlage der Renaissance nördlich der Alpen. Es beherbergt heute mehrere Museen. Die ursprünglich spätgotische Kirche St. Martin wurde um 1770 umgestaltet und ist eine der letzten großen Spätrokokokirchen Oberschwabens.

ROUTE 282 KM

Radolfzell am Bodensee → 41 km bis **Meßkirch** → 18 km bis **Kloster Beuron** → 28 km bis **Sigmaringen** → 36 km bis **Traufgang-Wanderung** → 18 km bis **Hechingen** → 22 km bis **Rottenburg am Neckar** → 19 km bis **Herrenberg** → 22 km bis **Weil der Stadt** → 41 km bis **Ludwigsburg** → 17 km bis **Besigheim** → 20 km bis **Heilbronn**

Ein einzigartiges Projekt lässt sich sechs Kilometer nördlich von Meßkirch auf dem »Campus Galli« bestaunen: Mit den technischen Mitteln des 9. Jahrhunderts wird hier nach dem berühmten St. Galler Klosterplan das ideale Kloster errichtet.

In Zentrumsnähe wurde ein neuer kleiner Campingplatz angelegt.

KLOSTER BEURON G5

In einer Donauschleife erreichen wir Kloster Beuron, ein gewaltiges barockes Kunstwerk. 1077 als Augustiner-Chorherrenstift gegründet, wurde die Erzabtei 1863 von Benediktinern übernommen. Die Klosterkirche kann besichtigt werden. Unterhalb des Klosters gibt es einen Wohnmobilstellplatz. Wer länger bleibt, kann in Richtung Friedingen wandern oder radeln.

Anschließend geht die Fahrt weiter durch die abwechslungsreiche Landschaft des Durchbruchtals der Oberen Donau.

SIGMARINGEN G6

Die Hohenzollernstadt an der Donau ist rund 1000 Jahre alt. Ihr heutiges Gesicht erhielt sie im 16. Jahrhundert mit dem Aufstieg zur Residenz. Dabei wurde auch die mittelalterliche Burg zum Residenzschloss der Fürsten von Hohenzollern-Sigmaringen ausgebaut. Das Wahrzeichen der Stadt mit seinen prunkvollen Räumen und kostbaren Wandbehängen, Möbeln und Gemälden kann besichtigt werden. In der Hofkonditorei Huthmacher sollte man unbedingt die köstliche Hohenzollern-Torte probieren.

Die lebendige Altstadt prägen einladende Geschäfte, enge Straßen und Fachwerkhäuser. Die 800 Jahre alte Stadtkirche St. Johann wurde, wie viele andere Gebäude auch, von bedeutenden Künstlern barock umgestaltet. Im Zuge eines weiteren Baubooms entstanden im 19. Jahrhundert der Prinzenbau und das Hoftheater. Wer die Region in einem ganz eigenen Tempo entdecken will, macht eine Kanutour auf der Donau mit anschließender Einkehr in einem der Biergärten am Fluss.

In Donaunähe vor dem Campingplatz liegt zentral der Stellplatz der Stadt.

Vom Albtrauf bieten sich grandiose Aussichten.

HECHINGEN F5

Schon von Weitem grüßt Burg Hohenzollern auf dem kegelförmigen Zollerberg 360 Meter über der Stadt. Sie wurde in ihrer heutigen Form im 19. Jahrhundert wiedererrichtet, weil die Zollerburg in sehr schlechtem Zustand war. Vom Stammsitz der Hohenzollern hat man einen tollen Blick auf die Schwäbische Alb und das Albvorland. Die 1000-jährige Familiengeschichte deutscher Kaiser, preußischer Könige und schwäbischer Fürsten beeindruckt beim Besuch der prächtigen Räume und der Schatzkammer.

Mittelpunkt von Hechingen ist der Marktplatz. Von der ehemaligen Stadtmauer ist der mächtige Untere Torturm erhalten. Auch die Klosterkirche St. Luzen zeugt noch von der wichtigen Rolle, die Hechingen einst innehatte. Sie wurde im 16. Jahrhundert zu einer der bedeutendsten Kirchen Süddeutschlands ausgebaut. Im Stadtschloss Villa Eugenia residierten die letzten Fürsten von Hohenzollern-Hechingen. Der Fürstengarten, ein Landschaftspark im englischen Stil, ist frei zugänglich. Im Zylinderviertel rund um die im 19. Jahrhundert erbaute evangelische Johanneskirche stehen die Villen der damaligen Oberschicht.

Im Römischen Freilichtmuseum Hechingen-Stein wurde eine luxuriöse römische Villa in Teilen rekonstruiert. Es handelt sich um die besterhaltene und größte römische Gutsanlage im Südwesten Deutschlands.

ROTTENBURG AM NECKAR F5

Die verträumte Altstadt von Rottenburg prägen Bauwerke aus acht Jahrhunderten, darunter außergewöhnliche Fachwerkhäuser wie das Kirchbergsche Haus. Rottenburg wurde im 13. Jahrhundert auf den Ruinen einer großen römischen Siedlung erbaut, mit Doppelmauer, Wehrgang und Graben. Das südwestlich des Marktplatzes

TRAUFGANG-WANDERUNG

Die Schwäbische Alb fällt an ihrem nordwestlichen Rand mit dem Albtrauf steil ab. Neun traumhafte Rundwanderwege, die »Traufgänge«, erschließen das Gebiet, darunter das Zollernburg-Panorama. Auf 15,5 Kilometern bieten sich eindrucksvolle Fernsichten auf die Burg Hohenzollern, den Schwarzwald und bis zu den Alpen. Dabei geht es abwechslungsreich durch Wälder, entlang der dramatischen Traufkante und über die Albhochfläche mit Wachholderheide und Wiesen. Am Weg liegen mehrere Parkplätze, zum Beispiel in Zollersteighof (GPS: 48.303163, 8.981323), rund 17 Kilometer südlich von Hechingen.

www.traufgaenge.de

gelegene Kalkweiler Tor aus dem 14. Jahrhundert ist das letzte Stadttor der mittelalterlichen Befestigung. Im Sumelocenna-Museum erfährt man mehr über die römische Vergangenheit. Nach dem zweiten Stadtbrand 1735 wurden wichtige Gebäude im Barockstil wiederaufgebaut. Als besonders schöner barocker Bau gilt das Rathaus am Markt. Auch der Dom St. Martin mit dem 58 Meter hohen Turm wurde barock erneuert.

HERRENBERG E5

Rund um die auf einem Hügel thronende Stiftskirche von Herrenberg breitet sich die bestens erhaltene Fachwerkstadt aus, die unter Denkmalschutz steht. Ein Großteil der sorgsam restaurierten Gebäude wurde in den Jahren nach dem zweiten großen Stadtbrand 1635 errichtet. Vom Schloss ist nur noch der ehemalige Westturm erhalten, der jetzt als Aussichtsturm dient.

Ideal für den Besuch ist der gepflegte Wohnmobilstellplatz beim Schwimmbad.

WEIL DER STADT E5

Mittelalterlicher Charme bestimmt Weil der Stadt, das sich darum auch gerne als schwäbisches Schmuckkästchen bezeichnet. Die Stadt wurde im 13. Jahrhundert gegründet. Aus dieser Zeit stammt auch die große Stadtkirche St. Peter und Paul mit ihrem 58 Meter hohen Turm. Die imposante Stadtbefestigung mit ihren Wehrtürmen ist fast komplett erhalten. Berühmteste Söhne sind der Astronom Johannes Kepler und der Reformator Johannes Brenz, denen man beim Stadtbummel immer wieder begegnet. Sehenswert ist auch die historische Kirchenburg im Ortsteil Merklingen.

Wohnmobile können in Weil der Stadt auf dem Festplatz parken und übernachten.

LUDWIGSBURG E6

↗ Tour 31 (Seite 165)

BESIGHEIM D5

Auf einem Hügel zwischen Neckar und Enz wurde einst das mittelalterliche Besigheim errichtet. Der Ort ist von Weinbergen in terrassierten Steillagen umgeben. Zwei mächtige Wehrtürme aus der Stauferzeit verweisen noch auf die einstige Stadtbefestigung. In den verwinkelten Gassen scheint die Zeit stehengeblieben zu sein. Am Marktplatz steht das aparte Rathaus als nur eines von vielen herausragenden Fachwerkgebäuden in Besigheim.

Unterhalb der Stadt befindet sich der Wohnmobilstellplatz.

HEILBRONN D6

↗ Tour 24 (Seite 134)

CAMPINGPLÄTZE

❶ Campingplatz Sigmaringen ★★★★☆

Hier campt man direkt am Fluss, mit Schlossblick und stadtnah. Kanuverleih, Hochseilgarten, Minigolf u.v.m.
Ende März bis Anfang Oktober geöffnet.
▶ G.-Zimmerer-Straße 6, 72488 Sigmaringen
GPS: 48.084656, 9.209474
Tel. 075 71/504 11
■ pincamp.de/wb7050

❷ Zollernalbcamping ★★½☆☆

Naturnaher Campingplatz am Ortsrand mit Blick auf die Burg Hohenzollern.
Anfang April bis Ende Oktober geöffnet.
▶ Niederhechinger Straße 41, 72379 Hechingen
GPS: 48.359537, 8.959146
Tel. 074 71/989 79 80
■ pincamp.de/wb6100

STELLPLÄTZE

❸ Wohnmobilstellplatz Besigheim

15 Plätze, Ver- und Entsorgung, Strom, WLAN
▶ Auf dem Kies 32, 74354 Besigheim
GPS: 48.997780, 9.148566

Die Einwohner von Bad Wimpfen pflegen liebevoll den historischen Fachwerkbestand.

VON SCHWÄBISCH HALL NACH NEUSTADT AN DER WEINSTRASSE

NECKARSCHLEIFEN UND FACHWERKTRÄUME

Das Wasser ist oft zum Greifen nah, denn zwischen Heilbronn und Heidelberg folgen wir den Windungen des Neckars. Er hat sich tief in den Sandstein gegraben, behäbig und tiefgrün mäandert er dahin. Von einem Ausflugsschiff aus kann man die Landschaft in aller Ruhe wirken lassen. Links und rechts erheben sich Burgen, oft direkt an den Steilhängen des Odenwaldes. Auch sympathische Städte mit viel Fachwerk verlocken immer wieder zu einem Zwischenstopp.

SCHWÄBISCH HALL D6

↗ Tour 31 (Seite 163)

HEILBRONN D6

Der historische Stadtkern ist 1944 einem Bombenangriff zum Opfer gefallen. Dennoch, schon von Weitem fällt der achteckige Turm der Kilianskirche ins Auge. Er gilt als erster Turm mit Renaissanceelementen nördlich der Alpen. Das wiederaufgebaute historische Rathaus mit astronomischer Kunstuhr ist Mittelpunkt und

ROUTE 210 KM

Schwäbisch Hall → 52 km bis **Heilbronn** → 15 km bis **Bad Wimpfen** → 22 km bis **Mosbach** → 29 km bis **Eberbach** → 9 km bis **Hirschhorn (Neckar)** → 15 km bis **Neckargemünd** → 10 km bis **Heidelberg** → 15 km bis **Schwetzingen** → 21 km bis **Speyer** → 22 km bis **Neustadt an der Weinstraße**

Wahrzeichen der Stadt. Mit dem Götzen- und dem Bollwerksturm sind Reste der Stadtmauer erhalten. Der große Deutschhof mit dem Deutschordensmünster St. Peter und Paul wurde wiederaufgebaut und demonstriert die einstige Bedeutung des Ordens in der Region. Die Bundesgartenschau brachte 2019 neue Impulse: Ein futuristisches Gebäude mit Sternwarte beherbergt seither mit der Experimenta eine riesige Mitmachausstellung rund ums Experimentieren und um Innovationen.

BAD WIMPFEN D5

Hoch über dem Neckarübergang ragen die Türme von Bad Wimpfen empor. Aus der größten staufischen Königspfalz nördlich der Alpen entwickelte sich die liebenswerte Stadt mit einzigartigen Fachwerkhäusern, kleinen Gassen und verborgenen Ecken. Auf dem Areal der Königspfalz, dem heutigen Burgviertel, haben sich mehrere Gebäude erhalten. Auch der Blaue und der Rote Turm gehen auf die mächtige Anlage zurück. Die Talstadt von Bad Wimpfen steht ebenfalls unter Denkmalschutz. Hier stehen das Kloster und die frühgotische Ritterstiftskirche.

Wer mit dem Wohnmobil anreist, findet wenige Gehminuten von der Altstadt entfernt Stellplätze auf dem Parkplatz am Solebad.

MOSBACH C5

Zahlreiche prächtige Fachwerkhäuser, bunt und liebevoll hergerichtet, prägen die mittelalterlichen Straßenzüge von Mosbach. Das dreigeschossige Palmsche Haus aus dem 17. Jahrhundert gilt dabei als eines der kunstvollsten und Haus Kickelhain als eines der kleinsten freistehenden Fachwerkhäuser in Deutschland. Der Marktplatz und viele kleine Plätze mit Cafés, Restaurants und alten Bäumen laden zum Verweilen ein. Das Rathaus im Renaissancestil hat vier Stockwerke und wurde auf den Resten einer Kirche erbaut. Vom 34 Meter hohen Turm hat man einen schönen Blick auf die Dächer der Stadt. Aber auch sonst gibt es beim Stadt-

Odenwald-Camping-Park

bummel einiges zu sehen. Unbedingt auch einen Blick in die Kirche werfen: Die Stiftskirche wird als Simultankirche von Katholiken und Protestanten gemeinsam genutzt.

Auch Wohnmobile sind willkommen. Am Wasemweg befindet sich der gut ausgestattete Wohnmobilstellplatz.

EBERBACH C5

↗ Tour 35 (Seite 180)

HIRSCHHORN (NECKAR) C5

Ans Ufer des Neckar zwängt sich Hirschhorn mit engen Gassen und alten Fachwerkhäusern. Die Stadtmauer stammt aus der Zeit der Gründung im 12. Jahrhundert und wurde später noch erweitert. Sie ist fast vollständig erhalten. Weil der Platz innerhalb der Stadtbefestigung knapp war, bauten findige Hirschhorner ihre Häuser auch über die Mauer hinweg. Das Langbein Museum dokumentiert auf originelle Weise die Stadtgeschichte. Die ursprünglich romanische Burg oberhalb des Ortes wurde Anfang des 17. Jahrhunderts zu einem Renaissanceschloss umgebaut. Der Aufstieg wird mit einem erstklassigen Blick auf den Neckar belohnt.

An der Sportsbar zur Perle gibt es Wohnmobilstellplätze direkt am Neckar. Nicht weit weg liegt am Lachsbach der angenehme Odenwald-Camping-Park.

NECKARGEMÜND C5

Ein Streifzug durch die rund 1000-jährige Altstadt mit verwinkelten Gassen und dem Marktplatz versetzt Besucher in die Vergangenheit. Ein Teil der schmucken bunten Fachwerkhäuser stammt noch aus dem 16. Jahrhundert. In der schmalen Kleppergasse sind Fachwerkhäuser zu sehen, die auf die ehemalige Stadtmauer aufgesetzt wurden. In der Hauptstraße bieten Cafés und Restaurants Möglichkeiten für eine Pause. Spannend ist auch ein Spaziergang auf dem Hochwasserpfad links und rechts des Flusses. Schautafeln beleuchten das Phänomen und seine Auswirkungen auf die Menschen.

Beliebt und ideale Basis für die Erkundung der Region ist der Campingplatz am Neckar.

SCHLOSS HEIDELBERG

Über 500 Jahre residierten hier die Pfälzer Kurfürsten. Das Schloss oberhalb von Heidelberg wurde mehrfach zerstört und wiederaufgebaut. Nach Blitzschlägen im Jahr 1764 gab man das Unterfangen schließlich auf. Erst die Romantiker entdeckten die reizvolle Ruine wieder. Im Schlosshof beeindrucken heute die Schaufassaden prunkvoller Renaissancepaläste. Hier befindet sich auch das Deutsche Apotheken-Museum mit einer überaus reichen Sammlung. Im Gewölbe steht ein 220 000 Liter fassendes Weinfass von 1751. Das Schlossticket beinhaltet Hin- und Rückfahrt mit der Bergbahn (Station Molkenkur). Alternativ erreicht man den Eingang vom Kornmarkt über 300 Stufen.

Schlosshof 1, Heidelberg, www.schloss-heidelberg.de

HEIDELBERG C5

Schloss, Altstadt und Fluss inspirierten einst romantische Dichter und Maler. Dicht an dicht drängen sich Wohnhäuser, barocke Prachtbauten und Kirchen im Zentrum rund um die Alte Brücke. Wo die großen Dichter und Denker Europas durch die kopfsteingepflasterten Gassen wandelten, entdecken Besucher heute interessante Geschäfte, studentisches Leben und historische Gasthäuser. Im Geburtshaus von Friedrich Ebert wurde ein Museum zur Demokratiegeschichte in Deutschland eingerichtet. Über allem thront die romantische Ruine des Heidelberger Schlosses (↗ Kasten), die nachts stimmungsvoll angeleuchtet wird. Den schönsten Blick auf das Zentrum hat man vom Philosophenweg auf der anderen Neckarseite.

Parken mit dem Wohnmobil ist schwierig. Einige wenige Möglichkeiten gibt es auf der anderen Flussseite an den Neckarwiesen. Wie gut, dass es inzwischen auch einen offiziellen Wohnmobilstellplatz gibt.

SCHWETZINGEN C5

Hauptattraktionen von Schwetzingen sind Schloss und Schlossgarten. Die symmetrische Anlage befindet sich an der Stelle einer Wasserburg aus dem 14. Jahrhundert. Nach Zerstörungen wurde sie ab 1697 barock umgestaltet. Das Innere kann im Rahmen einer Führung besichtigt werden. Ebenfalls sehenswert ist das Rokokotheater, das älteste erhaltene Rangtheater weltweit. Kurfürst Carl Theodor von der Pfalz machte Schwetzingen zur Sommerresidenz und ließ ab 1753 den Garten erweitern. Für den spätbarocken Park mit Wasserspielen, Skulpturen, Moschee, Badhaus und künstlicher Ruine sollte man unbedingt genug Zeit einplanen. Ein besonderer Genuss ist der Besuch im Frühling zur Blüte der japanischen Zierkirschen, ein Meer in Rosa und Weiß.

Nur ein paar Schritte sind es vom Schloss ins Zentrum mit angenehmen Geschäften, Restaurants und Cafés. Die Verbindung zwischen Residenz und dem damaligen Dorf bildet der gelungene Schlossplatz.

SPEYER C4

↗ Tour 32 (Seite 168)

NEUSTADT AN DER WEINSTRASSE C4

↗ Tour 42 (Seite 214)

CAMPINGPLÄTZE

❶ Odenwald-Camping-Park 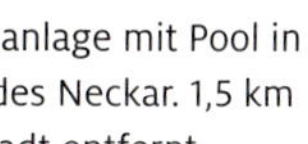
Familiär geführte Campinganlage mit Pool in einem sonnigen Seitental des Neckar. 1,5 km von der Hirschhorner Altstadt entfernt.
Anfang April bis Anfang Oktober geöffnet.
▶ Langenthaler Straße 80, 69434 Hirschhorn (Neckar)
GPS: 49.452475, 8.877952
Tel. 062 72/809
■ pincamp.de/hs8550

❷ Campingplatz an der Friedensbrücke
Campingplatz auf einer Wiese direkt am Neckar. Ideal gelegen zum Entdecken der Region und den Besuch in Heidelberg.
Ende März bis Mitte Oktober geöffnet.
▶ Falltorstraße 4, 69151 Neckargemünd
GPS: 49.396016, 8.794566
Tel. 062 23/21 78
■ pincamp.de/wn400

STELLPLÄTZE

❸ Wohnmobilstellplatz Heidelberg
48 Plätze, Ver- und Entsorgung, Strom, Biergarten
Ganzjährig geöffnet.
▶ Harbigweg 1–3, 69124 Heidelberg
GPS: 49.391762, 8.671010
www.wohnmobilstellplatz-heidelberg.com

Geschichtsträchtig – im Konstanzer Konzilgebäude wurde 1417 Papst Martin V. gewählt.

VON KONSTANZ NACH BAD KROZINGEN

IMMER AM WASSER ENTLANG

Diese Tour durch den äußersten Süden Deutschlands ist vom Wasser bestimmt. Wir starten in Konstanz am Bodensee. Nach einem kleinen Schlenker durch das Hegauer Kegelbergland geht es am Oberrhein weiter, der hier die Grenze zur Schweiz bildet. Der Rheinfall von Schaffhausen beeindruckt mit lautem Getöse und wilder Gischt. Aber nicht nur der Rhein begleitet die Reisenden, immer wieder kommen kleinere oder größere Nebenflüsse ins Spiel, die den Charakter der Orte prägen.

KONSTANZ H5

Die Universitätsstadt Konstanz lebt von ihrer Lage: Hier tritt der Rhein aus dem Bodensee aus. Maritimes Flair kommt auf bei einem Bummel am Seeufer nahe der Altstadt. Boote schaukeln sanft in den Wellen, das Tuten der Ausflugsschiffe tut sein Übriges. In Konstanz wähnt man sich fast schon in Italien.

Die reiche Geschichte von Konstanz spiegelt sich im Stadtbild wider. Das Münster aus dem 11. Jahrhundert wacht mit seinem

ROUTE 246 KM

Konstanz → 7 km bis **Insel Mainau** → 36 km bis **Singen (Hohentwiel)** → 24 km bis zum **Rheinfall von Schaffhausen** → 65 km bis **Waldshut-Tiengen** → 39 km bis **Bad Säckingen** → 31 km bis **Lörrach** → 29 km bis **Müllheim** → 15 km bis **Bad Krozingen**

markanten Turm über viele reich verzierte und bemalte Häuser. Bekanntestes Ereignis aus der Historie dürfte das Konstanzer Konzil gewesen sein, in dessen Verlauf 1417 die einzige Papstwahl nördlich der Alpen stattfand. Das Gebäude, in dem das Konklave abgehalten wurde, steht noch heute, direkt am Seeufer. Es wird für Tagungen genutzt, wie in alten Zeiten, und als Restaurant. Ob Bummel durch die Altstadt, Besuch im Aquarium Sealife oder Shopping im Lago-Center – langweilig wird es hier so schnell nicht. Konstanz ist derart eng mit der schweizerischen Nachbarstadt Kreuzlingen verwoben, dass man manchmal gar nicht merkt, dass man die Grenze schon überschritten hat.

Parken und Herumfahren mit dem Wohnmobil machen in Konstanz allerdings keinen Spaß (mit dem Pkw auch nicht). Wer die Stadt besucht, sollte daher auf ÖPNV oder das Fahrrad setzen. Vor allem auf zwei Rädern lässt sich Konstanz sehr gut erkunden, da hier an Radwegen kein Mangel herrscht.

INSEL MAINAU H5/6

Auch wenn diese Bodenseeinsel längst kein Geheimtipp mehr ist, so bleibt sie ein Muss für alle, die Grün und Blumen lieben. Die heutigen Anlagen erwuchsen ab Mitte des 19. Jahrhundert aus der Großherzoglich-badischen Hofgärtnerei und sind heute in gräflichem Besitz. In liebevoll angelegten Themengärten und üppigen Gewächshäusern gedeiht Exotisches und Heimisches, gut erklärt und schön arrangiert. Ein Haus mit Schmetterlingen verzaubert die Besucher. Ein Palmenhaus zeigt Schönheiten, die man im Kleinformat vielleicht aus dem eigenen Blumentopf kennt. Im Internet kann man sich vorab informieren, welche Blüten gerade zu sehen sind.

Der Parkplatz ist auch für Wohnmobile geeignet, Übernachten dürfen sie aber nicht.

SINGEN (HOHENTWIEL) G/H5

Singen ist mehr Industriestadt denn

Der Schwarzwald bei Waldshut-Tiengen

Sehenswürdigkeit. Aber dennoch ist Singen weltberühmt, denn in der Umgebung ragen unverkennbar die Markenzeichen der Region in den Himmel: die Hegau-Vulkane. Genau genommen sehen wir heute die Vulkanschlote, die sich mit Magma füllten. Die eigentlichen Vulkanberge wurden von Gletschern abgeschliffen und nur das härtere Basalt- und Phonolithgestein der Schlote blieb stehen. Ihr bekanntester Vertreter ist Singens Hausberg Hohentwiel mit seiner markanten Burgruine, die mit ihrer schieren Größe beeindruckt. Die Aussicht über den gesamten Bodensee und bei klarem Wetter bis zu den Alpen sollte man sich nicht entgehen lassen. An den Hängen unterhalb der Burg leben einige seltene Tiere. Der Aufstieg zum Hohentwiel ist für fitte Menschen ein Erlebnis.

Für Wohnmobile ist das Parken hier oben nicht möglich. Es gibt aber verschiedene Gratisparkplätze mit Shuttleservice in der Nähe.

4 WALDSHUT-TIENGEN H4

Die Doppelstadt Waldshut-Tiengen schmiegt sich an die Hänge des Schwarzwalds, die an dieser Stelle das Rheintal begrenzen. Wasser ist das vorherrschende Thema, fließen hier doch neben dem Rhein auch noch die Flüsse Wutach, Steina und Schlücht. Beide Teilstädte haben mittelalterliche Ortskerne mit romantischem Flair. Der Weg in die Natur des Schwarzwalds oder zum Rheinufer ist niemals weit und macht Waldshut-Tiengen zu einer idealen Basis für diverse Ausflüge in die Umgebung.

5 BAD SÄCKINGEN H3

Hier verbindet die längste überdachte Holzbrücke Europas Deutschland mit der Schweiz. Im 12. Jahrhundert erstmals erwähnt, wurde die rund 204 Meter lange Brücke seither mehrfach zerstört und wiederaufgebaut. 1963 mussten die steinernen Stützen durch Betonpfeiler ersetzt werden. Wer an der Rheinpromenade entlangflaniert, hat Ausblick in die Schweiz und natürlich auf die Brücke, auf die man hier mächtig stolz ist.

Von fast jedem Punkt in der Altstadt ist das mächtige Fridolinsmünster zu sehen, das seinen Ursprung im 11. Jahrhundert hat und oft verändert und erweitert wurde. Ein Bum-

RHEINFALL VON SCHAFFHAUSEN

Wer von Singen nach Waldshut-Tiengen fährt, sollte den Rheinfall in Schaffhausen nicht vergessen. Der Abstecher in die Schweiz verursacht nur einen kleinen Umweg. Für Wohnmobile ist er gut erreichbar, hier kann man bequem parken und sogar auf einem einfachen Stellplatz übernachten. Das Spektakel des 150 Meter breiten Wasserfalls beeindruckt allein schon mit seinem gewaltigen Sound. Im Sommer sorgt die Gischt für etwas Abkühlung.

mel durch die Gassen und über den Münsterplatz offenbart liebevoll restaurierte und gut erhaltene Kleinode unterschiedlichster Epochen. Das Schloss mit seinem romantischen Garten ist eine Oase der Ruhe am Rhein.

Am Fluss gibt es einen Stellplatz. In die Altstadt ist es von hier nur ein Katzensprung.

LÖRRACH H3

Lörrach ist ein Ort für Kunstinteressierte. Das Besondere daran: Dafür geht man nicht ins Museum, sondern folgt dem Skulpturenweg durch die Innenstadt mit 23 Plastiken und Brunnen von regionalen und international bekannten Künstlern oder besucht die Open Bridge. Die 56 Brückenpfeiler der A 98 zieren großformatige Street-Art und Graffiti – das ist auch für Kinder kurzweilig. Von der Burgruine Rötteln überblickt man Stadt und Rheinebene.

MÜLLHEIM G3

Das kleine Müllheim ist eine Stadt für Genießer, denn sie liegt inmitten des Markgräflerlands, der Wein- und Obstbauregion zwischen Grenzach-Wyhlen und Freiburg. Das Markgräfler Museum dokumentiert neben der Regionalgeschichte auch die Wohnkultur einer wohlhabenden Winzerfamilie im 18. und 19. Jahrhundert.

Wer Aktivitäten in der Natur und Weingenuss miteinander verbinden möchte, ist hier goldrichtig. Es gibt zahlreiche Veranstaltungen rund um den Wein. Und der »Wiiwegeli« ist ein insgesamt 90 Kilometer langer Wanderweg mitten durchs Markgräflerland.

BAD KROZINGEN G3

Das Kurstädtchen im Markgräflerland glänzt mit mildem Klima und einer ausgezeichneten Therme. Hier kommen auch Wohnmobilisten voll auf ihre Kosten, denn gleich nebenan ist ein Stellplatz. Wer länger verweilt, erhält gratis Eintritt in die Therme. Von hier aus lässt sich so mancher Ausflug in den Schwarzwald, nach Freiburg oder Frankreich starten.

CAMPINGPLÄTZE

❶ Campingplatz Schlüchttal ★★½

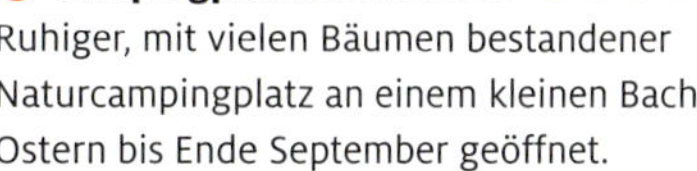

Ruhiger, mit vielen Bäumen bestandener Naturcampingplatz an einem kleinen Bach. Ostern bis Ende September geöffnet.

▶ Neubergweg 39, 79761 Waldshut-Tiengen
GPS: 47.64638332, 8.24801667
Tel. 077 41/33 66
■ pincamp.de/pin_36281

❷ Drei-Länder-Camp (Foto) ★★★½

Familiärer Platz in idealer Lage, wenn man Ausflüge in die Schweiz und nach Frankreich plant. Es gibt auch einen Wohnmobilstellplatz. Mitte März bis Ende Oktober geöffnet.

▶ Grüttweg 8, 79539 Lörrach
GPS: 47.624764, 7.6618
Tel. 076 21/825 88
■ pincamp.de/wb2400

STELLPLÄTZE

❸ Wohnmobilstellplatz am Rheinufer

28 Plätze, Strom, Ver- und Entsorgung, WC
Ganzjährig geöffnet, aber Ende Feb. bis Mitte März und zwei Wochen im Okt. geschlossen.

▶ Austraße, 79713 Bad Säckingen
GPS: 447.548889, 7.948056
Tel. 077 61/56 83 23
www.badsaeckingen.de

Die Halbinsel Mettnau bei Radolfzell ist ein beliebtes Naherholungsgebiet.

26 VON RADOLFZELL AM BODENSEE NACH FREIBURG IM BREISGAU

DER SONNIGE SÜDEN

Der äußerste Südwesten Deutschlands gehört zu den sonnigsten und vor allem wärmsten Regionen hierzulande – beste Voraussetzungen für schöne Tage auch in der Vor- und Nachsaison. Wer Abkühlung sucht, findet sie im Schwäbischen Meer, dem Bodensee, oder in der Sommerfrische im Hochschwarzwald. Lauschige Orte und Naturerlebnisse sorgen für viel Abwechslung. Im Winter geht es in den Schnee oder in die Therme.

1 RADOLFZELL AM BODENSEE H5

Das Städtchen Radolfzell rühmt sich des längsten Uferabschnitts am Bodensee. So sind ausgedehnte Spaziergänge am Wasser hier fast schon Pflicht. Abends ist die Seebar der ideale Treffpunkt. Direkt beim Jachthafen gelegen, kann man hier den Segelbooten hinterherträumen. Hier darf auch mitgebrachtes Essen verzehrt werden. Man sollte aber auch mal das Ufer verlassen, um die liebevoll gepflegte Altstadt zu erkunden. Hier stehen nicht nur sehenswerte Häuser, sondern auch der höchste Kirchturm am Bodensee. Mit sei-

ROUTE 188 KM

Radolfzell am Bodensee → 12 km bis **Singen (Hohentwiel)** → 64 km bis **Schluchsee** → 15 km bis **Radon Revitalbad St. Blasien-Menzenschwand** → 10 km bis **Sankt Blasien** → 14 km bis **Todtmoos** → 48 km bis **Staufen im Breisgau** → 8 km bis **Bad Krozingen** → 17 km bis **Freiburg im Breisgau**

nen 82 Metern ragt der Turm des Münsters deutlich über die Stadt hinaus, sodass man von hier oben einen großen Teil des Sees überblickt. Entlang der teilweise erhaltenen Stadtmauer an der Fürstenbergstraße wurde der bezaubernde Stadtgarten angelegt.

Südöstlich von Radolfzell ragt die Halbinsel Mettnau rund 3,5 Kilometer in den Untersee: Im Mettnaupark sind die Skulpturen des Radolfzeller Bildhauersymposiums zu sehen. Das Strandbad nebenan ist beliebt bei Familien. Und an der Spitze liegt ein wichtiges Vogelschutzgebiet mit Beobachtungsturm.

Gleich zwei Wohnmobilstellplätze erwarten die Camper in Radolfzell; in der Umgebung gibt es zahlreiche Campingplätze. Nach Konstanz (↗ Seite 138) kommt man per Bahn oder Fahrrad, immer am See entlang. Das erspart die leidige Parkplatzsuche.

2 SINGEN (HOHENTWIEL) G/H5

↗ Tour 25 (Seite 139)

3 SCHLUCHSEE G4

↗ Tour 29 (Seite 157)

4 SANKT BLASIEN G/H4

↗ Tour 29 (Seite 157)

RADON REVITALBAD ST. BLASIEN-MENZENSCHWAND

Egal ob Sommer oder Winter – hier kann jeder mal so richtig ausspannen. Und das sogar bei gutem Wetter. Denn das Revitalbad bietet nicht nur Sauna, Wellness und Thermalbecken, sondern auch ein einmaliges Schwarzwaldpanorama. Das fluoridhaltige Wasser soll besonders gesundheitsfördernd sein. Der ansprechende Außenbereich bietet einen Barfußpfad, Liegen und ein Gradierwerk.
In der Friedrichsruhe 13, 79837 St. Blasien
www.radonrevitalbad.de

Während des Dreißigjährigen Krieges wurde Burg Staufen von schwedischen Truppen zerstört.

TODTMOOS H3

Der Weg von Singen nach Todtmoos führt, vorbei am Schluchsee, mitten hinein in den Hochschwarzwald. Da heißt es, aufmerksam sein beim Fahren, denn es lauert so manche Spitzkehre. Hier oben im Schwarzwald steht die Natur an erster Stelle. Die Gemeinde Todtmoos auf gut 700 Metern Höhe bietet ein mildes Reizklima: Im Sommer ist es angenehm frisch, im Winter weniger kalt, als man denken würde. Trotz allem gehört der Ort zu den eher schneereichen Gemeinden im Hochschwarzwald, mit durchschnittlich 40 bis 60 Zentimetern Schneehöhe.

Ob bei einer Wanderung auf den 1263 Meter hohen Hausberg Hochkopf oder zu den Wasserfällen – Bewegung gehört hier einfach dazu. Geführte Wanderungen gibt es auch für Familien zu bestimmten Themen, die besonders kindgerecht angegangen werden. Wer will, kann ein Bergwerk besichtigen, bewaffnet mit Helm und Lampe.

STAUFEN IM BREISGAU G3

Die gesamte Altstadt von Staufen ist denkmalgeschützt. Rund um den Marktplatz erwartet Besucher viel Romantisches und liebevoll Restauriertes – ob verwunschene Höfe und Durchgänge, liebliche Brunnen oder historische Straßenzeilen. Bei öffentlichen Stadtführungen lernt man die »Fauststadt« genauer kennen. Es heißt, der Burgherr von Staufen habe einst den Alchemisten Dr. Faust in seinen Diensten gehabt. Im Gasthaus zum Löwen soll er 1539 bei einem Experiment gestorben sein. Oder hatte doch der Teufel seine Hand im Spiel? Zwischen Ende Juli und Anfang August kann man das stimmungsvolle Weinfest miterleben und die regionalen Tropfen probieren.

Staufen liegt unterhalb der gleichnamigen Burgruine, von der sich eine vorzügliche Aussicht auf die Umgebung offenbart. Sowohl die Vogesen als auch das Rheintal kann man von oben überblicken. Der Aufstieg dauert nur eine Viertelstunde.

Wohnmobilisten sollten sich an das örtlichen Parkleitsystem halten. Am besten etwas außerhalb parken und zu Fuß in die Innenstadt gehen; für große Fahrzeuge ist es hier recht eng. Einen kleinen Wohnmobilstellplatz gibt es beim Sportplatz in der Ballrechter Straße im südwestlichen Ortsteil Grunern.

BAD KROZINGEN G3

↗ Tour 25 (Seite 141)

FREIBURG/BREISGAU G3

Das lebendige Freiburg ist der Inbegriff des sonnigen Südens von Deutschland. Das milde Klima des Breisgaus lässt hier den Frühling früher und den Winter später beginnen. Als Studentenstadt gibt sich Freiburg jung und innovativ. Gleichzeitig hat die Altstadt, vom Münster geprägt, ihren Charme bewahrt. Trotz der 300-jährigen Bauzeit ist ein harmonisches Ensemble entstanden. Bemerkenswert ist neben den zahlreichen Wasserspeiern und dem filigran durchbrochenen Turmhelm auch der Blick aus dem Turm. Achtung: 333 Stufen!

Neben dem Münster prägen vor allem die berühmten Bächle, die hier allerorten die Flanierenden begleiten, das Stadtbild. Mindestens ab dem 12. Jahrhundert lieferten sie, aus der Dreisam umgeleitet, Brauch- und Löschwasser. Manch einer zieht im Sommer sogar seine Schuhe aus, um durch das kühle Nass zu schreiten. Und das sind beileibe nicht nur Kinder.

Mehr als nur ein Bach ist die Dreisam in Klein Venedig. Der Stadtteil war früher als Schneckenvorstadt bekannt, vermutlich wegen der vielen Wendeltreppen, die es hier gab. Es siedelten sich jene Zünfte an, die Wasser benötigten, um ihr Handwerk ausüben zu können, darunter die Müller, die Gerber und natürlich die Fischer. Bei der Erkundung der Galerien, Cafés und kleinen Geschäfte ist das Wasser nie weit.

Freiburg bemüht sich, eine »Green City« zu werden. Stadtplanung im Zeichen der Nachhaltigkeit ist schon seit einigen Jahren gelebte Praxis, sodass Umweltbewusste sich an manchem Ort inspirieren lassen können.

Wer nach Freiburg kommt, lässt sein Wohnmobil am besten stehen, zum Beispiel auf dem zentral gelegenen Campingplatz. Es gibt auch ein gut ausgebautes Park&Ride-System mit Anbindung an die Straßenbahn. Am besten lässt sich die Stadt zu Fuß oder per Fahrrad erkunden. Wer kein eigenes hat, kann sich an fast jeder Ecke eines ausleihen. Frelo heißt das hiesige Leihradsystem.

CAMPINGPLÄTZE

❶ Campingplatz Schluchsee ★★★★☆

Fast direkt am Schluchsee genießen Camper auf dem familienfreundlichen Platz die Schwarzwaldluft. Es gibt auch ein Restaurant. Ganzjährig geöffnet.

▶ Gewann Zeltplatz 1, 79859 Schluchsee
GPS: 47.82203332, 8.16275
Tel. 076 56/573
■ pincamp.de/wb2650

❷ Camping Hirzberg ★★★☆☆

Familienfreundlicher Platz mit vielen Bäumen. Ideal für den Besuch von Freiburg, bis in die Altstadt sind es 2 km.
Ganzjährig geöffnet.

▶ Kartäuserstraße 99, 79104 Freiburg/Breisgau
GPS: 47.99213333, 7.87394999
Tel. 07 61/350 54
■ pincamp.de/wb1040

STELLPLÄTZE

❸ Wohnmobilstellplatz Todtmoos

25 Plätze, Strom, Ver- und Entsorgung, WC, Dusche, WLAN, Kiosk

▶ Jägermatt 4, 79682 Todtmoos
GPS: 47.733889, 8.002778
Tel. 076 74/848 39

Am sonnenverwöhnten Kaiserstuhl gedeihen Wein und Obst aufs Beste.

27 VON FREIBURG IM BREISGAU NACH BADEN-BADEN

SÜDBADEN VON SEINER SCHÖNSTEN SEITE

Von Freiburg fahren wir nach Breisach und danach zwischen Rheinebene und Schwarzwald weiter in Richtung Norden. Das von der Sonne verwöhnte Südbaden entpuppt sich als ideales Ziel für Camper: Zahlreiche Freizeitmöglichkeiten und Übernachtungsplätze machen das Reisen angenehm. Das kleine Mittelgebirge Kaiserstuhl ist eine Hochburg des Weinbaus, wo sich Obst- und Winzerhöfe aneinanderreihen. Die weitere Route führt zu romantischen Städten und Dörfern.

1 FREIBURG/BREISGAU G3

↗ Tour 26 (Seite 145)

2 BREISACH AM RHEIN G3

Wegen seiner Lage am Rhein spielte das liebenswerte Städtchen Breisach schon früh eine strategische Rolle und sah etliche Herrscher kommen und gehen. So befand sich hier im 3. und 4. Jahrhundert ein römisches Kastell zur Sicherung des Donau-Iller-Rhein-Limes. Während des Dreißigjährigen Krieges belagerte ein französisch-schwe-

ROUTE 169 KM

Freiburg im Breisgau → 26 km **Breisach am Rhein** → 20 km bis **Endingen am Kaiserstuhl** → 17 km bis **Europa-Park** → 10 km bis **Ettenheim** → 12 km bis **Lahr/Schwarzwald** → 22 km bis **Gengenbach** → 13 km bis **Offenburg** → 27 km bis **Sasbachwalden** → 22 km bis **Baden-Baden**

disches Heer die damals zum habsburgischen Österreich gehörige Reichsfestung. Nur 150 der 4000 Bewohner sollen das überlebt haben. Nachdem Breisach infolge des Westfälischen Friedens an Frankreich gefallen war, baute Festungsarchitekt Sébastien Le Prestre Marquis de Vauban im Auftrag König Ludwigs XIV. die Anlage weiter aus. Wieder in österreichischem Besitz, wurde die Festung 1745 schließlich auf Befehl Maria Theresias geschleift. Heute zeugen nur noch einige Tore von der einst mächtigsten Festung am Oberrhein: Im Rheintor, das nach Plänen Vaubans als Triumphpforte gebaut wurde, befindet sich das Museum für Stadtgeschichte. Hier wird ausführlich über die wechselvolle Vergangenheit Breisachs berichtet.

Über der Stadt thront auf dem von Stadtmauern umgebenen Münsterberg weithin sichtbar das Münster St. Stephan. Die beeindruckende Kirche wurde vom 12. bis 15. Jahrhundert im romanisch-gotischen Stilmix erbaut. Das Innere schmücken Wandmalereien Martin Schongauers aus Colmar.

Auch der Badische Winzerkeller, eine der großen Erzeugergemeinschaften Deutschlands, lohnt einen Besuch. Neben vielen Informationen rund um den Weinbau beinhaltet die Führung auch eine Weinprobe. Auf der Terrasse kann man die guten Tropfen verkosten, wunderbarer Blick inklusive.

Sehr beliebt ist der große Wohnmobilstellplatz am Rheinufer mit 80 Plätzen.

ENDINGEN AM KAISERSTUHL F3

In der kleinen Stadt inmitten von Weinbergen hat sich eine gemütliche Altstadt erhalten, die man durch Stadttor und Stadtmauer betritt. Rund um den stimmungsvollen Marktplatz bummelt man durch enge Gassen mit mittelalterlichen Fachwerkhäusern. Zur Obstblüte und während der Weinlese entfaltet die Region ihren ganzen Charme. Einen Stopp wert sind auch die Winzerdörfer Amoltern, Kiechlinsbergen und Königschaffhausen. Viele Wanderwege erschließen den Kaiserstuhl, der vulkanischen Ursprungs und Heimat vieler Wärme liebender Pflanzen und Tiere ist.

Der vier Kilometer westlich gelegene, sehr gut ausgestattete Wohnmobilgarten am Kirschenhof Schmidt mit Café ist eine beliebte Anlaufstelle für Camper.

ETTENHEIM F3

Nach der fast völligen Zerstörung im Zuge des Dreißigjährigen Krieges wurde Ettenheim als prächtige Barockstadt wiedererrichtet. Fast 150 Jahre dauerten die Bauarbeiten. Rund um den Kirchberg begegnet man ehemaligen Herrschaftshäusern, vielen Fachwerk- und anderen eindrucksvollen Gebäuden. Gute Einkaufsmöglichkeiten und hervorragende Gastronomie machen die Stadt ebenfalls zum Anziehungspunkt.

Nur fünf Minuten sind es vom Wohnmobilstellplatz in die Innenstadt. Sehr empfehlenswert ist auch der Campingpark Oase.

LAHR/SCHWARZW. F3

Zwischen Weinbergen und Schwarzwald bietet die Innenstadt eine stimmungsvolle Mischung aus prächtigen Bürgerhäusern und Fachwerkbauten. An einigen Stellen ist die Stadtmauer erhalten. Der integrierte Storchenturm ist eine Burgruine aus dem 13. Jahrhundert. Das Alte Rathaus, entstanden um 1500 mit offenem Erdgeschoss für Gerichts- und Ratsversammlungen, wurde im 17. Jahrhundert umgebaut. Das Neue Rathaus ist in einer klassizistischen Villa am Rand der Altstadt untergebracht. Ein Schmuckstück im Art-déco-Stil ist das denkmalgeschützte Café Süßes Löchle am Urteilsplatz. Im Bürgerpark sind ein rekonstruiertes Reihenhaus der Römerzeit und ein archäobotanischer Garten zu sehen.

Drei Kilometer von der Innenstadt entfernt ist der Stellplatz. Auf dem Weg nach Gengenbach kann man zum empfehlenswerten Ferienparadies Schwarzwälder Hof abbiegen und ein paar ruhige Tage verbringen.

EUROPA-PARK

Bei Rust liegt der größte Freizeitpark Deutschlands mit rund 100 Attraktionen und Shows: Achterbahnen, Märchenwelten, Wasserabenteuer und Spielplätze. Auch für kleinere Kinder sind geeignete Fahrgeschäfte dabei. Überall im Park finden sich liebevolle Details, und nebenan gibt es die Wasserwelt Rulantica. Wer da gleich länger bleiben will: Ein Wohnmobilstellplatz und ein Camping Resort grenzen direkt an.

Europa-Park-Straße 2, 77977 Rust
www.europapark.de

Frühling im Europa-Park Rust

GENGENBACH F4

»Zauberhaft« ist wohl das Wort, das einem beim Betreten des Marktplatzes von Gengenbach und während des Stadtbummels immer wieder in den Sinn kommt. Türme, Tore, Fachwerkhäuser, Kopfsteinpflaster und prunkvolle Renaissancebauten ergeben ein stimmungsvolles Ensemble. Liebenswert sind die versteckten Winkel, die es überall zu entdecken gibt. Besonders idyllisch geht es in der kleinen Engelgasse zu. Am Markt steht gegenüber dem Rathaus das Kauf- und Kornhaus mit einem prächtigen Renaissanceportal. Im Winter wird die Fassade des Rathauses mit Werken bekannter Künstler in einen riesigen Adventskalender verwandelt.

OFFENBURG F3

Reben und Obstbäume umgeben Offenburg mit seinem sehenswerten historischen Stadtkern. Das Kapuzinerkloster hat den großen Stadtbrand von 1698 überstanden, der Rest wurde im 17. und 18. Jahrhundert wiederaufgebaut. Sehenswert sind das barocke Rathaus, die Hauptstraße und der ehemalige Königshof. Auch ein jüdisches Ritualbad kann besichtigt werden. In der Fußgängerzone mit mediterranem Flair geht man gerne einkaufen oder lässt die Zeit in einem der Straßencafés verstreichen. Auch die Weinlokale laden zu einer Pause ein.

Am Bürgerpark stehen Stellplätze auf einem Parkplatz zur Verfügung.

SASBACHWALDEN E4

An den Westhängen des Schwarzwalds erstreckt sich Sasbachwalden. Der wunderbare Blick auf die Rheinebene ist nur einer seiner Trümpfe. Weinberge und Obstwiesen prägen den denkmalgeschützten Ort. Die ältesten der liebevoll restaurierten Fachwerkhäuser stammen aus dem 17. Jahrhundert, hochdeutscher und mitteldeutscher Fachwerkstil treffen hier aufeinander. Dabei sollte man den Spaziergang ruhig etwas ausdehnen: Unten im Ort stehen eher kleine Stadthäuser, im Höhengebiet gibt es große Gehöfte. In der Berg- und der Talstraße fällt der üppige Blumenschmuck auf. Mit der kleinen Straubenhöfmühle hat sich eine Kornmühle aus dem 18. Jahrhundert erhalten. Ganze 21 Weingüter, Wirtshäuser und Cafés laden zur Einkehr mit Verkostung der hiesigen Weine und guter badischer Küche.

Auch Wohnmobilfahrer sind willkommen. Am Ortsrand befindet sich ein sehr gut ausgestatteter Wohnmobilstellplatz. Nicht weit weg gibt es in Obersasbach einen kleinen, einfachen Campingplatz.

BADEN-BADEN E4

↗ Tour 28 (Seite 150)

CAMPINGPLÄTZE

❶ Campingpark Oase ★★★½

Gepflegter, ruhiger Campingplatz mit großzügigen Plätzen neben einem Schwimmbad. Idealer Ausgangspunkt für das Entdecken der Region.
Anfang April bis Anfang Oktober geöffnet.
▶ Mühlenweg 34, 77955 Ettenheim
GPS: 48.24741667, 7.82801667
Tel. 078 22/44 59 18
■ pincamp.de/wb700

❷ Ferienparadies Schwarzwälder Hof ★★★★★

Sehr gut ausgestatteter Campingplatz mit außergewöhnlichem Sauna- und Wellnessbereich. Mitten im Schwarzwald, 8 km südöstlich von Lahr.
Ganzjährig geöffnet.
▶ Tretenhofstraße 76, 77960 Seelbach
GPS: 48.299699, 7.944205
Tel. 078 23/96 09 50
■ pincamp.de/wb550

STELLPLÄTZE

❸ Wohnmobilgarten Kirschenhof Schmidt

50 Plätze, Ver- und Entsorgung, Strom, WC nur während des Cafébetriebs
Ganzjährig geöffnet.
▶ Königsweg 1, 79346 Königschaffhausen
GPS: 48.142216, 7.662391
Tel. 076 42/928 28 45
www.kirschenhof-schmidt.de

Im Schloss Favorite in Rastatt verbrachte Markgräfin Sibylla Augusta die Sommermonate.

VON BADEN-BADEN NACH DARMSTADT

BÄDERARCHITEKTUR, BAROCK UND JUGENDSTIL

Mehrere Jahrhunderte Architekturgeschichte und vielfältige Landschaften durchfahren wir auf dieser Tour am Rand von Schwarzwald und Odenwald und entlang der Rheinebene. Neben römischen Relikten und der frühmittelalterlichen Kaiserpfalz in Lorsch stehen Fachwerkstädte, Barockresidenzen, Bäderarchitektur und Jugendstil auf dem Programm. Jede Station hat dabei ihren ganz eigenen Reiz.

BADEN-BADEN E4

Am Fuße des Schwarzwalds wird bereits seit über 2000 Jahren gekurt. Schon die Römer wussten die Thermalquellen zu schätzen. Im späten Mittelalter gab es zwölf Badehäuser und rund 400 Badekästen. Ende des 19. Jahrhunderts wurde die Stadt dann mondäner Kurort, in dem sich Politik, Künstler und Adel trafen. Zusammen mit Bad Ems (↗ Seite 188) und neun weiteren Heilbädern gehört Baden-Baden seit 2021 zum UNESCO-Welterbe »Great Spa Towns of Europe«. Zur Kurarchitektur des 19. und frühen 20. Jahrhunderts gehören Festspielhaus,

ROUTE 185 KM

Baden-Baden → 11 km bis **Schloss Favorite Rastatt** → 5 km bis **Rastatt** → 17 km bis **Ettlingen** → 10 km bis **Karlsruhe** → 24 km bis **Bruchsal** → 40 km **Heidelberg** → 14 km bis **Ladenburg** → 13 km bis **Weinheim** → 21 km bis **Lorsch** → 30 km bis **Darmstadt**

SCHLOSS FAVORITE RASTATT

Im Rastatter Ortsteil Förch steht die Sommerresidenz von Markgräfin Sibylla Augusta. Das zauberhafte kleine Schloss ist von einer wunderschönen Parkanlage umgeben und kann im Rahmen einer Führung besichtigt werden. Neben den prachtvollen Räumen und Textilien ist die außergewöhnliche Porzellansammlung Sibylla Augustas zu sehen. Sehr empfehlenswert sind auch die Torten im Schlosscafé im ehemaligen Kavaliershaus.
Am Schloss Favorite 1, 6437 Rastatt-Förch
www.schloss-favorite-rastatt.de

Theater, eine der schönsten Spielbanken Europas, Kurhaus, Friedrichsbad, Trinkhalle, Villen und Parks. Weitere Highlights sind die Ruinen der römischen Bäder und die Museumsmeile. Außergewöhnlich in Architektur und Sammlung ist das Museum Frieder Burda, das moderne und zeitgenössische Werke präsentiert.

RASTATT E4

Eindrucksvoller Mittelpunkt der Planstadt Rastatt mit ihrer fächerförmigen Straßenanlage ist das barocke Residenzschloss, das ab 1700 nach Versailler Vorbild erbaut wurde. Privatgemächer, Festsaal und Schlosskirche zeugen vom Kunstsinn und Repräsentationsanspruch des Markgrafenpaares Ludwig Wilhelm und Sibylla Augusta (↗ Kasten). Der Garten wurde in den 1980er-Jahren in barocken Formen neu angelegt. Zum Ensemble gehört die Pagodenburg, das ehemalige Teehaus der Markgrafen.

Als Überreste der Mitte des 19. Jahrhunderts errichteten Bundesfestung können die Kasematten besucht werden. Die riesigen Wehrgänge waren Teil der Befestigungen zur Grenzsicherung links und rechts des Rheins.

In der Nähe von Rastatt gibt es einen kleinen Campingplatz am See.

ETTLINGEN D4

Mittelalterliche Gassen und kleine Brücken über die Alb machen den Bummel durch die Altstadt attraktiv. Seine barocke Gestalt erhielt Ettlingen nach einem großen Stadtbrand 1689 im Zuge des Pfälzischen Erbfolgekrieges. Nur die Martinskirche, Teile der Stadtbefestigung und einige Fachwerkhäuser überstanden das Feuer. Markgräfin Sibylla Augusta, die wir beim Besuch von Schloss Favorite (↗ Seite 151) kennengelernt haben, beteiligte sich maßgeblich am Wiederaufbau. Unter anderem entstand ein neues Rathaus in typischem roten Sandstein. Auch das Schloss wurde wiederaufgebaut. Die Schlosskapelle mit Fresken Cosmas Damian Asams wird als Veranstaltungssaal genutzt.

Der Wohnmobilstellplatz der Stadt befindet sich fußläufig zur Innenstadt am Frei- und Hallenbad.

Wasserturm in Ladenburg

KARLSRUHE D4

Vor etwa 300 Jahren wurde die lebendige Stadt am Oberrhein, in der heute das Bundesverfassungsgericht und der Bundesgerichtshof angesiedelt sind, in Form eines Fächers auf dem Reißbrett geplant. Markgraf Karl Wilhelm von Baden-Durlach erfüllte sich damit einen Traum. Strahlenförmig führen 32 Straßen und Alleen zum mächtigen Schloss, das nach Plänen von Balthasar Neumann barock umgebaut wurde. Es beherbergt das sehr sehenswerte Badische Landesmuseum und Teile des Bundesverfassungsgerichts. Im Schlossgarten und im Zoologischen Stadtgarten wandelt man durch große Waldareale mit seltenen Pflanzen. Bei einem Spaziergang vorbei an schönen Geschäften und Restaurants lassen sich auch zahlreiche klassizistische Bauwerke entdecken. Mit rund 50 Museen, Galerien und Theatern ist Karlsruhe auch ein spannendes Ziel für Kunstliebhaber.

BRUCHSAL D5

↗ Tour 32 (Seite 167)

HEIDELBERG C5

↗ Tour 24 (Seite 137)

LADENBURG C5

Die rund 2000 Jahre alte Kleinstadt am Neckar besticht mit einer liebevoll restaurierten Altstadt und vielen guten Cafés und Restaurants. Von der Stadtmauer, die im 10. Jahrhundert erbaut und um 1200 erweitert wurde, sind noch Teile und mehrere Türme vorhanden. Im Bischofshof, der einstigen Residenz der Fürstbischöfe von Worms, befindet sich heute ein Stadt- und Regionalmuseum. Die mächtige gotische Galluskirche wurde auf römischen Resten gebaut und war mehrere Jahrhunderte lang Bischofskirche. In der romanischen Krypta sind Fresken aus dem 14. Jahrhundert zu sehen. In der Nähe haben sich Reste des imposanten römischen Forums mit Basilika erhalten. Autofans können in der Benzvilla und dem Automuseum Dr. Carl Benz im historischen Fabrikgebäude auf den Spuren des Automobilerfinders wandeln.

Ideal zur Erkundung der Region ist der überaus beliebte Wohnmobilstellplatz in der Nähe der Altstadt.

WEINHEIM C5

Auf dem prächtigen Marktplatz von

Weinheim kann man in den gemütlichen Cafés und Restaurants unter alten Bäumen die Zeit vergessen. Er ist ziemlich schief, aber das macht seinen besonderen Reiz aus. Neben verschiedenen Fachwerkhäusern und gotischen Giebeln fällt besonders das historische Rathaus ins Auge. Nicht weit weg liegt das verträumte Gerberviertel mit Fachwerkhäusern und winkligen Gassen am Bach. Das ehemalige Schloss, in dem sich heute das Rathaus befindet, wurde ab 1400 ständig erweitert und umgebaut. Im Schlosspark stehen neben der größten Libanonzeder Deutschlands riesige Rhododendren und Eiben.

Direkt daneben finden sich die einfachen Wohnmobilstellplätze. Zum Campingplatz Wiesensee ist es auch nicht weit.

LORSCH C5

↗ Tour 34 (Seite 179)

DARMSTADT B5

Ein Muss ist der Besuch des Jugendstilensembles auf der Darmstädter Mathildenhöhe. Ursprung war der im 19. Jahrhundert angelegte Garten. Großherzog und Mäzen Ernst Ludwig berief 1899 namhafte Künstler nach Darmstadt. Man wollte Kunst und Leben zusammenführen und organisierte vier große Ausstellungen. Damit wurde Darmstadt zum Mittelpunkt der Avantgarde in Europa und gehört seit 2021 zum UNESCO-Welterbe. In der Parkanlage mit Brunnen und Skulpturen entstanden vorbildliche Gebäude und Künstlerhäuser, inklusive Ausstattung vom Geschirr bis zu den Möbeln. Das Museum Künstlerkolonie gibt einen Überblick über den Darmstädter Jugendstil und die beteiligten Künstler. Neben Hochzeitsturm und historischem Platanenhain fällt auch die ausgefallen verzierte Russische Kapelle ins Auge.

Im Zentrum von Darmstadt sind der Marktplatz mit Altem Rathaus und Residenzschloss und der Luisenplatz mit Ludwigsmonument und Kollegienhaus aus dem 18. Jahrhundert sehenswert. Ein weiteres architektonisches Kleinod ist die »Waldspirale«, ein Wohnkomplex nach Plänen von Friedensreich Hundertwasser. Wer Darmstadt besucht, sollte unbedingt noch einen Abstecher zur Fossillagerstätte Grube Messel einplanen. In dem aktiven Bergbaubetrieb werden Führungen angeboten.

In Darmstadt gibt es keinen richtigen Wohnmobilstellplatz. In Teilen der Hügel- und Heinrichstraße gilt ein Dieselfahrverbot.

CAMPINGPLÄTZE

❶ Rastatter Freizeitparadies ★★★★☆

In den Rheinauen an einem See gelegener Campingplatz mit Restaurant und Tauchschule. Ideale Basis für den Besuch von Rastatt. Ganzjährig geöffnet.

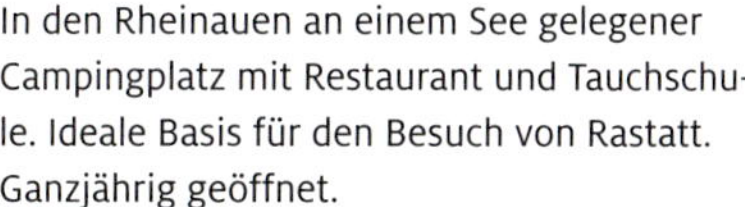

▶ Im Teilergrund 1, 76437 Rastatt-Plittersdorf
GPS: 48.87364999, 8.15026667
Tel. 072 22/101 50
■ pincamp.de/wb20

❷ Camping Wiesensee ★★★★☆

Gepflegter Platz am See mit Restaurant und Spielplatz. Die Nutzung von Freibad und beheiztem Pool ist für Camper kostenfrei. Ganzjährig geöffnet.

▶ Ulmenweg 7, 69502 Hemsbach
GPS: 49.59803333, 8.64008332
Tel. 062 01/726 19
■ pincamp.de/wn200

STELLPLÄTZE

❸ Wohnmobilstellplatz Ladenburg

52 Plätze, Ver- und Entsorgung, Strom, Gasflaschenservice, WLAN
Ganzjährig geöffnet.

▶ Heidelberger Straße 56, 68526 Ladenburg
GPS: 49.465485, 8.615338
www.wohnmobilstellplatz-ladenburg.de

Am Ausgang zum Höllental überspannt ein Eisenbahnviadukt die Ravennaschlucht.

VON BADEN-BADEN NACH WALDSHUT-TIENGEN

SCHWARZWALD VON A BIS Z

Die Tour durchquert den Schwarzwald von Nord nach Süd. Den Auftakt bildet zwischen Baden-Baden und Freudenstadt die berühmte Schwarzwaldhochstraße mit traumhaften Ausblicken über Täler und Wälder. Traditionelle Schwarzwaldhöfe, Wiesen, Seen und Moore säumen die Strecke. Man sollte sich für die ohnehin eher lange Tour ausreichend Zeit nehmen, denn erlebnisreiche Wanderungen führen zu Wasserfällen, auf Berggipfel und in tiefe Schluchten.

BADEN-BADEN E4

↗ Tour 28 (Seite 150)

MUMMELSEE E4

Direkt an der Schwarzwaldhochstraße passieren wir auf 1028 Metern Höhe den Mummelsee, umgeben von Hochmoor und Nadelwald. Er bezaubert Besucher zu jeder Jahreszeit. Unsere Empfehlung ist der Mummelsee-Hornisgrinden-Rundweg, den man am besten früh morgens in Angriff nimmt: Ein leichter Aufstieg führt auf die

ROUTE 279 KM

Baden-Baden → 27 km bis **Mummelsee** → 32 km bis **Freudenstadt** → 27 km bis **Schiltach** → 16 km bis **Gutachtal** → 18 km bis **Triberg** → 14 km **Furtwangen** → 28 km bis **Hinterzarten** → 5 km bis **Titisee** → 15 km bis **Feldberg (Schwarzwald)** → 16 km bis **Schluchsee** → 21 km bis **Wutachschlucht** → 33 km bis **Sankt Blasien** → 27 km bis **Waldshut-Tiengen**

Hornisgrinde, den mit 1164 Metern höchsten Berg im Nordschwarzwald.

3 FREUDENSTADT F4

1599 gilt als Gründungsjahr von Freudenstadt. In der Mitte der Planstadt wurde zunächst eine große Fläche für den späteren Bau eines Residenzschlosses freigehalten, das aber nie verwirklicht werden sollte. So rühmt sich der Kurort heute des größten umbauten Marktplatzes in Deutschland. Im Zweiten Weltkrieg zerstört, wurden seine Arkadenhäuser im sogenannten Heimatschutzstil wiederhergestellt. Inzwischen teilen Straßen ihn in Post-, Oberen und Unteren Marktplatz. Grünflächen, Brunnen und Cafés machen ihn zu einem beliebten Treffpunkt. Während der Öffnungszeiten des Rathauses kann dessen Turm bestiegen werden. Den Schlüssel gibt es beim Bürgerservice. Auch die Stadtkirche an der südlichen Ecke des Marktes ist sehenswert.

Der Wohnmobilstellplatz am Panoramabad ist sehr einfach. Von hier aus ist man aber schnell zu Fuß in der Stadt oder im Grünen.

4 SCHILTACH F4

Am Zusammenfluss von Schiltach und Kinzig liegt ein echtes Schwarzwaldkleinod. Die Altstadt von Schiltach verbreitet mit ihren verwinkelten Gassen, pittoresken Fachwerkhäusern und kleinen Plätzen mittelalterliches Flair.

Am Ortsrand gibt es Wohnmobilstellplätze auf einem Parkplatz an der Kinzig. Die Zufahrt ist allerdings sehr eng.

5 GUTACHTAL F4

Das liebliche Gutachtal ist die Heimat des berühmten Schwarzwälder Bollenhutes. Neben der Natur ist hier das Schwarzwälder Freilichtmuseum Vogtsbauernhof der Hauptanziehungspunkt. Das Leben und Arbeiten der Menschen in den letzten 600 Jahren wird hier in historischen Gebäuden aus dem ganzen Schwarzwald

Wohnmobilparkplatz in Schiltach

anschaulich. Die traditionellen Schwarzwaldhöfe, Wirtschaftsgebäude, Werkstätten und handwerklichen Vorführungen sind auch für Kinder spannend. Neben Mitmachangeboten finden sich auf dem schönen Gelände zudem viele Gelegenheiten zum Spielen.

TRIBERG IM SCHWARZWALD G4

Der lebendige Ort Triberg schmiegt sich in die Sohle und an die Hänge des grünen Gutachtals. Hier stürzen die mit 163 Metern höchsten Wasserfälle Deutschlands über sieben Stufen in die Tiefe. Aber auch sonst gibt es einiges zu sehen. Im Schwarzwaldmuseum taucht man tief in Geschichte und Kultur der Region ein. Und kurz vor Triberg steht im Eble Uhren-Park die größte begehbare Kuckucksuhr.

FURTWANGEN G4

Nach herrlich kurviger Fahrt mit immer wechselnden Ausblicken erreichen wir Furtwangen. Die Gegend kommt manch einem vielleicht bekannt vor: Ein Bauernhof in der Umgebung dient seit 1994 als Drehort der beliebten SWR-Serie »Die Fallers«. Furtwangen mit seinen hervorragenden Restaurants und Cafés ist ein idealer Zwischenstopp, auch zum Einkaufen. Im Ort präsentiert das Deutsche Uhrenmuseum die größte deutsche Uhrensammlung, unter anderem mit frühen Kuckucksuhren aus dem 18. Jahrhundert. In der Nähe der Martinskapelle an der alten Passstraße und nicht weit von der Europäischen Hauptwasserscheide entfernt entspringt die Breg, einer der beiden Hauptquellflüsse der Donau.

Gleich zwei Wohnmobilstellplätze bieten die Möglichkeit für einen Aufenthalt.

HINTERZARTEN G4

Besucher kommen in den beschaulichen Luftkurort vor allem wegen der Natur: Die Ravennaschlucht, ein schmales und steiles Seitental des Höllentals, beeindruckt mit Wasserfällen und Kaskaden. Im historischen Hugenhof geht es im Schwarzwälder Skimuseum um die Geschichte des Skilaufens. Auf dem großen Parkplatz am Bahnhof darf man im Camper übernachten.

TITISEE G4

Klar, blau und ruhig liegt er da, der von Wald umgebene Titisee. Der

WUTACHSCHLUCHT

Die Wutachschlucht ist der größte Canyon Deutschlands. Eine eindrucksvolle, 14 Kilometer lange Wanderung führt mitten durch spektakuläre Natur, vorbei an Felsen, dem immer wieder reißenden Bachlauf, Wasserfällen und Ausblicken. Festes Schuhwerk ist nötig, zwischendurch ist der Weg nass und rutschig, steil und eng. Idealer Start ist der Wanderparkplatz an der Schattenmühle, am besten vor 9 Uhr da sein. Dann geht es mit dem Wanderbus zur Wutachmühle, und man läuft ohne Zeitdruck zurück zum Auto.
Schattenmühle 1, 79843 Löffingen

Blick ist schon bei der Anfahrt verführerisch. Besonders gut lässt sich das Panorama von der Seestraße, der beliebten Flaniermeile im gleichnamigen Ort am Nordufer, genießen. Das kühle, samtweiche Wasser lädt zum Schwimmen und Bootfahren ein. In zwei Stunden wandert man um den See herum.

Hier bleibt man auch gerne etwas länger. Besucher können dabei aus vier Campingplätzen und mehreren Wohnmobilstellplätzen wählen.

FELDBERG (SCHWARZWALD) G4

Vom Feldberg, dem mit 1493 Metern höchsten Schwarzwaldgipfel, hat man bei gutem Wetter einen ausgezeichneten Blick Richtung Alpen und auf den Südschwarzwald. Eine noch bessere Rundumsicht bietet sich vom 45 Meter hohen Feldbergturm. Der kreisrunde Feldsee unterhalb des Gipfels, umgeben von Felswänden und Wald, lässt sich bequem zu Fuß umrunden. Eine ebenfalls gemütliche, aber längere Wanderung führt vom Haus der Natur im Ort Feldberg auf dem Panoramaweg zur St. Wilhelmer Hütte.

In Altglashütten, auf halbem Weg zum Schluchsee, gibt es einen Stellplatz.

SCHLUCHSEE G4

Ein weiteres eindrucksvolles Panorama erwartet uns am Schluchsee, an dessen Nordufer der gleichnamige Luftkurort liegt. Der einstmals kleine Gletschersee wurde ab 1932 zum größten See im Schwarzwald aufgestaut. Er ist einer der saubersten Badeseen in Deutschland und gleichermaßen beliebt bei Tauchern, Anglern und Seglern. Die einmalige Landschaft zieht aber auch Radfahrer und Wanderer an. Ein 18 Kilometer langer Weg führt rund um den See am Ufer entlang. Die Wanderung lässt sich auch gut mit einer Fahrt auf dem Ausflugsschiff kombinieren.

SANKT BLASIEN G/H4

Im Albtal überrascht mitten in der Natur im Kurort Sankt Blasien ein gewaltiger Kuppelbau. 1783 wurde die Kirche der damaligen Benediktinerabtei eingeweiht. Der Erbauer des »Schwarzwälder Doms« hatte sich offensichtlich vom römischen Pantheon inspirieren lassen. Neben dem Dom sind mehrere Kurgebäude und Schwarzwaldhöfe sehenswert, dazu kommen der Wasserfall Menzenschwand und der Albstausee. Am Dom gibt es Wohnmobilstellplätze.

WALDSHUT-TIENGEN H4

↗ Tour 25 (Seite 140)

CAMPINGPLÄTZE

❶ Campingplatz Langenwald ★★★★½

Sehr gut ausgestatteter und landschaftlich reizvoll gelegener Naturplatz mitten im Schwarzwald mit eigenem Schwimmbad. Anfang April bis Anfang November geöffnet.

▶ Straßburger Straße 167, 72250 Freudenstadt
GPS: 48.45908332, 8.37296667
Tel. 074 41/28 62
■ pincamp.de/wb5250

❷ Terrassencamping Sandbank ★★★½

Terrassenartiger, familienfreundlicher Platz mit vielen Bäumen am Titisee. Restaurant. Eine Woche vor den baden-württembergischen Osterferien bis Herbstferien geöffnet.

▶ Seerundweg 9, 79822 Titisee
GPS: 47.88693332, 8.13776666
Tel. 076 51/972 48 48
■ pincamp.de/wb2590

STELLPLÄTZE

❸ Wohnmobilstellplatz Feldberg (Schw.)

16 Plätze, Ver- und Entsorgung, Strom
Ganzjährig geöffnet.
▶ Dreiseenbahnweg, 79868 Feldberg (Schwarzwald)/OT Altglashütten
GPS: 47.859157, 8.114420

Die Lichtbrechung durch Kalkpartikel sorgt für die sensationelle Farbe des Blaubeurer Blautopfs.

VON BLAUBEUREN NACH OFFENBURG

SCHWÄBISCHE ALB UND SCHWARZWALD ERLEBEN

Die Anfänge der Kunst, anheimelnde Fachwerkstädte, Höhen und Täler im Schwarzwald sowie zauberhafte Weindörfer zählen zu den Höhepunkten dieser Tour. Dabei stehen neben beliebten Zielen auch Geheimtipps auf dem Programm. Von Blaubeuren führt die Strecke über die Schwäbische Alb an den Neckar, dem wir ein Stück folgen, bevor es durch den Schwarzwald in Richtung Rheinebene geht. Auch die Auswahl an Camping- und Stellplätzen ist vielfältig.

BLAUBEUREN F6/7

Die Entwicklung der Stadt im felsigen Talkessel ist eng mit dem 1085 gegründeten Benediktinerkloster verbunden. Heute ist ein evangelisches Gymnasium mit Internat im Klosterkomplex zu Hause. Sehenswert sind besonders der Klosterhof und die spätgotische Kirche mit ihrem berühmten Flügelaltar. Nebenan zieht der mystische Blautopf Besucher in seinen Bann. Die grün und blau schimmernde Quelle des Flusses Blau speist sich aus einem Höhlen-

ROUTE 255 KM

Blaubeuren → 30 km bis **Münsingen** → 15 km bis **Bad Urach** → 23 km bis **Schloss Lichtenstein** → 25 km bis **Reutlingen** → 12 km bis **Tübingen** → 22 km bis **Rottenburg am Neckar** → 70 km bis **Freudenstadt** → 43 km bis **Oberkirch** → 8 km bis **Durbach** → 7 km bis **Offenburg**

system und wechselt mit den Lichtverhältnissen seine Farbe. Auch die Altstadt hat ihre mittelalterliche Anmutung bewahrt. Das Rathaus stammt aus dem 15. Jahrhundert. Die Aachgasse verzaubert mit Fachwerkhäusern und kleinen Brücken.

Rund um Blaubeuren befinden sich die UNESCO-Welterbestätten »Höhlen und Eiszeitkunst der Schwäbischen Alb«. In den Höhlen des Aach- und Lonetals wurden 40 000 Jahre alte, fein gearbeitete Figuren aus Elfenbein sowie Schmuck gefunden. Sie gehören zu den ältesten bekannten Kunstwerken der Menschheit. Die ebenfalls gefundenen Flöten gelten als die ältesten Musikinstrumente überhaupt. Im Urgeschichtlichen Museum erfährt man alles über diese prähistorischen Schätze. Das Museum Alte Kulturen auf Schloss Hohentübingen zeigt weitere Funde (↗ Seite 161). Auch einige Höhlen können besichtigt werden.

Fußläufig zum Zentrum liegt der Wohnmobilstellplatz, Schwimmbadeintritt inklusive.

MÜNSINGEN F6

Fachwerkbauten prägen die übersichtliche Altstadt: Ob Marktplatz mit Altem Rathaus, mittelalterliche Stadtmauer oder ehemalige Stadtburg – überall begegnet man Spuren der Geschichte. Vom wirtschaftlichen Aufschwung im 14. und 15. Jahrhundert zeugen Gebäude wie das Alte Schloss, das heute ein Heimatmuseum beherbergt.

Etwa fünf Minuten sind es vom Wohnmobilstellplatz bis zum Markt.

BAD URACH F6

Rund um das spätmittelalterliche Residenzschloss von Bad Urach liegen beschauliche Fachwerkgassen. In der Amanduskirche ist ein sechs Meter hoher spätgotischer Stuhl zu sehen, der ehemalige Betstuhl des Landesherrn. Eine 61 Grad heiße Quelle speist das örtliche Thermalbad. Von der Burgruine Hohenurach hat man einen hervorragenden Blick auf die Stadt.

Der 40 Meter hohe Uracher Wasserfall ist ein beeindruckendes Schauspiel, das man nicht verpassen sollte. Vom Wanderparkplatz Maisental (P23) sind es rund zwei Kilometer bis zum Ziel. Das ist nicht nur für Kinder ein eindringliches Erlebnis.

REUTLINGEN F6

Durch das Tübinger Tor am Ende der Katharinenstraße, das Haupttor der mittelalterlichen Befestigung, betritt man die Altstadt von Reutlingen. Fachwerkhäuser, verwunschene Gassen und Plätze prägen die Szenerie. Ein besonders eindrucksvolles Fachwerkensemble ist der Spitalhof. Eine der romantischsten Ecken der Altstadt findet man zwischen Eisturm und Albtorplatz: Heute sorgfältig restaurierte Häuser wurden hier im 18. Jahrhundert an die Stadtmauer gebaut. Die schmalste Straße der Welt ist übrigens die Reutlinger Spreuerhofstraße. Gerade einmal 31 Zentimeter ist sie breit. Die Marienkirche hingegen ist ein herausragendes gotisches Kleinod.

Neckarcamping Tübingen

Parken mit dem Wohnmobil ist kein Problem. Am Freibad befindet sich der Stellplatz der Stadt.

TÜBINGEN F5

In der Universitätsstadt mit dem mittelalterlichen Stadtkern geht es lebendig zu. Der Holzmarkt ist ein beliebter Treffpunkt mit Cafés und Kneipen. Genauso wie der Marktplatz, wo das 500 Jahre alte, kunstvoll gestaltete Rathaus steht. Die ältesten Häuser befinden sich in der Burgsteige und Münzgasse. Auch ein Blick in die zauberhafte spätgotische Stiftskirche lohnt sich, denn hier steht einer der schönsten gotischen Lettner in Süddeutschland. Im Chor befindet sich die Grablege des Herrscherhauses Württemberg.

Studenten prägten die Stadt schon in der Vergangenheit: So studierten bekannte Geistesgrößen wie Hölderlin, Schelling und Hegel gemeinsam im Evangelischen Stift. Der Hölderlinturm beherbergt ein modern gestaltetes Museum zum Leben und Wirken des Dichters. Hier verbrachte Hölderlin zurückgezogen und zeitweilig umnachtet seine letzten 36 Lebensjahre.

Den besten Blick auf die bekannte Neckarfront mit den historischen Fassaden hat man von der Platanenallee. Wer früh aufsteht, erlebt, wie der Morgennebel über dem Fluss steht und die Stadt langsam erwacht. Hier ankern auch die Stocherkähne, mit denen

SCHLOSS LICHTENSTEIN

Direkt am Albtrauf, dem nordwestlichen Steilabfall der Alb, steht mit Schloss Lichtenstein der Inbegriff des mittelalterlichen Märchenschlosses. Es ist in Privatbesitz der Nachfahren des Erbauers, Herzog Wilhelm I. von Urach. Der Herzog, inspiriert von Wilhelm Hauffs Roman »Lichtenstein« und an mittelalterlicher Geschichte interessiert, ließ sich hier ab 1840 eine neogotische Ritterburg mit »Rapunzelturm« bauen. Das farbenfroh ausgestattete Innere kann bei einer Führung besichtigt werden.
72805 Lichtenstein
www.schloss-lichtenstein.de

man kurzweilige Fahrten auf dem Neckar unternehmen kann.

Schloss Hohentübingen mit seinem beachtenswerten Renaissanceportal stammt zum größten Teil aus dem 16. Jahrhundert. Es beherbergt mehrere hochkarätige Museen, unter anderem mit Funden aus den Steinzeithöhlen bei Blaubeuren (↗ Seite 159). Auch die Wiege der Biochemie hat man konserviert: Im 19. Jahrhundert wurden hier das Hämoglobin und die Nukleinsäure erforscht.

Auf dem Campingplatz am Neckar lassen sich Kultur und Entspannung verbinden.

ROTTENBURG AM NECKAR F5

↗ Tour 23 (Seite 132)

FREUDENSTADT F4

↗ Tour 29 (Seite 155)

OBERKIRCH F4

Am Rand des Renchtals erreichen wir zwischen Obstwiesen und Weinbergen Oberkirch. In der Winzergemeinde dreht sich alles um den guten Tropfen. Oberhalb steht die pittoreske Ruine Schauenburg. Ein Schmuckstück ist die Altstadt mit einem sehenswerten Ensemble aus Barock- und Fachwerkhäusern. Auch die neu gestaltete Fußgängerzone ist sehr einladend. In diesem Ambiente genießt man nachmittags gerne einen Kaffee und am Abend die Weinschorle.

Auch Campern ist Oberkirch ans Herz gewachsen. So ist der nur fünf Minuten vom Altstadtkern entfernte Wohnmobilstellplatz immer gut belegt.

DURBACH F4

In Durbach treffen sich Schwarzwald und Badische Weinstraße. Dementsprechend beliebt ist der Ort inmitten eines Rebenmeers bei Wanderern und Weinliebhabern. Mehrere alte Fachwerkhäuser und Rebenhöfe tragen zum Idyll bei. Das Wahrzeichen der Stadt ist das im 11. Jahrhundert durch die Zähringer erbaute Schloss Staufenberg. Von der Schlossterrasse gibt es einen zauberhaften Blick über Weinberge, Schwarzwald und Rheinebene. Rund um den Ort laden etliche Weingüter zur Weinprobe.

Der Wohnmobilstellplatz auf dem Festplatz am Ortsrand ist umgeben von Weinbergen.

OFFENBURG F3

↗ Tour 27 (Seite 149)

CAMPINGPLÄTZE

❶ Neckarcamping Tübingen ★★★½

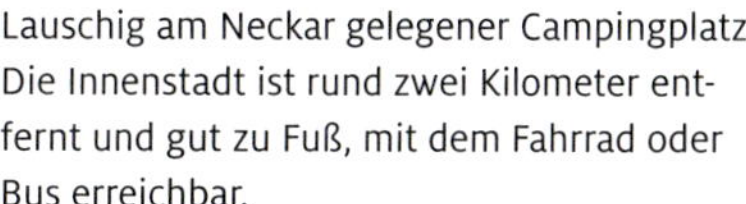

Lauschig am Neckar gelegener Campingplatz. Die Innenstadt ist rund zwei Kilometer entfernt und gut zu Fuß, mit dem Fahrrad oder Bus erreichbar.
Ende März bis Ende Oktober geöffnet.
▶ Rappenberghalde 61, 72070 Tübingen
GPS: 48.51061666, 9.03599999
Tel. 070 71/431 45
■ pincamp.de/wb6000

❷ Höhencamping Königskanzel ★★★★½

Bestens ausgestatteter Campingplatz mit Blick auf den Schwarzwald, Pool, Wellness und Sportanlagen.
April bis Anfang November und Weihnachten bis 6. Januar geöffnet.
▶ Freizeitweg 1, 72280 Dornstetten
GPS: 48.480736, 8.500164
Tel. 074 43/67 30
■ pincamp.de/wb5350

STELLPLÄTZE

❸ Wohnmobilstellplatz Blaubeuren
16 Plätze, Ver- und Entsorgung, Strom
Ganzjährig geöffnet.
▶ Dodelweg 20, 89143 Blaubeuren
GPS: 48.414911, 9.790718

Festung Marienberg thront hoch über Würzburg.

VON WÜRZBURG NACH STUTTGART

DURCHS LAND DER GEGENSÄTZE

Vom Main führt die erlebnisreiche Route nach Bad Mergentheim ins reizende Taubertal, bevor wir uns dem herberen Hohenlohe zuwenden und dann in Richtung Neckar und der Landeshauptstadt Stuttgart abbiegen. Hügeliges Land, Wiesen, Wälder und sehenswerte Städte liegen auf dem Weg. Neben Barockschlössern und historischen Fachwerkstädten verlocken mehrere Museen zu ausgedehnten Pausen. Sie gewähren Einblicke in die Geschichte der Menschen in der Region und präsentieren herausragende Kunstwerke. Am Ende der Tour gibt es in Stuttgart schließlich Gelegenheit für ausgedehntes Shopping.

WÜRZBURG B7

↗ Tour 8 (Seite 62)

BAD MERGENTHEIM C6/7

↗ Tour 33 (Seite 173)

3 KÜNZELSAU D6

In Künzelsau gibt es viele historische Gebäude zu entdecken. Dazu gehören Reste der Stadtmauer mit Toren und mehrere eindrucksvolle Fachwerkbauten. Mitten in

der schönen Hauptstraße steht das Alte Rathaus aus dem 16. Jahrhundert. Sein Vorgängerbau war zusammen mit einem Drittel der Gebäude der Stadt einem großen Brand zum Opfer gefallen. Die Stadtkirche stammt aus dem 11. Jahrhundert und wurde mehrfach erweitert und umgebaut.

Im Ortsteil Gaisbach lohnt der Besuch des Stammsitzes der Adolf Würth GmbH. Das Museum Würth 2 ist der Privatsammlung des Unternehmers gewidmet: Alle großen Maler und Bildhauer der Moderne sind hier vertreten. Nicht weniger interessant ist nebenan das Museum für Schrauben und Gewinde. Übernachten kann man in Künzelsau am Kocherfreibad, wo es einen kleinen Wohnmobilstellplatz gibt.

ROUTE 208 KM

Würzburg → 44 km bis **Bad Mergentheim** → 32 km bis **Künzelsau** → 37 km bis **Hohenloher Freilandmuseum** → 9 km bis **Schwäbisch Hall** → 54 km bis **Marbach am Neckar** → 11 km bis **Ludwigsburg** → 21 km bis **Stuttgart**

HOHENLOHER FREILANDMUSEUM D6

In Wackershofen taucht man im Freilandmuseum tief in die Vergangenheit der Menschen der Region ein. Auf dem Gelände wurden 70 Gebäude in mehreren Ensembles wiederaufgebaut und originalgetreu eingerichtet. Darunter sind Wohnhäuser, Wirtschaftsgebäude, Ställe, Scheunen und Werkstätten. Auch eine Sägemühle, ein Schulhaus und ein Wirtshaus laden zur Zeitreise ein. Auf dem großzügigen Gelände lassen sich leicht mehrere Stunden verbringen.

SCHWÄBISCH HALL D6

Schwäbisch Hall kam einst durch seine Lage an einer Salzwasserquelle zu Wohlstand. Davon zeugen noch heute zahlreiche prächtige Bürgerhäuser, Repräsentationsgebäude, die gut erhaltene Stadtmauer mit Türmen und überdachte Holzbrücken. Dicht an dicht stehen die Häuser in der Altstadt, eines prächtiger als das andere, Treppen verbinden die schmalen Gassen.

Den Marktplatz umstehen restaurierte Gebäude verschiedener Stile. Die romanisch-gotische Kirche St. Michael dominiert mit ihrer mächtigen Freitreppe den stimmungsvollen Platz. Vom Turm bietet sich ein Rundumblick auf die Dächer und winkligen Gassen. Das repräsentative spätbarocke Rathaus gegenüber wurde im 18. Jahrhundert auf Resten der ehemaligen Klosterkirche errichtet. Im Zweiten Weltkrieg zerstört,

Schwäbisch Hall – Blick vom Steinernen Steg

erstrahlt es heute in neuer Pracht. Hinter der eindrucksvollen Fachwerkfassade des großen Clausnitzerhauses an der Südseite verbirgt sich ein staufischer Wohnturm.

Wer nach ausgiebigem Stadtbummel und Einkehr in eine der Wirtschaften noch mehr sehen will, dem empfehlen wir den Besuch der Großcomburg und des Hällisch-Fränkischen Museums. Der Rundgang durch die sechs historischen Gebäude macht mit der wechselvollen Stadtgeschichte bekannt. Durch den Park Ackeranlagen gelangt man in einer guten halben Stunde hinauf zur Großcomburg, dem festungsartig angelegten Kloster aus dem 11. Jahrhundert. Der 420 Meter lange Wehrgang ist immer zugänglich. Die sehenswerte Stiftskirche St. Nikolaus mit ihrer romanischen Ausstattung kann dagegen nur mit Führung besichtigt werden.

Wohnmobilisten übernachten in Schwäbisch Hall auf dem günstig gelegenen Parkplatz Auwiese.

6 MARBACH AM NECKAR D6

Die Schillerstadt ist von Wehranlagen aus dem Mittelalter und einer Stadtmauer umgeben. Der 40 Meter hohe Obere Torturm ist das letzte erhaltene Stadttor. Er beherbergt ein Museum zur Geschichte der Stadtbefestigung und kann bestiegen werden. In Marbach wurde 1759 Friedrich Schiller geboren. Mehrere Museen und sein Geburtshaus erinnern an ihn. In der Altstadt bezaubern bunte Fachwerkhäuser, Türme und schmale Gassen. Weil ein großer Brand 1693 weite Teile von Marbach zerstörte, entstanden fast alle Bauten im Zuge des Wiederaufbaus im 18. Jahrhundert, was ein einzigartig geschlossenes Stadtbild ergibt. Die ehemaligen Häuser und Scheunen der Bauern und Weingärtner in den Holdergassen sind besonders pittoresk. Die große Alexanderkirche zeigt sich dagegen spätgotisch mit hohen Säulen, Netzgewölbe, schmalen Fenstern und Maßwerk.

WILHELMA

König Wilhelm I. von Württemberg wünschte sich für den Park von Schloss Rosenstein ein Badhaus. Daraus erwuchs ab 1837 eine Anlage im maurischen Stil mit Festsälen, Orangerie und Gewächshäusern. Sein Sohn Karl machte die »Alhambra am Neckar« genannte Wilhelma ab 1880 der Öffentlichkeit zugänglich. Der Zoologisch-Botanische Garten ist heute überaus artenreich und rühmt sich wichtiger Zuchterfolge. Liebevoll angelegte Teiche und Terrassen, prächtige historische Gebäude, exotische Gewächse und ein Hain aus Mammutbäumen bilden ein einzigartiges Ensemble. Mit dem Wohnmobil parkt man am besten auf dem Cannstatter Wasen.

Wilhelma 13, 70376 Stuttgart
www.wilhelma.de

LUDWIGSBURG E6

Der barocke Marktplatz mit seinen Arkaden und zwei Kirchen ist der ideale Ausgangspunkt für einen Stadtbummel. Dabei landet man früher oder später am ebenfalls barocken Residenzschloss. Es gehört zu den größten original erhaltenen Schlössern Europas und ist von traumhaften Gartenanlagen umgeben, die als »Blühendes Barock« bekannt sind. Die prunkvollen Innenräume können bei einer Führung besichtigt werden. Weitere Einblicke bieten das Schlosstheater, das Mode-, das Keramik- und das Theatermuseum.

Für den Besuch von Stadt und Schloss eignet sich der zentral gelegene, einfache Wohnmobilstellplatz Bärenwiese.

STUTTGART E5/6

In der im 10. Jahrhundert als Gestüt gegründeten Landeshauptstadt von Baden-Württemberg dreht sich heute noch vieles um Pferdestärken. Stuttgart gilt als Wiege des Automobils und ist Stammsitz von Porsche und Mercedes-Benz. In der Innenstadt verlocken viele Geschäfte zu einem ausgedehnten Shoppingbummel. Im Leonhardsviertel befinden sich gemütliche Weinstuben, in die man gerne einkehrt. Vom Talkessel führen unzählige »Stäffele« (Treppenanlagen) auf die umliegenden Hänge. Der Aufstieg wird mit einem tollen Ausblick über Stadt und Weinberge belohnt.

Auch Kunstinteressierte kommen in Stuttgart auf ihre Kosten: Das Alte Schloss, dessen Ursprünge bis ins 10. Jahrhundert zurückreichen, beherbergt heute das Landesmuseum Württemberg mit einer herausragenden archäologischen Ausstellung. Sammlungsschwerpunkt der nahen Staatsgalerie hingegen ist die Klassische Moderne. 1927 entstand im Norden der Stadt unter der Ägide Ludwig Mies van der Rohes die visionäre Weissenhofsiedlung. Ein von Le Corbusier entworfenes Doppelhaus gehört zum UNESCO-Welterbe und kann besichtigt werden.

Ideal für den Stadtbesuch ist der Campingplatz im Stadtteil Bad Cannstatt, nur durch einen Fußweg vom Neckar getrennt.

CAMPINGPLÄTZE

1 Naturcamping Braunsbach (Foto)

★★½☆☆

Campingplatz direkt an der Kocher mit viel Grün. Super Ausgangspunkt zum Radfahren und für Kanutouren.
Anfang April bis Ende Oktober geöffnet.
▶ Im Brühl 1, 74542 Braunsbach
GPS: 49.196977, 9.790912
Tel. 079 06/94 06 73
■ pincamp.de/wn3600

2 Campingplatz Cannstatter Wasen

★★½☆☆

Angenehmer Campingplatz direkt am Neckar. Durch Grünanlagen spaziert man in die City.
Ganzjährig geöffnet.
▶ Mercedesstraße 40, 70372 Stuttgart
GPS: 48.79398333, 9.21953333
Tel. 07 11/55 66 96
■ pincamp.de/wn5000

STELLPLÄTZE

3 Parkplatz Auwiese

9 Plätze, Ver- und Entsorgung, Strom
Ganzjährig geöffnet.
▶ Spitalmühlenstraße, 74523 Schwäbisch Hall
GPS: 49.122454, 9.734903

Einst residierten die Fürstbischöfe von Speyer in Schloss Bruchsal.

VON LUDWIGSBURG NACH MAINZ

SCHLÖSSER, KLÖSTER UND KAISERDOME

Die drei Kaiserdome in Speyer, Worms und Mainz gehören zu den großartigsten Schöpfungen romanischer Baukunst. Sie sind die Highlights dieser architektonisch auch sonst sehr interessanten Tour, die vom Neckar zum Rhein und dann daran entlangführt. Auch die prächtigen barocken Residenzen in Ludwigsburg und Bruchsal und das verwunschene mittelalterliche Kloster Maulbronn sind eindrucksvolle Meisterwerke.

LUDWIGSBURG E6

↗ Tour 31 (Seite 165)

VAIHINGEN A.D.ENZ D/E5

Im mittelalterlichen Kern rund um den Marktplatz geht man gerne auf Entdeckung. In den engen Gassen fallen die vielen restaurierten Fachwerkhäuser auf. Die ältesten befinden sich in der Mühlstraße. Malerisch ist es auch im ehemaligen Gerberviertel an der Enz.

MAULBRONN D5

Die Zeit scheint in Maulbronn stehengeblieben zu sein. Hier befindet sich die am besten erhaltene Klosteran-

ROUTE 201 KM

Ludwigsburg → 22 km bis **Vaihingen an der Enz** → 15 km bis **Maulbronn** → 27 km bis **Bruchsal** → 25 km bis **Germersheim** → 18 km bis **Speyer** → 41 km bis **Worms** → 30 km bis **Oppenheim** → 23 km bis **Mainz**

lage des Mittelalters nördlich der Alpen. Sie gehört zum UNESCO-Welterbe. Zisterziensermönche zogen im 12. Jahrhundert hierher ins abgeschiedene Salzachtal und begannen den Klosterbau. Kirche und Klausurgebäude aus rotem Sandstein sind noch der Romanik verpflichtet. Im 13. Jahrhundert wurde gotisch weiter- und angebaut. Besonders eindrucksvoll sind der filigrane Kreuzgang und das Brunnenhaus. Nach der Reformation erfolgte die Umwandlung in eine evangelische Klosterschule. Johannes Kepler, Friedrich Hölderlin und Hermann Hesse drückten in Maulbronn die Schulbank. Noch heute gibt es hier ein Gymnasium mit Internat. Aber auch die beliebte Maultasche soll hier im Kloster als Fastenspeise erfunden worden sein.

Direkt neben dem Kloster gibt es einen kleinen Wohnmobilstellplatz. Und nicht weit entfernt liegt der angenehme Campingplatz Stromberg.

BRUCHSAL D5

In Bruchsal steht ein weiteres Highlight dieser Tour. Fürstbischof Damian Hugo von Schönborn ließ sich hier ein Barockschloss erbauen, das vor allem wegen seiner raffiniert geschwungenen Innentreppe von Balthasar Neumann berühmt ist. Zur Anlage gehörten einst über 50 Einzelgebäude. Schloss und Stadt wurden im Zweiten Weltkrieg zerstört. Die Residenz der Fürstbischöfe von Speyer, die auch Landesoberhäupter waren, wurde sehr aufwendig wiederaufgebaut, aber nur die prunkvollen Festsäle und das Treppenhaus originalgetrau rekonstruiert. Auch das Städtische Museum und das Deutsche Musikautomatenmuseum sind hier untergebracht. Ein Bummel durch den Garten und die übersichtliche Innenstadt rundet den Besuch ab.

Gegenüber dem Schloss befindet sich im Giesgrabenweg ein einfacher Parkplatz für Wohnmobile.

GERMERSHEIM D4

Germersheim wird dominiert von einer mächtigen Festungsanlage. In der ersten Hälfte des 19. Jahrhunderts wurde sie zur Sicherung des Rheinübergangs und zum Schutz gegen die Franzosen ausgebaut. Nach dem Ersten Weltkrieg wurde im Versail-

Dom St. Peter zu Worms

ler Vertrag die Schleifung des sternförmigen Bollwerks festgelegt. Zwei mächtige Tore, Kasernen und andere Gebäude sind dennoch erhalten. Im Stadtpark Fronte Lamotte sehen Besucher Grabenwehr, vorgelagerte Reduits und Reste der Umwallung. Im Zeughaus, dem ehemaligen Material- und Waffenlager, befinden sich das Deutsche Straßenmuseum und eine Miniatureisenbahnanlage. Bei Stadt- und Festungsführungen werden auch die unterirdischen Kasematten und Minengänge besichtigt. Auch sonst lohnt sich ein Streifzug durch die Gassen von Germersheim.

Direkt an der Festungsmauer befindet sich ein beliebter Stellplatz, von dem aus man schnell in der Stadt oder am Rhein ist.

6 SPEYER C4

Die Dom- und Kaiserstadt am Rhein ist über 2000 Jahre alt. Hauptattraktion ist der Kaiserdom, die größte romanische Kirche der Welt. 1061 geweiht, gehört er zum Welterbe der UNESCO. In der riesigen Krypta wurden einst Kaiser und Könige bestattet. Die Mühen einer Turmbesteigung werden mit einem großartigen Blick auf den Rhein und die Dächer von Speyer belohnt. Unweit vom Dom befindet sich mit dem Judenhof eine weitere UNESCO-Welterbestätte (↗ Kasten). Das Ensemble wurde um 1100 erbaut und besteht aus Resten einer Frauenschul und der alten Synagoge mit Mikwe. Das rituelle Tauchbad ist die älteste erhaltene Anlage dieser Art in Mitteleuropa.

Meilensteine der Verkehrsgeschichte lassen sich im Technik Museum Speyer bestaunen. Viele der Exponate – Riesendampflok, U-Boot, Jumbo-Jet oder Space Shuttle – sind begehbar. Beim anschließenden Bummel durch die Hauptstraße mit schönen Geschäften, Cafés und blühendem Oleander fühlt man sich fast wie in Italien.

Sehr gut übernachtet man im Caravanpark am Technikmuseum. Wer nur kurz in Speyer ist, parkt auf dem Festplatz.

JÜDISCHER FRIEDHOF HEILIGER SAND

Außerhalb der mittelalterlichen Stadtmauer von Worms liegt der älteste und bedeutendste jüdische Friedhof Nordeuropas. Zusammen mit dem Speyerer Judenhof, dem Wormser Synagogenbezirk und dem jüdischen Friedhof in Mainz gehört er zum UNESCO-Welterbe. Besucher kommen aus aller Welt, um die rund 2000 Gräber zu besuchen. Die ältesten Grabsteine stammen von 1058/1059. Wer mehr erfahren will, schließt sich einer öffentlichen Führung an. Der Friedhof ist frei zugänglich. Männliche Besucher müssen eine Kopfbedeckung tragen.

Willy-Brandt-Ring 21, 67547 Worms

WORMS C4

In Worms wurde einst Weltgeschichte geschrieben. Unter anderem fand hier 1521 jener Reichstag statt, bei dem Martin Luther vor Kaiser Karl V. Rechenschaft ablegen musste. In dessen Folge wurde mit dem Wormser Edikt die Reichsacht über den Reformator verhängt. Im spätromanischen Andreasstift wird im Museum der Stadt Worms die bewegte Geschichte anschaulich gemacht, von jungsteinzeitlichen Gräbern bis hin zum Lutherzimmer. In Worms haben sich auch viele Spuren der jüdischen Gemeinde erhalten (↗ Kasten), darunter das jüdische Viertel rund um die Synagoge mit Ritualbad und Museum.

Das Wahrzeichen von Worms ist der prächtige romanische Dom St. Peter, der zwischen 1130 und 1181 erbaut wurde. Im Inneren befinden sich Gräber des salischen Königshauses. Prunkstück der Ausstattung ist der barocke Hochaltar von Balthasar Neumann.

Überall in der Stadt lassen sich Anklänge an das Nibelungenlied entdecken, denn viele Szenen des mittelalterlichen Epos spielen in und um Worms. Im Nibelungenmuseum können Besucher mithilfe eines Multimediaguides tief in die sagenhaften Geschehnisse eintauchen.

Der Wohnmobilstellplatz befindet sich an der Rheinpromenade (Kastanienallee).

OPPENHEIM B4

Das mittelalterliche Städtchen verzaubert mit beschaulichen Gassen, Verbindungstreppen, Plätzen und historischen Gebäuden. Zu den Resten der mittelalterlichen Stadtmauer gehört auch die oberhalb gelegene Burgruine Landskron. Unter der Altstadt befindet sich das restaurierte Kellerlabyrinth. Die Gänge, Treppen und Gewölbe, die als Lagerräume und Verstecke dienten, können im Rahmen einer Führung besichtigt werden. Sehenswert sind auch die gotische St.-Katharinen-Kirche mit Beinhaus und die ehemalige Klosterkirche St. Bartholomäus. Das Deutsche Weinbaumuseum in einem barocken Gebäude gibt einen ausführlichen Überblick zum Weinbau.

MAINZ B4

↗ Tour 39 (Seite 203)

CAMPINGPLÄTZE

❶ Stromberg Camping ★★★★☆
Gepflegter Campingplatz am Waldrand mit Schwimmbad und Blick über Wiesen und Felder, Ponyreiten und Kinderprogramm.
Ganzjährig geöffnet.
▶ Diefenbacher Straße 70, 75438 Knittlingen-Freudenstein
GPS: 49.034832, 8.833520
Tel. 070 43/21 60
■ pincamp.de/wn1350

❷ Campingplatz Maaraue ★★☆☆☆
Direkt am Rhein gegenüber von Mainz gelegener Platz mit vielen alten Bäumen. Perfekter Ausgangspunkt für den Stadtbesuch.
April bis Mitte Oktober geöffnet.
▶ Maaraue 48, 55246 Mainz-Kostheim
GPS: 50.001308, 8.285779
Tel. 061 34/257 59 22
■ pincamp.de/hs7600

STELLPLÄTZE

❸ Wohnmobilstellplatz Maulbronn
8 Plätze, Ver- und Entsorgung, Strom
Ganzjährig geöffnet.
▶ Hilsenbeuerstraße/Talaue, 75433 Maulbronn
GPS: 48.999065, 8.805687

❹ Wohnmobilstellplatz an der Carnotschen Mauer
15 Plätze, Ver- und Entsorgung, Strom
Ganzjährig geöffnet.
▶ Rudolf-von-Habsburg-Straße 1, 76726 Germersheim
GPS: 49.21960, 8.37720

Am Dinkelsbühler Marktplatz

VON DONAUWÖRTH NACH WERTHEIM

ENTLANG ALTER HANDELSWEGE

Hier begeben wir uns auf Zeitreise durch eine alte und vielseitige Kulturlandschaft. Von der Donau aus folgt die Tour in Richtung Main zum großen Teil der Romantischen Straße, dabei geht es entlang einer wichtigen ehemaligen Handelsroute. Entsprechend wohlhabend waren einst die an der Strecke gelegenen Städte. In vielen ist ein großer Teil der mittelalterlichen Bausubstanz erhalten. Zu den landschaftlichen Höhepunkten gehören das Nördlinger Ries und das reizvolle Taubertal.

1 DONAUWÖRTH E8

In der ehemaligen Freien Reichsstadt an der Mündung der Wörnitz in die Donau begegnen sich Bayern und Schwaben. Wer die Rathaustreppe hinaufsteigt, hat einen guten Blick in die lebendige Reichsstraße, die oft als schönste Straße Süddeutschlands gerühmt wird. Bereits im Mittelalter spielte sich hier das Leben ab. Eine gute Vorstellung vom einstigen Leben in der Region vermittelt das Heimatmuseum auf der reizenden Wörnitzinsel Ried. Im ehe-

ROUTE 192 KM

Donauwörth → 28 km bis **Nördlingen** → 33 km bis **Dinkelsbühl** → 12 km bis **Feuchtwangen** → 32 km bis **Rothenburg ob der Tauber** → 43 km bis **Bad Mergentheim** → 18 km bis **Tauberbischofsheim** → 26 km bis **Wertheim**

maligen Kapuzinerkloster befindet sich das Käthe-Kruse-Puppen-Museum. Im Ort ist seit 1952 eine Käthe-Kruse-Puppenmanufaktur ansässig. In Donauwörth kreuzen sich mehrere Fernradwege, und auf verschiedenen Themenrouten kann man radelnd die abwechslungsreiche Gegend erkunden.

Ideal für den Stadtbesuch ist der Wohnmobilstellplatz in der Nähe des Donauufers.

NÖRDLINGEN E8

Mitten im Nördlinger Ries, einem rund 15 Millionen Jahre alten Meteoritenkrater, haben sich bereits früh Menschen angesiedelt. Im RiesKraterMuseum erfährt man mehr über die Entstehung des Naturraums zwischen Schwäbischer und Fränkischer Alb.

Liebevoll restaurierte mittelalterliche Speicher zeugen von der einstigen Bedeutung Nördlingens als Handelsplatz. Wie im Mittelalter, als Nördlingen Freie Reichsstadt war, erschallt allabendlich der Ruf des Türmers vom 90 Meter hohen Turm der spätgotischen Hallenkirche St. Georg. Nicht verpassen sollte man den Gang über die komplett erhaltene Stadtmauer mit Bastionen und Türmen. Die kreisrunde Mauer, die den mittelalterlichen Stadtkern umschließt, entstand unter Ludwig dem Bayern und wurde immer weiter ausgebaut. Von 1453 stammen die Seelhäuser neben der Kirche St. Salvator. Die »Sozialsiedlung« ist älter als die Fuggerei in Augsburg (↗ Seite 103). Das historische Gerberviertel lohnt ebenfalls einen Besuch.

Wenige Minuten von der Innenstadt entfernt gibt es auf dem Parkplatz Kaiserwiese/Schlössle Stellplätze für Wohnmobile.

DINKELSBÜHL D7

Ein Besuch in Dinkelsbühl gleicht dem Eintauchen in eine andere Zeit. Bereits im Frühmittelalter entstand die erste Bebauung, aus der nach und nach die mit Mauern und mächtigen Türmen befestigte Stadt erwuchs. Im 15. Jahrhundert wurde das Münster St. Georg gebaut, das als eine der schönsten gotischen Hallenkirchen Süddeutschlands gilt. Der Turm kann bestiegen werden, die Aussicht auf die Dächer der Stadt ist herrlich. Breite Kopfsteinpflasterstraßen, aufwendiges Fachwerk und bunte Patrizierhäuser erinnern an den einstigen Einfluss und Reichtum der Stadt. Wir empfehlen auch einen Blick in die Seitengassen und einen

Burg Wertheim thront hoch über dem Main.

Spaziergang entlang und auf der Stadtmauer. Wer noch tiefer eintauchen will, besucht das Haus der Geschichte im Alten Rathaus.

In Dinkelsbühl gibt es vier offizielle Wohnmobilstellplätze.

FEUCHTWANGEN D7

Der Marktplatz von Feuchtwangen besticht mit prachtvollen Fachwerk- und Bürgerhäusern. Über eine Treppe erreicht man den romanischen Kreuzgang. Es ist der Rest des Benediktinerklosters, um das herum die ehemalige Freie Reichsstadt entstand. Im Sommer finden hier Freilichtaufführungen statt. Im Rahmen einer Führung kann man auch einen Blick in die Handwerkerstuben im Westflügel werfen. Die ehemalige Klosterkirche und heutige Stiftskirche vereint Romanik und Gotik. Der Marienaltar aus dem 15. Jahrhundert wird Michael Wohlgemuth, dem Lehrer Albrecht Dürers, zugeschrieben. Nicht der einzige kulturelle Schatz in der Stadt: In der Johanniskirche haben sich Bemalungen aus der Zeit um 1400 erhalten.

Am Rand von Feuchtwangen befindet sich der kleine Wohnmobilstellplatz am Schwimmbad. Für den Kurzbesuch kann man auf den Festwiesen parken.

ROTHENBURG OB DER TAUBER C7

Die Stadtmauer umschließt den mit-

KRIMINALMUSEUM

Hier dreht sich alles um Verbrechen, Folter und Hexenprozesse. In der ehemaligen Rothenburger Johanniterkomturei werden in verschiedenen Stationen und mit rund 50 000 Exponaten mehr als 1000 Jahre deutscher und europäischer Rechtsgeschichte dargestellt. Ein spannender und auch schauriger Rundgang durch menschliche Abgründe.

Burggasse 3–5, 91541 Rothenburg/Tauber
www.kriminalmuseum.eu

telalterlichen Kern von Rothenburg komplett und ist begehbar. Winklige Gassen, Türme, Patrizierhäuser, Kirchen, versteckte Gärten und windschiefe Fachwerkhäuser prägen das Stadtbild. Vom Rathausturm bietet sich ein eindrucksvoller Blick auf das liebliche Taubertal. Ein Highlight ist auch das Glockenspiel am Marktplatz. Nicht weit entfernt steht die Kirche St. Jakob aus dem 15. Jahrhundert mit dem Heilig-Blut-Altar von Tilman Riemenschneider. Skurril, aber nichts für zarte Gemüter ist das Kriminalmuseum (↗ Kasten).

Wer auf einem der beiden Wohnmobilstellplätze direkt außerhalb der Mauern übernachtet, kann die Stadt zu verschiedenen Tageszeiten erleben und hat auch die Gelegenheit, dem Nachtwächter bei einer Führung durch die engen Gassen zu folgen. Auch zum Campingplatz ist es nicht weit.

BAD MERGENTHEIM C6/7

Die beliebte Kurstadt hat eine heimelige Altstadt mit vielen Fachwerkhäusern. Das stolze Residenzschloss mitten im Stadtzentrum war mehrere Jahrhunderte lang Sitz der Hoch- und Deutschmeister des Deutschen Ordens. In dieser Zeit wurde es vom Wasser- zum prächtigen Barockschloss umgebaut. Der Wildpark Bad Mergentheim mit dem wohl größten Wolfsrudel in Europa, vielen anderen Tierarten und naturnahen Spielplätzen ist nicht nur für Familien ein beliebtes Ausflugsziel.

Zwischen Rothenburg und Bad Mergentheim befindet sich in Weikersheim-Laudenbach der Campingplatz Schwabenmühle.

TAUBERBISCHOFSHEIM C6

↗ Tour 34 (Seite 176)

WERTHEIM B6

Kopfsteinpflaster, schmale Gassen, kleine Plätze und viele verzierte Fachwerkhäuser prägen Wertheim am Zusammenfluss von Main und Tauber. Im Zentrum liegt der Marktplatz, und über allem wacht die mächtige Burg. Sie wurde im 12. Jahrhundert erbaut. Obwohl im Dreißigjährigen Krieg stark zerstört, ist die Teilruine mit Türmen und Mauern sehr eindrucksvoll. Im Ort lohnt der Besuch des Glasmuseums mit Glasbläservorführungen.

Der Wohnmobilstellplatz liegt unter einer stark befahrenen Straße an der Taubermündung. Viel schöner und mit Blick auf Stadt und Burg steht man auf der anderen Flussseite oder dem nahen Campingplatz.

CAMPINGPLÄTZE

❶ Camping Rothenburg Tauber-Idyll
★★½☆☆
Kleiner Platz direkt am Radweg Liebliches Taubertal. 20 Minuten Fußweg in die Altstadt. Anfang April bis Ende Oktober geöffnet.
▶ Detwang 28, 91541 Rothenburg o. d. Tauber
GPS: 49.38806667, 10.16651667
Tel. 098 61/31 77
■ pincamp.de/nb3400

❷ Camping Schwabenmühle ★★★½☆
Naturnaher Campingplatz, zwischen Wald und Weinbergen im Taubertal gelegen. Wöchentliche Weinprobe.
Ende März bis Mitte Oktober geöffnet.
▶ Weikersheimer Straße 21, 97990 Weikersheim-Laudenbach
GPS: 49.45761667, 9.92628333
Tel. 079 34/99 22 23
■ pincamp.de/wn3400

STELLPLÄTZE

❸ Wohnmobilstellplatz P2a
40 Plätze, Ver- und Entsorgung, Strom
Ganzjährig geöffnet.
▶ Mönchsrother Straße, 91550 Dinkelsbühl
GPS: 49.063755, 10.326977

UNTERWEGS IN HESSEN

Von Michelstadt aus lässt sich der Odenwald auf dem Alemannenweg durchwandern.

Wer am Heppenheimer Marktplatz einkehrt, verweilt gern etwas länger.

VON TAUBERBISCHOFSHEIM NACH GÖLLHEIM

AUF DEN SPUREN DER NIBELUNGEN

Die Fahrt geht mitten durch den Odenwald, auf Routen, die nicht viele Wohnmobile ansteuern, ins hessische Ried und über Lorsch und Worms weiter in die Pfalz. Es ist die Heimat der sagenhaften Nibelungen. So soll zwischen Main und Rhein auch der Brunnen liegen, an dem Hagen von Tronje Siegfried erstach. Gleich mehrere Orte erheben darauf Anspruch. Es lohnt sich, das Wohnmobil auch einmal stehenzulassen und stattdessen die Wanderschuhe zu schnüren.

TAUBERBISCHOFSHEIM C6

In dem freundlichen Ort im Taubertal lassen sich rund um den Marktplatz mit seinem neugotischen Rathaus enge Gassen, aufwendige Fachwerkbauten, Kapellen und Kirchen entdecken. Die Peterskapelle aus dem 12. Jahrhundert ist die älteste Kirche der Stadt. In der Nähe haben sich Reste der Stadtmauer erhalten. Das Kurmainzische Schloss entwickelte sich durch zahlreiche Umbauten aus einem frühmittelalterlichen Königshof.

ROUTE 161 KM

Tauberbischofsheim → 26 km bis **Walldürn** → 8 km bis **Odenwälder Freilandmuseum** → 10 km bis **Amorbach** → 14 km bis **Eulbacher Park** → 8 km bis **Erbach (Odenwald)** → 30 km bis **Fürth** → 13 km bis **Heppenheim** → 6 km bis **Lorsch** → 19 km bis **Worms** → 16 km bis **Bockenheim/Weinstraße** → 11 km bis **Göllheim**

Heute macht in seinen Räumen das Tauberfränkische Landschaftsmuseum unter anderem mit regionalem Handwerk und der Wohnkultur vergangener Zeiten bekannt.

Im Ortsteil Distelhausen wird in der gleichnamigen Brauerei seit über 200 Jahren aus regionalen Rohstoffen Bier hergestellt. Die Brauerei kann bei einer Führung besichtigt werden. Ein Wirtshaus ist angeschlossen.

Wohnmobilstellplätze gibt es am Frankenbad an der Tauber.

WALLDÜRN C6

Bereits von Weitem sind die über 60 Meter hohen Türme der Wallfahrtskirche St. Georg zu sehen. In den vier Wochen nach Pfingsten wird sie zum Ziel zahlreicher Pilger aus der Region. Der Mainzer Kurfürst und Erzbischof Lothar Franz von Schönborn ließ sie Anfang des 18. Jahrhunderts aus regionalem Buntsandstein erbauen. Das Äußere ist schlicht, das Innere überrascht mit einer prächtigen barocken Ausstattung. In der kleinen gotischen Vorgängerkapelle soll sich um 1330 das Blutwunder zugetragen haben: Der Wein aus einem umgeworfenen Messkelch soll sich auf einem Leintuch zum Bild des gekreuzigten Jesus geformt haben.

ODENWÄLDER FREILANDMUSEUM

Das Freilichtmuseum gewährt spannende Einblicke in das frühere Leben der Menschen im Odenwald und angrenzenden Bauland. Originale Gebäude – darunter Tagelöhnerhäuser, Bauernhäuser mit Scheunen und Darren für Grünkern, eine vorindustrielle Ziegelei und ein Wirtshaus mit Biergarten – wurden hierherversetzt und mit viel Liebe zum Detail authentisch eingerichtet. Für den Besuch sollte man mindestens zwei Stunden einplanen (besser mehr). Ein digitaler Museumsführer bietet viele Hintergrundinformationen.
Weiherstraße 12, 74731 Walldürn-Gottersdorf
www.freilandmuseum.com

Im Mittelalter verfügte Walldürn als freie Stadt über eine Stadtmauer. Deren Reste, auf die später Gebäude gesetzt wurden, sind in der Marsbachstraße zu sehen. Beim Bummel durch die Altstadt fällt unter anderem das Rathaus in der Hauptstraße ins Auge, das als prächtiger Fachwerkbau 1448 kurz nach der Anerkennung des Blutwunders durch den Papst entstanden ist. Auch Ritter bauten Häuser in Walldürn. Dazu gehört der Mollenhof aus dem 16. Jahrhundert. Im Viertel »Klee Frankreich« hat sich die enge Bebauung aus dem Mittelalter mit hohen Häusern und schmalen Giebeln erhalten. Ende des 19. Jahrhunderts löste der regionale Buntsandstein schließlich die Fachwerkbauweise ab. Sogar für das Berliner Reichstagsgebäude wurde in den örtlichen Steinbrüchen Material gewonnen. Das seit dem 13. Jahrhundert immer wieder umgebaute Schloss außerhalb der Stadtmauer ist heute ein Verwaltungsgebäude.

Nibelungen-Camping am Schwimmbad

AMORBACH C6

Die Altstadt von Amorbach mit ihren Fachwerkhäusern und verwinkelten Gassen steht unter Denkmalschutz. Hoch ragen darüber die Zwiebeltürme der beiden barocken Kirchen auf, der Pfarrkirche St. Gangolf und der ehemaligen Abteikirche. Letztere kann im Rahmen einer Führung durch die Benediktinerabtei mit ihrer schönen Klosterbibliothek aus dem 18. Jahrhundert besichtigt werden. Das 734 gegründete Kloster, Keimzelle von Amorbach, gehört seit der Säkularisiation 1803 dem Fürstenhaus Leiningen. An der Ecke Bädersweg/Hundsgässchen steht das Ende des 13. Jahrhunderts für eine Adelsfamilie erbaute Templerhaus, eines der ältesten Fachwerkhäuser in Deutschland. Eisenbahnfans besuchen das Eisenbahnmuseum im Erlebnisbahnhof.

Auch Wohnmobilfahrer sind in Amorbach willkommen. Hinter dem Bahnhof befindet sich in der Dr. F.-A.-Freundt-Straße ein Wohnmobilstellplatz.

EULBACHER PARK C5

Rund um das Jagdschloss Eulbach wurde Anfang des 19. Jahrhunderts ein englischer Landschaftspark geschaffen, mit römischen Fundstücken aus der Region und künstlicher Ruine. Romantisch liegt mitten im Park ein Seerosenteich mit neugotischer Kapelle. Das Wildgehege mit Rotwild, Mufflons, Wisenten und anderen Tieren ist besonders bei Kindern beliebt. Und ein naturnaher Spielplatz bietet Platz zum Toben.

ERBACH (ODENWALD) C5

↗ Tour 35 (Seite 181)

FÜRTH C5

Im Oberen Weschnitztal erreichen wir das im Frühmittelalter gegründete Fürth. Anziehungspunkt sind heute vor allem die Fürther Miniaturwelten, eine Modelleisenbahn mit einer Gleislänge von 1100 Metern. Neben 500 Zügen und verschiedenen Landschaften überraschen eine liebevoll gestaltete Kirmes und ein Zoo die Besucher.

Camper stehen gleich nebenan auf dem angenehmen Nibelungen-Campingplatz.

7 HEPPENHEIM C5

Bei einem Bummel durch Heppenheim lassen sich liebliche Plätze, verträumte Gässchen und viel mittelalterliches Fachwerk entdecken. Besonders stimmungsvoll ist der Große Markt mit Brunnen und Straßencafés. Die Kirche St. Peter wird übrigens nur wegen ihrer Größe »Dom der Bergstraße« genannt. Weiter führt der Spaziergang durch die liebevoll bepflanzte Schunkengasse zur ehemaligen Stadtmauer und vorbei am Kurmeinzer Amtshof zur Gasse Kleine Bach, bevor man das Fautsche (Faules) Viertel durchstreift. Über Ort und Region wacht oberhalb die Starkenburg, die bereits im 11. Jahrhundert als Schutzburg erbaut wurde. Auch der Herbst mit seiner Laubfärbung in Weinbergen und Wäldern ist noch eine gute Reisezeit.

8 LORSCH C5

Vor über 1250 Jahren gründeten die Karolinger das Kloster Lorsch, das heute zum UNESCO-Welterbe gehört. Karl der Große erhob es zu einem seiner wichtigsten Reichsklöster und erschien höchstpersönlich zur Kirchweihe. Die Königshalle ist das besterhaltene karolingische Bauwerk nördlich der Alpen. Auch Teile der Klostermauern und der Kirche haben die Zeiten überdauert. Im angegliederten Museumszentrum erfährt man mehr über die Geschichte des Klosters. Zum Areal gehören auch die Grundmauern des Ursprungsklosters Altenmünster und das Freilichtlabor Lauresham, das von Mitte März bis Oktober mit einer Führung besichtigt werden kann. Auf dem frühmittelalterlichen Herrenhof mit Wirtschafts-, Wohn- und Stallbauten sowie Kapelle wird der Alltag vergangener Zeiten lebendig.

Die liebenswerte Kleinstadt prägen neben dem karolingischen Erbe pittoreske Fachwerkbauten, Kirchen und Repräsentationsgebäude, darunter das Renaissancerathaus mit seinem prächtig ausgemalten Nibelungensaal. Rund um den Marktplatz kann man auch sehr gut regional essen.

Der beliebte Wohnmobilstellplatz der Stadt liegt direkt am Welterbeareal.

WORMS C4

↗ Tour 32 (Seite 169)

BOCKENHEIM AN DER WEINSTRASSE C4

↗ Tour 42 (Seite 212)

GÖLLHEIM C4

↗ Tour 41 (Seite 211)

CAMPINGPLÄTZE

❶ Nibelungen-Camping am Schwimmbad
★★★☆☆
Liebevoll gestalteter Campingplatz, sehr ruhig mitten in der Natur. Schwimmbad, Geschäfte und Restaurants sind in der Nähe.
Ende April bis Mitte Oktober geöffnet.
▶ Tiefertswinkel 20, 64658 Fürth
GPS: 49.659385, 8.783810
Tel. 062 53/58 04
■ pincamp.de/hs8150

❷ Campingpark Kirchzell ★★★☆☆
Ruhig gelegener Platz mit eigenem Schwimmbad. Idealer Ausgangspunkt für die Erkundung der Umgebung.
Ganzjährig geöffnet.
▶ Am Campingplatz 1, 63931 Kirchzell
GPS: 49.606927, 9.158642
Tel. 093 73/566
■ pincamp.de/nb390

STELLPLÄTZE

❸ Wohnmobilstellplatz Lorsch
16 Plätze, Ver- und Entsorgung, Strom
Ganzjährig geöffnet.
▶ Odenwaldallee 1, 64653 Lorsch
GPS: 49.652096, 8.579413

Das sympathische Städtchen Eberbach bildet den Auftakt der Odenwaldtour.

VON EBERBACH NACH HANAU

DURCH DEN VERTRÄUMTEN ODENWALD

Vom Neckar zum Main durchqueren wir gemütlich den Naturpark Odenwald in Richtung Norden. Dabei führt ein Teil der Strecke durch ein breites Tal, das schon in früheren Zeiten eine wichtige Verkehrsachse war. Links und rechts bieten Wanderparkplätze immer wieder die Möglichkeit, das Steuer gegen ein Paar Wanderschuhe zu tauschen und die Region zu erkunden. Aber auch Radfahren macht hier richtig Spaß. Die Orte mit ihren zahlreichen Schlössern zeugen vom einstigen Wohlstand. Die Tour folgt in Teilen der Deutschen Fachwerkstraße: Fachwerkhäuser, von windschief bis repräsentativ, prägen die Ortschaften.

EBERBACH C5

Durch die Stadtmauer aus rotem Sandstein betritt man vom Neckar kommend die kleine Stadt. Dabei fallen vor allem zwei reich bemalte Häuser und mehrere Fachwerkgebäude ins Auge. Restaurants und Cafés laden zur Pause ein. Passend zum Namen sind im ganzen Zentrum die Eber los, entweder in Bronze oder als bunte Skulpturen.

ROUTE 102 KM

Eberbach → 26 km bis **Erbach (Odenwald)** → 4 km bis **Michelstadt** → 25 km bis **Groß-Umstadt** → 9 km bis **Dieburg** → 12 km bis **Babenhausen** → 12 km bis **Seligenstadt** → 10 km bis **Steinheim am Main** → 4 km bis **Hanau**

Campingpark Eberbach am Neckar

In Eberbach sind Camper willkommen: Direkt an der Altstadt gibt es unterhalb der Durchgangsstraße Stellplätze am Neckar. Auf der anderen Flussseite liegt ein angenehmer Campingplatz, dazu kommen weitere Stellplätze.

ERBACH (ODENWALD) C5

An der plätschernden Mümling entlang erreicht man das »Städtel«, den ältesten Teil von Erbach mit Altem Rathaus, steinernen Burgmannenhäusern und Fachwerkbauten. Auffällig ist das sechsstöckige Tempelhaus, im 14. Jahrhundert aus Sandstein erbaut. Mitten in der Altstadt befindet sich das Erbacher Schloss. Der Bau aus dem 18. Jahrhundert steht auf den Fundamenten einer mittelalterlichen Wasserburg. Erhalten ist noch deren Bergfried aus dem 13. Jahrhundert, der auf der Rückseite zu sehen ist. Das Schloss beherbergt heute das modern gestaltete Deutsche Elfenbeinmuseum, wo man Elfenbeinschnitzer bei der Arbeit beobachten kann. Auch ein Blick in die Gräflichen Sammlungen mit Rüstungen und Altertümern lohnt sich, bevor man in einem der einladenden Lokale oder in der spätbarocken Orangerie im Schlossgarten Platz nimmt. Erbach grenzt direkt an das nördlich gelegene Michelstadt (↗ Seite 182).

Vom Wohnmobilstellplatz am Schwimmbad ist man zu Fuß schnell bei den Sehenswürdigkeiten.

MICHELSTADT B5

Michelstadt grenzt nördlich direkt an Erbach. Zwischen Schloss Erbach und der heimeligen Michelstädter Altstadt liegen nur drei Kilometer. Überall trifft man hier auf Spuren der über 1000-jährigen Geschichte. Das markante Rathaus wurde im 15. Jahrhundert erbaut. Reiches Fachwerk und Arkaden kennzeichnen die umliegenden Gebäude. Aber es geht noch älter: Im Ortsteil Steinbach steht die sehr gut erhaltene Einhardsbasilika, eines der letzten Beispiele karolingischer Architektur. Sie wurde in der ersten Hälfte des 9. Jahrhunderts vom Biografen Karls des Großen erbaut. Nicht weit entfernt befindet sich mit Schloss Fürstenau eine Wasserburg aus dem 13. Jahrhundert. Die Anlage gehört zu den schönsten Burgen in Deutschland.

Westlich der Altstadt gibt es auf dem großen Parkplatz an der Bundesstraße auch Stellplätze für Wohnmobile.

GROSS-UMSTADT B5

Prächtige Fachwerkhäuser, zwei Adelshöfe und fünf Schlösser zeugen noch heute von der Bedeutung Groß-Umstadts im Mittelalter. Einer der ehemaligen Adelssitze ist das Rodensteiner Schloss. Das Pfälzer Schloss ist aus einer Wasserburg entstanden, ebenso wie das Darmstädter Schloss, das zu einer Residenz ausgebaut wurde. Weitere Sehenswürdigkeiten sind das Rathaus aus der Renaissancezeit und die Stadtkirche.

Darüber hinaus ist Groß-Umstadt wegen der hervorragenden Weine bekannt, die auf der Odenwälder Weininsel in der Umgebung angebaut werden. In den urigen Weinkellern und -lokalen kann man sie probieren.

DIEBURG B5

Die lebendige Kleinstadt Dieburg hat einen rechteckigen mittelalterlichen Grundriss. Auch Reste der vorgelagerten staufischen Wasserburg – Schlossturm, Burggräben, Mauern – sind noch im Stadtbild erkennbar. Rund um den Marktplatz und in den Gassen stehen Häuser mit aufwendigem Schmuckfachwerk. Am Rand des Stadtkerns ist in Schloss Fechenbach, ursprünglich barock, dann klassizistisch umgebaut, ein Museum mit archäologischer Sammlung untergebracht. Auch die Dieburger Wallfahrtskirche lohnt einen Besuch.

BABENHAUSEN B5

Eine hohe Mauer mit sieben Türmen schützte ab dem 13. Jahrhundert Babenhausen. Zahlreiche Adels- und Patrizierhäuser rund um den Marktplatz, der Bresch- und der Hexenturm sind erhalten geblieben. Der älteste Fachwerkbau ist ein ehemaliges Burgmannenhaus von 1484 neben dem Hexenturm. An der ehemaligen Apotheke sind im Fachwerk geschnitzte Heilpflanzen zu sehen.

GRIMMS MÄRCHENREICH IN HANAU

Die Geburtsstadt der Brüder Grimm ehrt seit 2019 die Märchensammler mit einem modernen Erlebnismuseum. Im Schloss Philippsruhe erwarten Kinder ab vier Jahren sieben interaktive und multimediale Märchenwelten. An Hör- und Filmstationen werden die beliebtesten Figuren und Geschichten lebendig. Die kleinen Besucher schlüpfen in Kostüme, knobeln, spielen oder erfinden ein eigenes Märchen. Und die Erwachsenen erfahren Interessantes über das Wirken der Grimms.

Schloss Philippsruhe, Philippsruher Allee 45, 63454 Hanau
Tel. 061 81/295 17 99
www.museen-hanau.de

Der Wohnmobilstellplatz befindet sich direkt hinter der Stadtmauer.

SELIGENSTADT B5

↗ Tour 8 (Seite 65)

STEINHEIM AM MAIN A5

Das mächtige Schloss Steinheim erhebt sich mitten in der Altstadt mit ihren vielen Fachwerkhäusern und anderen historischen Gebäuden. Im 19. Jahrhundert wurde es klassizistisch umgebaut. Heute ist hier das Museum für Regionale Archäologie und Stadtgeschichte untergebracht. Ein Stadtmodell zeigt Steinheim im 16. Jahrhundert. Von der Aussichtsplattform im Turm hat man einen großartigen Blick auf den Ort. Nach dem Stadtbummel lässt man in einer der Apfelweinkneipen die Seele baumeln.

HANAU A5

In der Nähe des Limes gelegen, befand sich auf dem heutigen Gebiet von Hanau einst ein Römerkastell. Auf dem Friedhof im Stadtteil Kesselstadt wurden Grundmauern einer zugehörigen Therme freigelegt. Auch überspannte eine Brücke schon damals den Main.

Nach starken Zerstörungen im Zweiten Weltkrieg wurden Teile der Altstadt wiederaufgebaut. Im Altstädter Rathaus, einem repräsentativen Fachwerkbau, ist heute das Deutsche Goldschmiedehaus untergebracht, ein bedeutendes Ausstellungszentrum für Gold- und Silberschmiedekunst. Hanau ist der südliche Ausgangspunkt der Deutschen Märchenstraße: Hier wurden 1785 und 1786 Jacob und Wilhelm Grimm geboren. Auf dem Marktplatz wurde ihnen 1896 ein Denkmal errichtet. Im Schloss Philippsruhe am Main befinden sich das Historische Museum, das Papiertheatermuseum und GrimmsMärchenReich (↗ Kasten). Auch das Gebäude selbst und die prächtigen Innenräume sind sehenswert. Das Schloss wurde im 19. Jahrhundert im Stil der Neorenaissance modernisiert.

Etwas nördlich von Hanau befindet sich der Campingplatz am Bärensee.

CAMPINGPLÄTZE

❶ Campingpark Eberbach

Auf dem Campingplatz am Neckar haben alle Stellplätze Blick aufs Wasser. Auch das Restaurant ist absolut empfehlenswert.
Anfang April bis Ende Oktober geöffnet.
▶ Alte Pleutersbacher Straße 8,
69412 Eberbach
GPS: 49.46066667, 8.98258333
Tel. 062 71/10 71
■ pincamp.de/wn500

❷ Campingplatz Bärensee (Foto)

Kleiner Campingplatz am See mit großem Strand. Je nach Windrichtung sind allerdings die Autobahn und Flugzeuge zu hören.
▶ Bärensee 1, 63452 Hanau
GPS: 50.15205, 8.95705
Tel. 061 81/123 06
■ pincamp.de/hs7200

STELLPLÄTZE

❸ Wohnmobilstellplatz Erbach

11 Plätze, Ver- und Entsorgung, Strom
Ganzjährig geöffnet.
▶ Wiesenweg, 64711 Erbach (Odenwald)
GPS: 49.663213, 8.988960

Blick vom Loreleyfelsen über den Rhein

36 VON MAINZ NACH KOBLENZ

UNTERWEGS IM OBEREN MITTELRHEINTAL

Diese Tour folgt dem Rhein aufwärts am Nord- beziehungsweise Ostufer. Sie führt mitten durchs UNESCO-Welterbe Oberes Mittelrheintal: 40 Burgen auf beiden Seiten des Flusses, viel Kultur und eine eindrucksvolle Landschaft begleiten uns. Auch die kleinen Seitentäler verzaubern mit ihrem ganz eigenen Charme. Zwischen Mainz und Koblenz gibt es übrigens keine Brücke, aber mehrere Fähren.

1 MAINZ B4

↗ Tour 39 (Seite 203)

2 WIESBADEN A4

↗ Tour 37 (Seite 193)

3 KIEDRICH B4

Kiedrich ist ein typischer und besonders gut erhaltener Rheingau-Ort mit lebendiger Winzertradition. Anders als unten am Rhein lässt sich von hier oben, auf halber Höhe der das Rheintal begrenzenden Taunushänge, tief durchatmen und die Aussicht genießen. Ein Weinprobierstand mitten in der Weinlage »Wasseros« wartet im Grünen auf Besucher.

ROUTE 121 KM

Mainz → 12 km bis **Wiesbaden** → 17 km bis **Kiedrich** → 3 km bis **Kloster Eberbach** → 15 km bis **Rüdesheim am Rhein** → 14 km bis **Lorch am Rhein** → 7 km bis **Kaub** → 12 km bis **Loreley** → 34 km bis **Lahnstein** → 7 km bis **Koblenz**

KLOSTER EBERBACH B4

Kloster Eberbach gehört zu den am besten erhaltenen Klöstern Europas und wurde als Drehort des Filmklassikers »Der Name der Rose« weltberühmt. Die mittelalterliche Zisterzienserabtei wurde Ende der 1980er-Jahre aufwendig saniert und bietet interessante Einblicke in das klösterliche Leben von anno dazumal. Interessierte können an einer Führung oder Weinprobe teilnehmen. Am Kloster befindet sich ein Wohnmobilstellplatz.

RÜDESHEIM AM RHEIN B4

Rüdesheim – das ist Rheingau-Tourismus in Bestform. Hier schunkelten schon in den 50er-Jahren ganze Busladungen Reiselustiger. Das hat mit der Zeit nicht nachgelassen, in der Drosselgasse tanzen auch mitten am Tag schon weinselige Touristen. Das muss man nicht mögen, hat aber sein ganz eigenes Flair. Auch wer diese Art des Tourismus weniger schätzt, findet im Ort romantische Gässchen. Eine Stippvisite sollte man nicht versäumen und sei es nur, um mit der Seilbahn aufs Niederwald-Denkmal zu fahren und von dort eine Wanderung hoch über dem Rhein zu starten oder einfach die Aussicht zu genießen.

Direkt am Rhein befindet sich der sehr empfehlenswerte Campingplatz der Stadt.

LORCH AM RHEIN A3

Zwischen Bingen und Koblenz erstreckt sich das von der UNESCO zum Welterbe erklärte Obere Mittelrheintal. Die Kulturlandschaft sucht international ihresgleichen: romantische Orte, trutzige Burgen auf den Höhen, schroffe Felsen und dazwischen steile Weinberge. Straßen auf beiden Rheinseiten erschließen die Region für Wohnmobilisten.

Das Städtchen Lorch schmiegt sich in der engen Mündung des Flüsschens Wisper an steile Hänge. Zu Bedeutung kam der Ort, weil hier im Mittelalter alle Rheinschiffe abgeladen werden mussten. Das »Binger Loch« im Rhein war so mit Felsen blockiert, dass sich Waren nicht transportieren ließen. Das war der Grundstock für den Reichtum von Lorch.

Burg Pfalzgrafenstein im Rhein sicherte jahrhundertelang die Zollstation Kaub.

Darüber hinaus spielt der Weinbau eine wichtige Rolle. Mittelalterliche Gebäude und sehr enge, teils dunkle Gassen verleihen dem Ort noch heute einen ganz eigenen Charme. Auch an heißen Sommertagen ist es hier an vielen Stellen angenehm kühl.

Wohnmobilisten sollten hier, wie in den übrigen Orten des Mittelrheintals auch, auf jeden Fall an einem der ausgewiesenen Parkplätze am Ortsrand parken. In Lorch kann es sehr schnell sehr eng werden.

7 KAUB A3

Kaub mit seiner markanten Burg Pfalzgrafenstein mitten im Rhein gehörte ebenso wie der Nachbarort Lorch zum Freistaat Flaschenhals (↗ Kasten). Pfalzgrafenstein liegt auf einer kleinen Insel und gilt als die einzige Rheinburg, die niemals zerstört wurde. Sie diente ab dem 14. Jahrhundert zum Schutz der Zollstation in Kaub. Bei der Besichtigung kann man in jene vergangenen Zeiten eintauchen.

FREISTAAT FLASCHENHALS

Zwischen 1919 und 1923 existierte rund um Lorch und Kaub eine Laune der Geschichte: der Freistaat Flaschenhals. Entstanden war der Mini-Staat nach dem Ersten Weltkrieg, weil bei der Grenzziehung durch die Alliierten der Zipfel schlicht vergessen wurde. Die rund 8000 Einwohner mussten kreativ werden, denn hier gab es weder Geld noch Steuern oder Gerichtsbarkeit. Die beste Verdienstmöglichkeit war der Weinschmuggel. Heute bieten die Gemeinden des Flaschenhalses Lustiges und Skurriles an, wie zum Beispiel den Reisepass »Freistaat Flaschenhals«. Wer ihn hat, kann in den Orten des Freistaats ein Vier-Gang-Menü einnehmen und ein Jahr lang Wein zu Sonderkonditionen einkaufen.
www.freistaatflaschenhals.de

Der Ort Kaub schrieb einst Militärgeschichte, als der preußische Feldmarschall Blücher hier auf einer Pontonbrücke mit 50 000 Mann über den Rhein ging, um die napoleonischen Truppen zu vertreiben. An diese Zeit erinnert hier das Blücher-Museum.

Die Fähre zur anderen Rheinseite nimmt auch große Wohnmobile mit, allerdings ist die Zufahrt ziemlich eng und steil.

LORELEY A3

Der schroffe Loreleyfelsen bei Sankt Goarshausen hat viele Dichter und Romantiker inspiriert. Die meisten kennen wohl das Märchen vom schönen Mädchen, das sich auf dem Felsen sitzend das blonde Haar kämmte. Die Rheinschiffer waren von ihrem Anblick so betört, dass sie die Kontrolle über ihr Ruder verloren und kenterten.

Heute besuchen Menschen aus aller Welt das Loreley-Plateau um die Aussicht zu genießen, um eine Wanderung zu starten oder die Sommerrodelbahn hinabzusausen. Oben gibt es auch eine Freilichtbühne und einen Wohnmobilstellplatz. Eine noch bessere Aussicht auf die Burgen und den Rhein bietet übrigens der Dreiburgenblick in Patersberg.

Der Campingplatz Loreleystadt liegt unterhalb der Loreley direkt am Rhein. Wer zu Fuß auf die Loreley will, sollte fit sein: Es gilt, eine enorme Steigung zu überwinden.

LAHNSTEIN A3

Die kleine Stadt an der Lahnmündung eignet sich hervorragend als Basislager, wenn man Lahn- und Rheintal erkunden möchte.

Lahnstein ist ein Ort für Aktive, vor allem mit dem Fahrrad kann man hier entspannte Touren an den Flüssen in alle Himmelsrichtungen machen. Wer nicht zurückstrampeln möchte, nutzt für den Rückweg Zug oder Schiff. Wanderer können dem Rheinsteig folgen oder die wilde Ruppertsklamm erleben.

Lahnstein selbst lädt zu einem Spaziergang durch die Altstadt oder zur Einkehr im historischen Wirtshaus an der Lahn ein. Sehr sehenswert und ein hervorragender Aussichtspunkt ist Burg Lahneck, die man im Sommer bei einer Führung erleben kann. Auch das frühere Unternehmerschlösschen Villa Didier am Rhein, heute Brauerei mit Ausschank, lohnt einen Besuch.

Der Wohnmobilstellplatz liegt direkt am Rhein und nahe der Innenstadt.

KOBLENZ A3

↗ Tour 38 (Seite 196)

CAMPINGPLÄTZE

❶ Campingplatz Loreleystadt
Viel Liebe steckt in diesem naturnahen Wiesenplatz direkt am Rhein.
Ganzjährig geöffnet.
▶ Wellmicher Straße 55,
56346 St. Goarshausen
GPS: 50.159748, 7.708619
Tel. 067 71/25 92
■ pincamp.de/rp_230653

❷ Green Camping am Rhein ★★½
Familiärer Platz mit ökologischem Anspruch direkt am Rhein.
April bis Mitte November geöffnet.
▶ Am Campingplatz 1, 56338 Braubach
GPS: 50.274685, 7.639318
Tel. 0171/839 98 09
■ pincamp.de/rp6450

STELLPLÄTZE

❸ Wohnmobilstellplatz Mainz
56 Plätze, Strom, Ver- und Entsorgung
Ganzjährig geöffnet.
▶ Dr.-Martin-Luther-King-Weg 21, 55122 Mainz
GPS: 49.998611, 8.246111
Tel. 015 73/194 97 11
www.wohnmobil-stellplatz-mainz.de

Das mondäne Heilbad Ems schmiegt sich an die Ufer der Lahn.

VON KOBLENZ NACH WIESBADEN

DURCHS LAHNTAL UND ÜBER DEN TAUNUS

Diese Tour bietet viele interessante Ein- und Ausblicke. Die alten Kurstädte Bad Ems und Wiesbaden entdeckt man hier genauso wie die Metropole Frankfurt am Main, die entgegen ihrem Ruf auch sehr gemütlich sein kann. Natur und Spaß am Wasser bietet das Lahntal. Hier kann man den selten gewordenen Lahnwein genießen oder sich im Boot flussabwärts treiben lassen. Und in den kleinen Städten schlummert so manches Fachwerkkleinod.

1 KOBLENZ A3

↗ Tour 38 (Seite 196)

2 BAD EMS A3

Die kleine Kurstadt fristete lange eine Randexistenz. 2021 aber würdigte die UNESCO die einzigartige Bäderarchitektur. Bad Ems gehört nun mit zehn weiteren berühmten Kurbädern, unter anderem Baden-Baden (↗ Seite 150), zum Welterbe »Great Spa Towns of Europe«.

Bad Ems liegt direkt an der Lahn, die meisten Kureinrichtungen ebenfalls. Sage und schreibe 15 Heilquellen sprudeln hier, darun-

Koblenz
Anschluss Tour 36 und 38
1 2 Bad Ems
3 Obernhof
4 Diez
5 Limburg an der Lahn
6 Idstein
7 Großer Feldberg
Frankfurt am Main
Anschluss Tour 8
8
9 Wiesbaden
Anschluss Tour 36

ROUTE 181 KM

Koblenz → 20 km bis **Bad Ems** → 16 km bis **Obernhof** → 21 km bis **Diez** → 6 km bis **Limburg an der Lahn** → 29 km bis **Idstein** → 23 km bis **Großer Feldberg** → 32 km bis **Frankfurt am Main** → 34 km bis **Wiesbaden**

ter jene 57 Grad heiße, aus der das Salz für die berühmten Emser Halspastillen gewonnen wird. Auch Mineralwasser wird hier produziert. An den Trinkbrunnen im Ort kann man sich von dessen Qualität überzeugen. Sehenswert sind neben den historischen Bauten wie dem Kurhaus oder dem Marmorsaal auch der Kurpark, die Standseilbahn und die sehr moderne Emser Therme, in der man Wellness direkt am Fluss genießt.

An einer Marina gibt es einen Wohnmobilstellplatz, von dem aus man das Städtchen gut zu Fuß erreichen kann.

3 OBERNHOF A3

Der letzte und einzige Weinort direkt an der Lahn. In früheren Zeiten wurde an einigen Orten entlang der Lahn Wein angebaut. Heute gibt es Lahnwein nur noch hier in Obernhof und im benachbarten Weinähr am Flüsschen Gelbach. In den letzten Jahren haben die hiesigen Winzer sehr viel in Qualität investiert. Sie vermarkten sich inzwischen gemeinsam – mit wachsendem Erfolg. Sie veranstalten regelmäßig Weinproben und Weinwanderungen. Weil man mit Wandern und Radfahren immer mehr Gäste anlocken kann, hat auch hier der Tourismus zugelegt. Es gibt eine Paddelstation sowie ein paar Gasthäuser. Der Ort ist sehr verwinkelt mit seinen engen Gässchen und seiner steilen Weinlage Goetheberg. Einen Besuch lohnt auch das benachbarte einstige Kloster Arnstein, das hoch oben über der Lahn zauberhafte Ausblicke bietet. Seitdem 2019 hier Orthodoxe Schwestern eingezogen sind, heißt es Heiliges Orthodoxes Kloster Dionysios Trikkis & Stagon.

Direkt an der Lahn gibt es einen kleinen Campingplatz.

DIEZ A4

Das kleine Diez steht ein wenig im Schatten seiner hessischen Nachbarin Limburg. Beide Städte sind fast zusammengewachsen, liegen aber in verschiedenen Bundesländern. Das Auffälligste an Diez ist das mittelalterliche Grafenschloss, in dem heute Jugendherberge und Heimatmuseum untergebracht sind. Diez war Stammsitz der

Grafen von Nassau-Diez, den Ahnherren des heutigen niederländischen Königshauses. In der Altstadt gibt es fast keinen Ort, an dem das Schloss sich nicht ins Bild drängt. In der Stadt findet man zahlreiche kleine, persönliche Restaurants und Cafés, sodass sich der Ausflug vor allem zum Genießen lohnt.

Ein Schloss war für die kleine Grafenstadt aber nicht genug: Etwas außerhalb gibt es

Das Grafenschloss über der Diezer Altstadt.

auch noch ein Barockschloss namens Oranienstein, das nur am Wochenende besucht werden kann. Der einstige Witwensitz der Fürstinnen von Nassau-Diez-Oranien wird heute von der Bundeswehr genutzt.

In Diez steht wie in den meisten Orten an der Lahn Aktivurlaub hoch im Kurs. Besonders wichtig ist der Bootstourismus. So gibt es zwei Kanuvermieter. Im Sommer können Touristen auch mit dem Linienschiff oder dem Lahnfloß Lahn-Arche in See stechen.

LIMBURG/LAHN A4

Die Bischofsstadt Limburg bezaubert mit ihrer Fachwerkaltstadt und ihrem berühmten frühgotischen Dom, der hoch über der Lahn auf einem Felsen thront. Schon von Weitem ist er beim Vorüberfahren auf der einige Kilometer entfernten Autobahn zu sehen. Die prächtige rot-weiße Fassade lockt ins Innere des Bauwerks, das bereits 1235 geweiht wurde. Nähere Betrachtung verdienen die Malereien und der Domschatz. Interessierte sollten das Bauwerk bei einer Domführung näher kennenlernen. Beliebt sind auch Führungen durch die Altstadt.

Limburg lebt von seiner heimeligen Atmosphäre mit vielen schiefen Fachwerkhäusern und lauschigen Plätzen. Die lebendige Stadt erstreckt sich beiderseits der Lahn im Limburger Becken. Sehenswert ist die Lahnbrücke mit ihrem Tor, durch das noch heute der Verkehr fließt. Ein Gang durch die Gassen offenbart so manches Kleinod. Das »Haus der sieben Laster« in der Brückengasse lädt mit seinen geschnitzten Gesichtern zum Ratespiel ein. Das prunkvolle Bischofshaus, das »Luxus-Bischof« Tebartz-van Elst in der Nähe des Doms hat errichten lassen, ist heute ein Museum. Vom Domberg schaut man auf die Lahn und über den Westerwald.

Parken ist für Wohnmobile in Limburg eine Herausforderung. Am besten geht das stadtnah an der Lahn kurz vor dem Campingplatz.

IDSTEIN A4

Die alte Residenzstadt Idstein vor den Toren Frankfurts blickt auf eine lange Geschichte zurück. Sie war vom späten Mittelalter bis ins 18. Jahrhundert ein wichtiges regionales Zentrum und hat daher viel ansehnliche Bausubstanz. Ob Hexenturm, Residenzschloss oder Schlossgarten, es gibt einiges zu entdecken in der einladenden Altstadt. Besonders sehenswert ist die Obergasse mit ihren reich verzierten Fassaden. Nicht verpassen sollte man das Rathaus und das Schiefe Haus. Berühmt ist Idstein auch

Ein Bummel durch Idstein beginnt und endet am stimmungsvollen Marktplatz.

für das jährlich stattfindende Jazzfestival, das die gesamte Altstadt zum Brodeln bringt.

Für Wohnmobilisten bietet sich Idstein als Standquartier für Besuche im Rhein-Main-Gebiet an: Von hier aus lässt sich einiges auch mit öffentlichen Verkehrsmitteln erreichen. Die S-Bahn-Verbindungen nach Frankfurt und Wiesbaden sind sehr gut. Zudem gibt es einen ruhigen Stellplatz an den Sportanlagen, der sehr beliebt und dementsprechend voll ist.

7 GROSSER FELDBERG A4

Wer von Idstein kommt, kann ganz einfach nach Frankfurt fahren: über die Autobahn. Genussvoller geht es an, wer sich zunächst noch einen Überblick über das Rhein-Main-Gebiet verschafft: vom Großen Feldberg aus. Diese höchste Erhebung des Taunus hat zwar mit ihren 881 Metern kein alpines Format, aber trotzdem ist sie ein beliebtes Ausflugsziel für die Großstädter. Im Sommer ist es hier deutlich kühler als in den Häuserschluchten Frankfurts oder Wiesbadens. Im Winter gibt es manchmal sogar Schnee. Dann ist der Feldberg voller Menschen. Wer aus Richtung Norden nach Frankfurt fährt, kann hier gut Station machen und die Aussicht genießen.

8 FRANKFURT AM MAIN A5

Wer meint, in Frankfurt gebe es nur Banken und Shopping, täuscht sich gewaltig. Denn dass die Stadt regelmäßig unter die lebenswertesten Städte gewählt wird, kommt nicht von ungefähr. Dafür sorgen eine entspannte Atmosphäre und die vielen Gesichter der Metropole.

Interessant für Touristen ist nicht nur der alte Kaiserdom mitten in der Stadt, sondern zum Beispiel auch eine Führung durch das berühmt-berüchtigte Bahnhofsviertel. Hier gibt es ein einträchtiges Miteinander von Multikulti, Reisenden, Bars und Rotlichtszene. Am Main lässt es sich nicht nur im Sommer herrlich flanieren. Praktischerweise

Am Mainufer präsentiert sich die Bankenmetropole von ihrer entspannten Seite.

liegen am Museumsufer auch die wichtigsten Museen, sodass sich dieser Spaziergang sehr gut mit einem Schuss Kultur würzen lässt. Wobei man im Städel Museum, einer der herausragendsten deutschen Kunstsammlungen, ganze Tage verbringen kann.

Seit 2018 wandelt man zwischen Römerberg und Domplatz durch ein gänzlich neues Viertel mit historischem Antlitz. Die im Zweiten Weltkrieg fast völlig zerstörte Altstadt wurde hier teilweise rekonstruiert und durch historisierende Neubauten ergänzt. Das einst umstrittene Projekt hat sich mittlerweile zum lebendigen Kulturquartier gemausert. In der Nähe lockt neben dem Goethe-Haus seit 2021 ein Neuzugang in der ohnehin hochkarätigen Frankfurter Museumslandschaft: das Deutsche Romantik-Museum. Auch die weltberühmte Zeil lohnt einen Bummel, und die ebenso prominente Paulskirche wartet auf Besucher.

Wer die Gelegenheit hat, eines der zahl-

HOCH ÜBER FRANKFURT

Wer sich einen Überblick über die Stadt mit Skyline verschaffen möchte, besucht das einzig öffentlich zugängliche Hochhaus in Frankfurt. Der Maintower mitten im Bankenviertel bietet eine grandiose Rundumsicht über das gesamte Rhein-Main-Gebiet. Von hier aus sieht man viele kleinere Wolkenkratzer, den Flughafen und den Taunus. Eine Etage tiefer gibt es ein Restaurant mit Bar. Hier lässt es sich entspannt speisen, bei einmaliger Aussicht. Wer nur ein Getränk nehmen will, geht in die Bar. Tickets für die Aussichtsplattform und Platz im Restaurant unbedingt vorher online reservieren.
Neue Mainzer Straße 52–58, 60311 Frankfurt am Main
www.maintower.de

reichen Feste in den Stadtteilen zu besuchen, sollte sich Zeit nehmen für ein Getränk –am authentischsten natürlich einen Apfelwein – und gemeinsam mit den sehr geselligen Frankfurtern oder Zugezogenen an einem Tisch den Abend genießen. Man wird dabei so einiges über die Stadt erfahren. Frankfurt ist eine eher gemütliche Großstadt, die weniger groß ist, als man meint. Weniger als 700 000 Einwohner hat sie, täglich kommen genauso viele Pendler dazu.

Für Camper ist sie weniger geeignet: Es gibt hier keinen Wohnmobilstellplatz und nur einen einzigen Campingplatz im Stadtgebiet. Am besten also das Wohnmobil im Umkreis stehenlassen und mit öffentlichen Verkehrsmitteln in die Stadt fahren, in der Parkplätze ohnehin Mangelware sind.

9 WIESBADEN A4

Wiesbaden ist Kur- und Großstadt zugleich. Schon die alten Römer wussten die »aquis mattiacis«, die heißen Quellen, zu schätzen. Auch wenn der Kurbetrieb heute nicht unbedingt die Hauptrolle spielt, so hat er die Stadt dennoch geprägt. Auf keinen Fall verpassen sollte man das prächtige Kurensemble. Im Kurhaus gibt es ein Casino und Veranstaltungssäle, nebenan befinden sich das Hessische Staatstheater und die Kurhauskolonnaden. Dahinter liegt der Kurpark mit altem Baumbestand. Er ist im Frühjahr mit seinen blühenden Magnolienbäumen besonders sehenswert.

Eine Besonderheit Wiesbadens ist die Lage im Talkessel. Das macht die Stadt im Sommer recht stickig. Dann lohnt sich der Ausflug auf den Hausberg Neroberg besonders. Stilecht geht das mit der Nerobergbahn von 1888. Die Standseilbahn wird mit Wasserkraft angetrieben. Oben angekommen, kann man bei einem Spaziergang einfach nur die Aussicht genießen oder im Opelbad schwimmen gehen: ebenfalls mit Rundumsicht. Auf dem Weg bergab lohnt sich ein Abstecher in die »Griechische Kapelle«, die eigentlich eine russisch-orthodoxe Kirche ist. Mit ihren Kuppeln vermittelt sie etwas vom Ambiente jener Zeit, als in Wiesbaden die Zaren kurten.

Vom Wohnmobilstellplatz Wiesbaden erreicht man das Zentrum mit dem Bus.

CAMPINGPLÄTZE

1 Beachclub Fachbach an der Lahn

Engagiert geführter, moderner Platz mit Sandstrand direkt an der Lahn.
Ganzjährig geöffnet.
▶ Furtweg 14, 56133 Fachbach an der Lahn
GPS: 50.336679, 7.691802
Tel. 026 03/132 02
■ pincamp.de/rp6320

2 Campingplatz Oranienstein

★★★

Platz mit sehr vielen Bäumen direkt an der Lahn. Perfekte Basis für Kanutouren.
April bis Ende Oktober geöffnet.
▶ Strandbadweg, 65582 Diez
GPS: 50.38173333, 8.00031667
Tel. 064 32/21 22
■ pincamp.de/rp6140

STELLPLÄTZE

3 Wohnmobilstellplatz Camping Resort

32 Stellplätze, Strom, Ver- und Entsorgung
Ganzjährig geöffnet.
▶ Schleusenweg 16, 65549 Limburg a. d. Lahn
GPS: 50.389167, 8.073333
www.camping-resort-limburg.de

4 Wohnmobilhafen Idstein

12 Plätze, Strom, Ver- und Entsorgung (nur im Sommer)
Ganzjährig geöffnet.
▶ Himmelsbornweg, 65510 Idstein
GPS: 50.217778, 8.278889
Tel. 061 26/786 20
www.idstein.de

UNTERWEGS IN

RHEINLAND-PFALZ

Der Knaus Campingpark Koblenz liegt an der Mündung der Mosel in den Rhein.

Im Herbst präsentiert sich das Moseltal, wie hier bei Zell, von seiner schönsten Seite.

38 VON KOBLENZ NACH BERNKASTEL-KUES

IM ROMANTISCHEN MOSELTAL

Das Moseltal ist ein Paradies für Wohnmobilisten. Fast in jedem Ort gibt es mindestens einen Stellplatz, und Campingplätze liegen oft direkt am Fluss. Romantische Fachwerkörtchen inmitten von Weinhängen, der steilste Weinberg Europas und jede Menge Geschichte erwarten uns hier. Im Sommer locken Fahrradwege für jeden Geschmack, Wanderungen mit atemberaubenden Aussichten oder einfach nur der Blick auf den Fluss, im Winter der unterirdisch stattfindende Weihnachtsmarkt in Traben-Trarbach.

KOBLENZ A3

Im traditionsreichen Koblenz treffen zwei wichtige Flüsse zusammen. Markanter Punkt ist das Deutsche Eck, wo die Mosel in den Rhein mündet. Der Name geht zurück auf den römisch-katholischen Deutschen Orden, der sich im frühen 13. Jahrhundert in Koblenz niederließ. Hier steht das mächtige Kaiser-Wilhelm-Denkmal, das während des Zweiten Weltkriegs teilweise zerstört und erst 1993 wiederaufgebaut wurde.

Vor 2000 Jahren von den Römern gegrün-

ROUTE 144 KM

Koblenz → 37 km bis **Burg Elltz** → 27 km bis **Cochem** → 11 km bis **Beilstein** → 15 km bis **Bremm** → 11 km bis **Zell (Mosel)** → 20 km bis **Traben-Trarbach** → 23 km bis **Bernkastel-Kues**

det, war Koblenz 1798 bis 1814 Hauptstadt des französischen Départements Rhin et Moselle. Danach gehörte es zum Königreich Preußen, das zur Sicherung des Mittelrheintals bis 1828 die Festung Ehrenbreitstein als Teil der Festung Koblenz ausbaute. Im Zweiten Weltkrieg wurden rund 90 Prozent von Koblenz zerstört, das historische Stadtbild war verloren. Anlässlich der Bundesgartenschau 2011 hat man die ganze Stadt verschönert: Die Rhein- und Moselpromenaden wurden modernisiert und bepflanzt, und es entstand die Seilbahn, die das Deutsche Eck mit der Festung Ehrenbreitstein auf der anderen Rheinseite verbindet. Die eindrucksvolle Festungsanlage beherbergt heute das Landesmuseum Koblenz und die Jugendherberge. Auch der Garten des frühklassizistischen Kurfürstlichen Schlosses wurde neugestaltet. Ende des 18. Jahrhunderts erbaut und 1944 stark zerstört, wurden nach dem Krieg nur die Fassaden und Teile der Innenräume rekonstruiert, der Rest in schlichten Formen wiederaufgebaut. Heute ist es Veranstaltungsort.

Wer mehr über das UNESCO-Welterbe Oberes Mittelrheintal erfahren will, darf das Romanticum nicht verpassen. Die kurzweilige Erlebnisausstellung für die ganze Familie macht mit Kulturgeschichte, Flora und Fauna des Rheins bekannt – spannend!

Etwas südlich ließ sich der preußische Kronprinz Friedrich Wilhelm ab 1836 von

BURG ELTZ

Seit 800 Jahren im Besitz derselben Adelsfamilie, klammert sich Burg Eltz in einem Seitental der Mosel an einen Felssporn. Ihre ältesten Teile stammen aus dem 12. Jahrhundert. Bis ins 17. Jahrhundert wurde mehrfach umgebaut, die Burg aber nie zerstört. Die Rüst- und Schatzkammer, die Küche aus dem 15. Jahrhundert und die Wohnräume finden auch Kinder spannend.

Burg Eltz 1, 56294 Wierschem, April bis Oktober geöffnet
www.burg-eltz.de

Die Reichsburg – Wahrzeichen von Cochem

Friedrich Schinkel eine Sommerresidenz errichten. Das verwunschene Schloss Stolzenfels ist im Original erhalten und gilt zusammen mit dem von Peter Joseph Lenné gestalteten Landschaftspark als Inbegriff der Rheinromantik.

Parken mit dem Wohnmobil ist in Koblenz kein Vergnügen. Am besten geht es beim Kurfürstlichen Schloss oder außerhalb der Stadt. Es gibt einen wenig romantischen Stellplatz im Industriegebiet und den Knaus Campingpark direkt an der Moselmündung.

2 COCHEM A2

Cochem war schon zu keltischer und römischer Zeit besiedelt. Urkundlich erwähnt wurde es bereits im 9. Jahrhundert. Hoch über der Stadt thront die Reichsburg, die auf eine 1000-jährige Geschichte zurückblickt. Ein Berliner Kaufmann ließ die Ruine in den 1870er-Jahren neogotisch wiederaufbauen. Beim Besuch können Rittersaal, Jagdzimmer und Kemenate in Augenschein genommen werden. Das Schönste an der Burg ist aber der Blick auf das Moseltal.

Die Burg kann mit dem eigenen Auto nicht direkt angefahren werden. Wer sie besuchen möchte, sollte gut zu Fuß sein. Der Weg ist recht steil und zum Teil mit Kopfsteinpflaster belegt. Zwischen Mai und Oktober verkehrt aber auch ein Busshuttle.

Es lohnt sich aber auch, nur durch die Altstadtgassen mit ihren Fachwerkbauten und vielen Einkehrmöglichkeiten zu streifen. Ein Highlight ist der Marktplatz mit Martinsbrunnen und barockem Rathaus. Wer sich für die Geschichte des Kalten Krieges interessiert, besucht den ehemaligen Bundesbank-Bunker. Warme Kleidung nicht vergessen!

3 BEILSTEIN A2

Der romantische Ort Beilstein gilt als das »Dornröschen der Mosel«. Der enge Ort mit seinen Fachwerkhäusern hat etwas Verwunschenes. Er ist von zwei Bächen umschlossen und schmiegt sich tief in ein schattiges Tal. Hier lässt es sich herrlich ausspannen und bei einem Glas Wein die historische Atmosphäre genießen. Besonders gut geht das übrigens auf der Terrasse des alten Klosters, wo man auch eine vorzügliche Aussicht über die Dächer Beilsteins hat.

Achtung: Im Ort gibt es keine für Wohnmobile geeigneten Parkplätze. Auf jeden Fall die beiden Parkplätze an den Ortseingängen nutzen. Das Tal ist eng, die Straßen ebenfalls.

4 BREMM A2

Wer den steilsten Weinberg Europas kennenlernen will, muss in die Calmont-Region. Hier haben es die Winzer besonders schwer. Und auch die Wanderer müssen arg klettern, wenn sie den Calmont bezwingen wollen. Belohnt werden sie mit atemberaubenden Ausblicken ins Moseltal.

Weil die Berge hier aus besonders hartem

Gestein bestehen, haben sie die Mosel in eine extrem enge Schleife gezwungen. Die Dörfer am Fuße dieser engen Schlinge bezaubern durch romantische Gassen mit viel Fachwerk.

Wohnmobilfahrer können zwischen verschiedenen Stellplätzen wählen.

ZELL (MOSEL) A/B2

Berühmt ist das Städtchen Zell für seine Weinlage »Zeller Schwarze Katz«, und so prägt die Katze in gewisser Weise das Ortsbild. Der Wein aus dieser Lage ist ein exzellenter Riesling. Zell ist ein geselliger Ort mit zahlreichen Weinfesten und einer stimmungsvollen Altstadt. Sehenswert sind die Stadtbefestigung, das Schloss Zell und der Alte Bahnhof von 1905. Hier war eine Station des liebevoll »Saufbähnchen« genannten Zuges, mit dem man von Koblenz aus das Moseltal erkunden konnte. Hoch über der Stadt thront der Collisturm, zu dem sich der Aufstieg lohnt. Eine grandiose Aussicht über das Moseltal entschädigt für die Mühen.

Zell hat zwei Wohnmobilstellplätze und einen Campingplatz.

TRABEN-TRARBACH B2

Wie so viele Doppelorte an der Mosel erstreckt sich auch Traben-Trarbach beiderseits des Flusses. Um die Jahrhundertwende war es der zweitgrößte Handelsplatz für Wein in Europa. So kamen die Einwohner zu Wohlstand und ließen sich Villen bauen: Zahlreiche Jugendstilbauten zeugen vom damaligen Bauboom. Um die Lagerkapazitäten für Riesling zu erhöhen, wurden in jener Zeit auch viele zum Teil mehrstöckige Weinkeller angelegt. Sie können bei einer Führung besichtigt werden. Zur Weihnachtszeit findet hier unten der Mosel-Wein-Nachts-Markt statt, bei dem sich der Moselwein in einem ganz besonderen Ambiente verkosten lässt.

Für Wohnmobile gibt es einen großen Parkplatz direkt an der Moselbrücke.

BERNKASTEL-KUES B2

Unter der Burgruine Landshut, einst spätrömisches Kastell, schmiegt sich das Fachwerkstädtchen Bernkastel-Kues an die Moselhänge. Vor allem der Ortsteil Bernkastel mit seinem pittoresken Markplatz ist ein Besuchermagnet. In den engen Gassen mit zahlreichen Brunnen und Wegekreuzen tummeln sich nicht nur im Sommer die Touristen. Sei es der Karlsbader Platz oder das Graacher Tor – ein geschichtsträchtiges Kleinod folgt hier auf das nächste. Zudem verlocken individuelle Geschäfte, viele Cafés, Weinkneipen und Restaurants zum Bleiben.

CAMPINGPLÄTZE

1 Mosel Islands

Großer, sehr idyllischer Campingplatz mit Jachthafen auf einer Moselinsel.
April bis Ende Oktober geöffnet.
▶ Am Laach, 56253 Treis-Karden
GPS: 50.17068333, 7.2929
Tel. 026 72/26 13
■ pincamp.de/rp4400

2 Mosel-Campingplatz Alf

Familienfreundlicher Campingplatz in Moselnähe am Alfbach. Der Platz ist terrassiert, sehr ruhig und schön gelegen.
Ganzjährig geöffnet.
▶ Am Mühlenteich, 56859 Alf
GPS: 50.052893, 7.11349
Tel. 065 41/31 11
■ pincamp.de/rp4910

STELLPLÄTZE

3 Wohnmobilstellplatz Enkirch

200 Plätze, Ver- und Entsorgung, Strom, WC, Dusche, Brötchenservice, WLAN
Anfang April bis Anfang November geöffnet.
▶ Brunnenplatz 2, 56850 Enkirch
GPS: 49.983681, 7.121373
Tel. 065 41/92 65
www.enkirch.de

Blick auf Oberhausen im Nahetal

VON BERNKASTEL-KUES NACH MAINZ

WELLNESS UND WEIN AN NAHE UND RHEIN

Diese Tour zwischen Wald und Reben atmet römische Geschichte, aber nicht nur. Auch Mittelalterliches findet sich am Wegesrand, ob Kaiserpfalz oder Burgruinen. An der Nahe geht es gemächlich zu, oft steht Wellness im Vordergrund. Hier erwarten uns viel Abwechslung und einladende Orte, die nicht überlaufen sind.

BERNKASTEL-KUES A2

↗ Tour 38 (Seite 199)

IDAR-OBERSTEIN B2/3

↗ Tour 45 (Seite 229)

MEISENHEIM B3

Die kleine Stadt Meisenheim am Flüsschen Glan dürften die wenigsten auf der Rechnung haben, wenn sie in die Nahe-Region fahren. Zu Unrecht. Denn hier ist sehr viel mittelalterliche Bausubstanz erhalten und wird liebevoll gepflegt. Von der Blütezeit des Ortes Mitte des 15. Jahrhunderts zeugen Schlosskirche, spätgotisches Rathaus, Markthalle, Thaynsches Haus, Ritterherberge,

ROUTE 163 KM

Bernkastel-Kues → 39 km bis **Idar-Oberstein** → 37 km bis **Meisenheim** → 18 km bis **Bad Sobernheim** → 22 km bis **Bad Kreuznach** → 17 km bis **Bingen** → 12 km bis **Ingelheim am Rhein** → 18 km bis **Mainz**

Adelshöfe und etliche Bürgerhäuser. Die zum Teil gut erhaltene Stadtmauer mit dem Untertor macht die einstige Wehrhaftigkeit Meisenheims anschaulich.

BAD SOBERNHEIM B3

Das Kurstädtchen zeichnet sich durch seine attraktive Lage im Nahetal aus. Hier urlauben vor allem Ruhebedürftige, Weinliebhaber und Wellnessanhänger.

Felkestadt – so nennt sich Bad Sobernheim selbst. Was sich dahinter verbirgt, wissen wohl nur Eingeweihte: Pfarrer Emanuel Felke war ein wichtiger Verfechter der Naturheilkunde, und das bereits Anfang des 20. Jahrhunderts. Seine Hauptwirkungsstätte war Sobernheim. Seine teils homöopathischen, teils kneipp-ähnlichen Methoden wurden argwöhnisch beäugt, da die Patienten ihre Anwendungen oft unbekleidet erhielten. Und doch entbrannte ein regelrechter Hype, der mit Ausbruch des Ersten Weltkriegs allerdings ein jähes Ende fand. Aber die Felke-Tradition lebt bis heute in Bad Sobernheim fort.

Unweit der Nahe befindet sich der Wohnmobilstellplatz und im Nachbarort Monzingen der beliebte Campingplatz Nahemühle.

MIT DER VESPA DURCHS NAHELAND

Dass die Landschaft im Naheland der Toskana nicht unähnlich ist, fällt ins Auge. Hier setzt die Idee von Vespinitours in Rümmelsheim an: Sie vermieten Vespas für eine entspannte Tour durch die Region. Jeder Mieter bekommt dabei gleich auch noch passende Tourvorschläge mit auf den Weg.

Burg-Layer-Straße 20, 55452 Rümmelsheim
www.vespinitoursnaheland.de

BAD KREUZNACH B3

Bad Kreuznach und das benachbarte Bad Münster am Stein-Ebernburg liegen an der Nahe, fast nur durch die weitläufigen Salinenanlagen des größeren Bad Kreuznach getrennt. Es soll das größte Freiluftinhalatorium Europas sein. Neun Meter hohe Gradierwerke mit einer Gesamtlänge

Der Binger Mäuseturm wachte einst über eine gefährliche Engstelle im Rhein.

von 1100 Metern warten auf Menschen, die auch fernab des Meeres die wohltuende Salzbrise suchen. Das Salinental ist eine historische Stätte der Salzherstellung. Bis 1999 dienten die Gradierwerke der Erhöhung des Salzgehaltes der Sole, aus der in der Siederei anschließend das Salz gewonnen wurde.

Bad Kreuznach hat nicht nur eine romantische Altstadt – die hier Neustadt heißt – mit sehr vielen gut erhaltenen Gebäuden direkt an der Nahe. Bekannt ist der Ort auch für seine mit Fachwerkhäusern bebaute Alte Nahebrücke.

Bad Kreuznach ist eine quirlige Einkaufsstadt, in die Menschen aus einem relativ großen Einzugsgebiet strömen. Das macht den Ort zu einem lohnenden und lebendigen Ausflugsziel. Shoppingwütige kommen genauso auf ihre Kosten wie diejenigen, die die weitläufigen Kureinrichtungen ausgiebig nutzen möchten. Besonders attraktiv sind die Crucenia Thermen.

Komfortabel übernachtet man auf dem Stellplatz an den Salinen, nebenan ist ein Brauhaus.

BINGEN B3

Bingen ist vor allem durch zwei Dinge bekannt: für Hildegard von Bingen und den Mäuseturm. Über die heilkundige Nonne können sich Besucher im modernen Museum am Strom informieren. Hier gibt es auch einen Kräutergarten, der ihr Wissen veranschaulicht. Um 1150 verließ Hildegard Kloster Disibodenberg (↗ Seite 209), um an der Mündung der Nahe in den Rhein ihr eigenes Kloster Rupertsberg zu gründen. Von diesem sind lediglich Kellergewölbe erhalten.

Der Mäuseturm, ein Zollwachturm aus dem 14. Jahrhundert, erhebt sich auf einer kleinen Insel. Er diente auch der Regelung des Schiffsverkehrs, denn durch ein querliegendes Riff war die Passage hier nur wenigen Schiffen möglich und zudem gefährlich. Erst im 17. Jahrhundert konnte ein Teil herausgesprengt werden, das Binger Loch.

Bingen ist auch das südliche Tor zum UNESCO-Welterbe Oberes Mittelrheintal. Von hier aus lassen sich wunderbar kurze oder längere Schiffstouren unternehmen, die am parkartig angelegten Kulturufer starten. In Bingen verengt sich das zuvor weite Rheintal zu seinem charakteristischen Verlauf mitten durch steile, teils bewaldete oder mit Weinreben besetzte Berge. Auf den Höhen thronen etliche mächtige Burgen, die dieser Region etwas Märchenhaftes verleihen.

INGELHEIM AM RHEIN B4

Ingelheim gilt als die Rotweinstadt am Rhein. Dazu muss man wissen, dass in dieser Region vornehmlich Weißwein angebaut wird. Das Mikroklima in Ingelheim und seine Böden sind jedoch für Rotwein prädestiniert. Außerdem soll schon Karl der Große verfügt haben, man möge in der Umgebung seiner Ingelheimer Kaiserpfalz Burgunderreben anbauen. Das geschah bereits um das Jahr 785. Ende September feiert man hier das Rotweinfest.

Die Kaiserpfalz ist heute die Hauptsehenswürdigkeit Ingelheims. Es gibt Führungen mit unterschiedlichen Schwerpunkten. Von der Pfalz sind zwar nur Ruinen erhalten, aber digitale Rekonstruktionen vermitteln eine gute Vorstellung der einstigen Anlage.

Für Familien mit Kindern bietet Ingelheim etwas ganz Besonderes, die Mitmach-Ausstellung MiMa. Hier werden wechselnde Aktivitäten angeboten, die kleine Besucher besonders intensiv mit einbeziehen.

MAINZ B4

Die Skyline der der rheinland-pfälzischen Landeshauptstadt lässt sich gut vom Rhein aus betrachten, am besten von der Theodor-Heuss-Brücke aus, die nach Wiesbaden (↗ Seite 193) führt. Weltberühmt ist der Mainzer Dom, deutschlandweit bekannt sind die Mainzelmännchen, die hier sogar als Ampelmännchen im Einsatz sind. Mainz ist aber auch Geburts- und Wirkungsstätte des »Mannes des Jahrtausends«, Johannes Gutenbergs. Das Gutenberg-Museum widmet sich der Druckkunst in all ihren Facetten und besitzt zwei kostbare Gutenberg-Bibeln. Im Mainzer Schloss residiert der Landtag und manchmal die Narren. Ebenfalls sehenswert sind die von Marc Chagall gestalteten Fenster der Kirche St. Stephan. Ob Kulturtrip, Stadt- oder Kneipenbummel – in der Studentenstadt ist alles möglich.

Der Wohnmobilstellplatz liegt ziemlich zentral und ist an den Bus angebunden.

CAMPINGPLÄTZE

❶ Campingplatz des TuS Tiefenstein
Kleiner, naturnaher Campingplatz am Idarbach bei Idar-Oberstein. Mit Bademöglichkeit.
Anfang April bis Ende Oktober.
▶ Im Staden 34, 55743 Idar-Oberstein
GPS: 49.752096, 7.270322
Tel. 067 81/563 79 79
■ pincamp.de/rp_106400

❷ Camping Nahetal ★★★½
Ruhig gelegener Campingplatz im Weinort Oberhausen. Guter Ausgangspunkt für Wanderungen oder Kanutouren.
März bis Ende November geöffnet.
▶ Bahnhofstraße 38, 55585 Oberhausen/Nahe
GPS: 49.794575, 7.754841
Tel. 067 55/960 01
■ pincamp.de/rp8170

STELLPLÄTZE

❸ Stellplatz im Salinental
30 Plätze, Strom, Ver- und Entsorgung, WC, Dusche, Brötchenservice, Restaurant
Ganzjährig geöffnet.
▶ Saline Karlshalle 11, 55543 Bad Kreuznach
GPS: 49.828426, 7.849809
Tel. 06 71/29 84 33 30

Nur wer schwindelfrei ist, wagt sich auf die Geierlaybrücke in Mörsdorf.

40 VON COCHEM NACH BAD KREUZNACH

AN DER WIEGE DER RHEINROMANTIK

Diese Tour ist etwas für Naturfreunde und Romantiker. Das Obere Mittelrheintal ist eine einzigartige Kulturlandschaft, die zum UNESCO-Welterbe zählt. Ob Wandern, Radfahren oder Schiffstour – die Landschaft lässt sich auf vielfältige Weise genießen. Neben zahlreichen Burgen und Weinbergen erwarten uns auch zwei Superlative: eine der längsten Hängeseilbrücken und eine der steilsten Bahnstrecken Deutschlands.

COCHEM A2

↗ Tour 38 (Seite 198)

MÖRSDORF A3

Wer von Cochem kommend nach Mörsdorf will, schraubt sich aus dem tiefen Moseltal die steilen Hänge des Hunsrücks hinauf. Hier kann schon mal eine Haarnadelkurve die volle Konzentration fordern. Belohnt wird man dafür mit dem einen oder anderen schönen Ausblick. Oben auf dem Hunsrück angekommen, blickt man über weite Felder und Wald.

Früher gab es relativ wenige Gründe für

ROUTE 132 KM

Cochem → 23 km bis **Mörsdorf** → 38 km bis **Boppard** → 13 km bis **Sankt Goar** → 14 km bis **Bacharach** → 4 km bis **Niederheimbach** → 24 km bis **Stromberg** → 16 km bis **Bad Kreuznach**

RHEIN IN FLAMMEN

An verschiedenen Terminen über das Jahr verteilt finden Feuerwerke am, auf und über dem Rhein statt, häufig begleitet von Musik und einem festlichen Programm. Sobald sich die Dunkelheit über das Rheintal gelegt hat, beginnt das zauberhafte Spiel der Flammen. Wer das Spektakel von Bord eines Schiffes aus erleben will, muss lange im Voraus planen: Die Tickets sind meist Monate vorher ausverkauft. Ein solcher Schiffsausflug beinhaltet oft auch ein mehrgängiges Menü. Die Fahrten starten schon mittags oder am frühen Nachmittag.
www.rhein-in-flammen.com

einen Besuch in Mörsdorf. Das änderte sich 2015 mit Eröffnung der Geierlaybrücke, die ein kleines Seitental der Mosel überspannt. Sie ist die zweitlängste Hängeseilbrücke in Deutschland. Das ist nichts für schwache Nerven: 100 Meter über dem Grund und 360 Meter lang. Menschen mit Höhenangst werden hier nicht froh. Die Brücke ist inzwischen zu einer der wichtigsten Attraktionen in der Region geworden und zieht entsprechend viele Besucher an. Wer also bei gutem Wetter am Wochenende herkommt, muss etwas Geduld mitbringen. Der Besuch der Brücke lässt sich hervorragend mit einer Wanderung über den Hunsrück verbinden

Auf dem Besucherparkplatz gibt es einen Stellplatz für Wohnmobile.

BOPPARD A3

Schon die Römer wussten Boppard aufgrund der wunderbaren Lage am Rhein zu schätzen. Da der Rhein zeitweise die Grenze zwischen Römern und Germanen markierte, errichtete man hier ein Kastell. Seine erstaunlich gut erhaltenen Reste kann man besichtigen. Eine Ausstellung macht das Leben der Römer am Limes anschaulich.

Auch nach dem Abzug der Römer blieb

Die Gassen von Bacharach inspirierten schon Clemens Brentano und andere Romantiker.

Boppard ein lebendiger Ort, und das bis heute. Besonders erhebend ist die Fahrt mit der Sesselbahn auf die Rheinhöhe, von der aus man die größte Rheinschleife besonders gut überblicken kann. Wer hier eine Wanderung beginnen will, hat die größte Hürde schon genommen. Wie fast überall am Rhein bestimmt auch in Boppard der Weinbau das Leben. Bei vielen Winzern und in den örtlichen Gaststuben lassen sich herausragende Tropfen probieren.

Eine ganz andere Attraktion ist die Hunsrückbahn. Sie verkehrt auf einem der steilsten Bahnabschnitte Deutschlands: Auf 8,5 Kilometern überwindet sie einen Höhenunterschied von 336 Metern. Insgesamt ist die Strecke von Boppard nach Emmelshausen 15 Kilometer lang. Aber sie ist nicht nur steil, sondern bietet auch ein ganz besonderes Naturerlebnis zwischen Rhein und Hunsrück. Wer mithilfe der Bahn die Höhe erklimmt und sein Fahrrad dabeihat, kann entspannt auf zwei Rädern zurückrollen. Das ist ein Spaß, der auch für Familien geeignet ist. Die Hunsrückbahn verkehrt nach dem Fahrplan der Deutschen Bahn.

4 SANKT GOAR A3

Nicht nur die romantische Altstadt bezaubert in Sankt Goar. Das Städtchen liegt auch zu Füßen der Burg Rheinfels, einer der größten Festungsanlagen Europas. Im Pfälzischen Erbfolgekrieg hielt sie einem 28 000 Mann starken Heer der Franzosen stand. 1796 sprengten französische Revolutionstruppen schließlich Teile der Festung; in der Folge verfiel die Burg allmählich. Am anderen Rheinufer ragt der Loreleyfelsen (↗ Seite 187) empor.

5 BACHARACH A3

Ein Ort ohne Burg am Mittelrhein? Unvorstellbar! Auch Bacharachs Silhouette wird von einer geprägt, Burg Stahleck. Weil hier heute eine Jugendherberge ist, kann man nur den Innenhof besichtigen. Den besten Überblick über Bacharach verschafft man sich, indem man hinaufkraxelt. Das geht sehr gut zu Fuß. Von der Burg oder dem gegenüberliegenden Postenturm aus kann man die schiefergedeckten Häuser vor dem Rheinpanorama bewundern. Das taten auch schon die Philosophen und Künstler des späten 18. und 19. Jahrhunderts: Brentano, Schlegel, Turner – sie alle erlagen dem Charme dieser Region und priesen ihre Schönheiten in Reisebeschreibungen, Gedichten und Bildern. Besonders Bacharach hatte es ihnen angetan. Und so kann man die verwinkelten Fachwerkgassen als Wiege der Rheinromantik betrachten, denn den Künstlern folgten alsbald weitere Reisende. Mitte des 19. Jahrhunderts waren es schon ganze Scharen.

Vermeiden sollte man es unbedingt, mit dem Wohnmobil in den Ort zu fahren. An der Bundesstraße am Rhein gibt es ausreichend Parkmöglichkeiten, auch für größere Wohnmobile, und einen einfachen Stellplatz. Achtung: Der Automat nimmt nur Münzen.

NIEDERHEIMBACH B3

Das Örtchen Niederheimbach wartet gleich mit zwei Burgen auf. Die mittelalterliche Burg Sooneck liegt etwas südlich. Hier gibt es auch Führungen speziell für Familien. Wer einfach nur die Aussicht genießen möchte, kann auf der Terrasse einen Snack oder ein Getränk genießen. Die zweite Burg in Niederheimbach ist die Heimburg, die sich in Privatbesitz befindet und normalerweise nicht zugänglich ist.

In Niederheimbach kann man auf die hessische Seite des Rheins übersetzen. Die Mittelrheinfähre nach Lorch (↗ Seite 185) nimmt auch Wohnmobile mit.

STROMBERG B3

Bekannt wurde der Ort durch den Starkoch Johann Lafer, der bis 2019 auf der Stromburg ein Gourmetrestaurant betrieb. Auch wenn das inzwischen Geschichte ist, lohnt der Besuch im Hunsrückstädtchen mit seinen insgesamt drei Burgen. In Stromberg wurde früher Eisenerz abgebaut, was zu einem gewissen Wohlstand führte. Ideal ist der Ort für Wanderer und Radfahrer. Und Golfspieler freuen sich über den 18-Loch-Platz mit fantastischen Ausblicken.

Stromberg ist übrigens die Heimat des viel zitierten »Deutschen Michel«, der eigentlich Hans Michael von Obentraut hieß und einer der verwegensten Reiterführer des Dreißigjährigen Krieges war.

BAD KREUZNACH B3

↗ Tour 39 (Seite 201)

CAMPINGPLÄTZE

1 BurgStadt CampingPark ★★★★

Dieser idyllisch gelegene Platz hat seine Nische gefunden: Hier dürfen nur Menschen ab 14 Jahren urlauben.
Februar bis Ende November geöffnet.
▶ Südstraße 34, 56288 Kastellaun
GPS: 50.067590, 7.454415
Tel. 067 62/408 00
■ pincamp.de/rp7200

2 Camping Aumühle ★★★

Übersichtlicher Platz auf der Südseite des Hunsrück am Ufer des Guldenbach.
Anfang April bis Ende Oktober geöffnet.
▶ Naheweinstraße 65, 55444 Schweppenhausen
GPS: 49.933872, 7.791869
Tel. 067 24/60 23 92
■ pincamp.de/rp8050

STELLPLÄTZE

3 Stellplatz am Helenenhof

10 Plätze, Strom, Ver- und Entsorgung
Ganzjährig geöffnet.
▶ Helenenhof, 56329 Sankt Goar
GPS: 50.160000, 7.694722
Tel. 067 41/76 93

Kloster Disibodenberg war das Heimatkloster Hildegard von Bingens.

VON ZELL (MOSEL) NACH NEULEININGEN

ZWISCHEN HUNSRÜCK UND NORDPFÄLZER BERGLAND

Von der sonnigen Mosel führt die Tour durch den Hunsrück zur Nahe und dann ins hügelige Nordpfälzer Bergland. Dabei geht es über schmale Straßen und durch kleine Orte – eine vielfältige Region mit zahlreichen Naturschönheiten. Die gemütliche Fahrt mit dem Camper führt vorbei an Weinbergen, Streuobstwiesen und durch Wälder. Überall ergeben sich Möglichkeiten, anzuhalten und den Ausblick zu genießen. Mit dem Disibodenberg und der höchsten Erhebung der Pfalz liegen auch zwei besondere Berge an der Strecke.

ZELL (MOSEL) A/B2

↗ Tour 38 (Seite 199)

GEMÜNDEN B3

Die Gemeinde gilt als »Perle des Hunsrücks«. Ein Barockschloss, verschachtelte, schiefergedeckte Häuser aus dem 17. und 18. Jahrhundert und winklige Gässchen verleihen dem Ort einen besonderen Charme. Oberhalb des Ortes befindet sich die

Zell (Mosel)
Anschluss Tour 38
1 Zell (Mosel)
2 Gemünden
3 Bad Sobernheim
Anschluss Tour 39
4 Kloster Disibodenberg
5 Obermoschel
6 Rockenhausen
7 Donnersberg
8 Dannenfels
9 Göllheim
Anschluss Tour 34
Stumpfwaldbahn
10 Neuleiningen
Anschluss Tour 42

ROUTE 152 KM

Zell (Mosel) → 36 km bis **Gemünden** → 23 km bis **Bad Sobernheim** → 6 km bis **Kloster Disibodenberg** → 12 km bis **Obermoschel** → 17 km **Rockenhausen** → 12 km **Donnersberg** → 3 km bis **Dannenfels** → 14 km bis **Göllheim** → 13 km bis **Stumpfwaldbahn** → 16 km bis **Neuleiningen**

Burganlage der Freiherren von Salis-Soglio, zu Beginn des 18. Jahrhunderts als Schloss neu erbaut und noch heute bewohnt. Auch der Aufstieg zur Ruine Koppenstein lohnt sich. Die Mühen werden mit einem weiten Blick über den Hunsrück belohnt.

BAD SOBERNHEIM B3

↗ Tour 39 (Seite 201)

KLOSTER DISIBODEN-BERG B3

Der Disibodenberg zwischen Nahe und Glan galt schon den Kelten als heiliger Ort. Im 7. Jahrhundert ließ sich am Fuße des Berges der hl. Disibod als Einsiedler nieder; sein Grab wurde später zur Pilgerstätte. Nach der Zerstörung einer ersten klosterähnlichen Anlage siedelten sich im 12. Jahrhundert Benediktiner an. Berühmtheit erlangte das Kloster durch die hl. Hildegard von Bingen, die knapp 40 Jahre ihres Lebens hier verbrachte. Im Zuge der Reformation wurde das mächtige Kloster aufgehoben, es geriet in Vergessenheit und verfiel. Im 19. Jahrhundert wurde rund um die Ruinen eine romantische Parkanlage nach englischem Vorbild angelegt. Heute vermitteln nur noch Mauerreste einen Eindruck von der einst mächtigen Anlage. Das Gelände ist durch ein Drehkreuz zugänglich. Der Aufstieg vom Eingang dauert rund 20 Minuten, festes Schuhwerk wird empfohlen. In Staudernheim folgt man der Ausschilderung »Disibodenberg«. Die schmale Straße mit Ausweichstellen wird auch von Bussen befahren. Auf dem Parkplatz neben dem am Wochenende geöffneten Museum finden mehrere Wohnmobile Platz.

OBERMOSCHEL B3

Im Herzen des Nordpfälzer Berglandes liegt Obermoschel. Zu Reichtum kam die Gemeinde im 15. Jahrhundert: Man hatte in der Umgebung Quecksilbervorkommen entdeckt und mehrere Bergwerke errichtet. So verzaubert die kleinste Stadt der Pfalz Besucher heute mit vielen mittelalterlichen und frühneuzeitlichen Bauten. Dazu gehören das Rathaus von 1510 und schöne Fachwerkhäuser. Über allem thront die Ruine der Moschellandsburg.

Rund vier Kilometer südlich, am Ortsrand von Schiersfeld, befindet sich ein einfacher Wohnmobilstellplatz.

Camping Donnersberg in Gerbach

ROCKENHAUSEN C3

Bereits Römer und Franken siedelten auf dem Gebiet des heutigen Rockenhausen. Beim Bummel durch die reizvolle Altstadt mit ihren kleinen Geschäften bleibt das Auge immer wieder an Details der restaurierten Fachwerkhäuser hängen. Die ehemalige Wasserburg aus dem 13. Jahrhundert wurde zu einem Wohnschloss umgebaut und beherbergt ein Hotel. In einem restaurierten Ensemble im Schlosspark ist das Museum für Zeit – Pfälzisches Turmuhrenmuseum untergebracht. Mittelpunkt ist eine eigens für das Museum geschaffene astronomische Uhr. Dazu kommen seltene Präzisions- und Sanduhren sowie Garten- und Reisesonnenuhren. Das Museum im Kahnweilerhaus, widmet sich dem Leben und Wirken von Daniel-Henry Kahnweiler (1884–1979), dessen Familie aus Rockenhausen stammte. Als Galerist, Verleger und Kunsthistoriker war er in Paris ein wichtiger Förderer der modernen Kunst und ein Freund von Pablo Picasso.

Nach so viel Kultur lockt bei warmem Wetter ein Sprung ins klare Wasser des beliebten Naturerlebnisbades. Der Wohnmobilstellplatz befindet sich gleich gegenüber.

DONNERSBERG C3

Mit seinen 687 Metern ist der mächtige Donnersberg die höchste Erhebung der Pfalz. Oben stehen große Parkplätze zur Verfügung, auf denen auch Wohnmobile Platz finden. Nur ein paar Schritte sind es von hier bis zu dem im 19. Jahrhundert

STUMPFWALDBAHN

Auf 600 Millimetern Spurweite fährt die kleine Museumsbahn vom Stausee Eiswoog nach Ramsen-West und wieder zurück. In überdachten, offenen Personenwagen geht es dabei gemächlich durch den Stumpfwald. Der Verein Stumpfwaldbahn Ramsen erhält mit viel Elan die Geschichte der Feldbahnen im Raum Eisenberg am Leben. Diese waren bis zur Verbreitung leistungsstarker Lkws in den 1960er-Jahren im Einsatz und transportierten Ton und Sand.

Eiswoog 2, 67305 Ramsen, 1. Mai bis 3. Oktober (Sonn- und Feiertage)
www.stumpfwaldbahn.de

errichteten Ludwigsturm. Von seiner Aussichtsplattform, die man über 142 Treppenstufen erreicht, bietet sich bei gutem Wetter ein weiter Blick übers Nordpfälzer Bergland. Das große Plateau auf der Bergkuppe wurde bereits von den Kelten genutzt und mit bis zu sechs Meter hohen Mauern und Wällen befestigt, die noch gut zu erkennen sind. Ein Teil der Anlage kann auf dem rund fünf Kilometer langen Keltenweg erwandert werden. Einbezogen ist auch der sogenannte Königsstuhl, eine Felsformation am Südwestrand der Hochfläche. Eine bemerkenswerte Aussicht hat man auch vom Moltkefelsen mit dem Adlerbogen.

Achtung bei der Abfahrt: Die direkte Strecke nach Dannenfels ist nur für kleine Wohnmobile geeignet und auf 3,5 Tonnen begrenzt.

8 DANNENFELS C4

Der kleine Ort mit Blick auf die Rheinebene liegt geschützt am Osthang des Donnersbergs und ist von Obstplantagen und Kastanienbäumen umgeben. Wegen des milden Klimas ist Dannenfels bereits seit Mitte des 19. Jahrhunderts ein beliebter Ausflugs- und Urlaubsort. Besonders schön ist es hier im Frühling, wenn die Obstbäume blühen. An der Mittel-/Ecke Bennhauser Straße steht die Dicke Keschde. Bei dem 650 Jahre alten Baum soll es sich um die dickste Edelkastanie nördlich der Alpen handeln.

Auf dem Weg nach Göllheim kann man in Steinbach an Sonn- und Feiertagen den Nachbau eines kleinen Keltendorfes besichtigen.

9 GÖLLHEIM C4

Der alte Ortskern von Göllheim verdient einen Stopp. Die Häuser rund um die mittelalterliche Dorfkirche stammen aus dem 17. und 18. Jahrhundert und wurden liebevoll restauriert. Von der Stadtmauer aus dem 15. Jahrhundert haben sich ein Wachturm und zwei Tore erhalten.

Im Umfeld fällt vor allem das Zementwerk ins Auge. Nördlich des Ortes führt ein rund ein Kilometer langer Rundweg durch den dazugehörigen ehemaligen Steinbruch. Der Geopark Dachsberg ist ganzjährig frei zugänglich (Parkplatz an der L 449). Beschrieben werden die Entwicklung der Zementherstellung im Ort sowie Geologie, Flora und Fauna. Interessant sind der Aussichtspunkt »Erdzeitalterblick« und das bei der Renaturierung geschaffene Geotop.

NEULEININGEN C4

↗ Tour 42 (Seite 212)

CAMPINGPLÄTZE

1 Campingpark Zell-Mosel ★★★★
Sehr schöner Campingplatz inmitten von Weinbergen und direkt an der Mosel. Zell ist zu Fuß erreichbar.
Ganzjährig geöffnet.
▶ Moselufer, 56856 Zell (Mosel)
GPS: 50.03388333, 7.17471666
Tel. 065 42/96 12 16
■ pincamp.de/rp4850

2 Camping Donnersberg ★★★★
Ruhiger, familienfreundlicher Platz in grüner Umgebung am Donnersberg. Mit Restaurant, Pool und Badeteich.
Ganzjährig geöffnet.
▶ Kahlenbergweiher 1, 67813 Gerbach
GPS: 49.670478, 7.886279
Tel. 063 61/82 87
■ pincamp.de/rp8200

STELLPLÄTZE

3 Wohnmobilstellplatz Naturerlebnisbad
5 Plätze, Ver- und Entsorgung, Strom
Ganzjährig geöffnet.
▶ Obermühle, 67806 Rockenhausen
GPS: 49.621325, 7.821657
www.rockenhausen.de

Wenn an der Weinstraße die Mandelbäume blühen, entfaltet sich ein ganz besonderer Zauber.

VON BOCKENHEIM NACH SCHWEIGEN-RECHTENBACH

ENTLANG DER DEUTSCHEN WEINSTRASSE

Die Tour folgt der Deutschen Weinstraße. Wer die Region in ihrer ganzer Pracht erleben will, kommt zur Mandelblüte im Frühling oder im Herbst zur Weinlese. Die Strecke führt vorbei an freundlichen Ortschaften, trutzigen Burgen, Weinbergen und dem verwunschenen Pfälzerwald. Zu den Highlights gehören hier natürlich gutes Essen und bester Wein. Dazu kommt eine gute Infrastruktur für Camper – perfekte Voraussetzungen, um erholsame Tage zu verbringen und natürlich Wein zu kaufen.

BOCKENHEIM AN DER WEINSTRASSE C4

Wo sich Rheinhessen und die Pfalz begegnen, markiert das Haus der Deutschen Weinstraße mit Restaurant und Touristinfo das nördliche Ende der Weinroute.

NEULEININGEN C4

Das romantische Burg- und Weindorf Neuleiningen erstreckt sich auf einem Bergsporn oberhalb der Rheinebene. Innerhalb der erhaltenen Stadtbefestigung scheint die Zeit stehengeblieben zu sein.

ROUTE 110 KM

Bockenheim an der Weinstraße → 19 km bis **Neuleiningen** → 10 km bis **Freinsheim** → 10 km bis **Bad Dürkheim** → 6 km bis **Deidesheim** → 8 km bis **Neustadt an der Weinstraße** → 8 km bis **Hambacher Schloss** → 8 km bis **Sankt Martin** → 3 km bis **Edenkoben** → 4 km bis **Rhodt unter Rietburg** → 26 km bis **Bad Bergzabern** → 8 km bis **Schweigen-Rechtenbach**

Verträumte Gassen und schmale Treppen führen vorbei an sorgfältig renovierten Fachwerkhäusern und Höfen hinauf zur Burg. Mit dem Bau der mächtigen Anlage wurde bereits im 13. Jahrhundert begonnen. Vom höchsten Turm bietet sich ein weiter Blick über die Rheinebene in Richtung Odenwald.

Wohnmobilfahrer finden in der Tiefenthaler Straße am Ortseingang einen großen Parkplatz.

FREINSHEIM C4

Das historische Winzerdorf ist unbedingt einen Besuch wert. Wegen seines intakten, liebevoll restaurierten Ortskerns mit kopfsteingepflasterten Gassen und romantischen Winkeln wird Freinsheim auch gerne als »Pfälzisches Rothenburg« bezeichnet. Es ist von einer fast komplett erhaltenen, 1300 Meter langen Stadtmauer umschlossen. Auf ihrer Innenseite kann auf schmalen Fußwegen der Ort umrundet werden. Sehenswert ist auch das nostalgische Spielzeughaus: Es zeigt Spielzeuge der Firma Bing aus Nürnberg, die bis zu ihrem Konkurs 1932 die weltgrößte Spielwarenfabrik war. Dazu gehört auch ein gemütliches Café.

Wohnmobile dürfen auf den Parkplätzen rund um Freinsheim eine Nacht bleiben.

BAD DÜRKHEIM C4

Die Kurstadt ist für ihre Saline, den Weinbau und das größte Weinfest der Welt bekannt. Seit 1417 schon findet immer im September der Dürkheimer Wurstmarkt statt. Und noch einen Rekord kann die Stadt für sich reklamieren: 1934 setzte hier ein Winzer dem deutschen Wein mit dem größten Weinfass der Welt ein Denkmal. Es hat ein (theoretisches) Volumen von 1,7 Millionen Litern und beherbergt ein Restaurant. Auch der Spaziergang durch den Kurpark macht Freude. Hier sorgt das längste Gradierwerk Deutschlands seit 1850 für mineralhaltige Luft. Im Park und im Ort gibt es viele Cafés und Restaurants für einen Etappenstopp.

Tagsüber kann der Camper auf dem großen Parkplatz vor dem Fass abgestellt werden. Ein paar Schritte weiter liegt zwischen den Weinbergen der schöne städtische Stellplatz. Und bis zum Knaus Campingpark Bad Dürkheim am See, dem idealen Ausgangspunkt für Ausflüge in die Pfalz, sind es nur ein paar Kilometer.

Campingplatz im Klingbachtal

DEIDESHEIM C4

Seit dem 8. Jahrhundert wird auf dem Gebiet von Deidesheim Wein angebaut. Besonders schön sind die verschiedenen Winzerhöfe im Ort, der auch für seine Gastronomie bekannt ist. Der ehemalige Bundeskanzler Helmut Kohl lud deshalb auch mehrfach Staatsgäste hierher zum Essen ein. Dabei wurde Saumagen aufgetischt, ein mit Kartoffeln, Gemüse und Schweinefleisch gestopfter Schweinemagen. Das schmeckt besser, als es klingt – unbedingt probieren.

NEUSTADT AN DER WEINSTRASSE C4

Das große regionale Zentrum Neustadt erhielt bereits im frühen 13. Jahrhundert Stadtrechte. In der Altstadt befindet sich der größte Fachwerkbestand der Pfalz. Viele interessante Geschäfte, typische Weinschenken und gute Restaurants verlocken zu einem ausgedehnten Bummel. Anfang Oktober zieht das Deutsche Weinlesefest mit dem Winzerfestzug Hunderttausende Besucher an. Dann findet auch die Wahl zur Deutschen Weinkönigin statt.

Vom eher nüchternen Wohnmobilstellplatz kann man ins Zentrum laufen, erreicht aber auch schnell die S-Bahn für Ausflüge in die Region. Besonders zur Mandelblüte und bei Weinfesten ist der Platz schnell belegt.

SANKT MARTIN C4

Der Ort ist ein guter Ausgangspunkt für Wanderungen und Weinproben bei den verschiedenen Winzern. Das Ortsbild des beliebten Weindorfes wird geprägt durch sorgsam restaurierte Bauten aus der Barockzeit und der Renaissance. Ein Bach, urige Toreinfahrten und viele Blumen verbreiten Wohlfühlatmosphäre. Die Zufahrt zur Kalmit, der höchsten Erhebung im Pfälzerwald,

HAMBACHER SCHLOSS

Auf der ehemaligen Maxburg oberhalb von Hambach steht die Wiege der deutschen Demokratiebewegung. Seit dem Hambacher Fest 1832 ist die damalige Ruine Symbol der deutschen Freiheitsgeschichte. Die modern gestaltete Ausstellung ist auch für junge Besucher interessant. Von der bewirtschafteten Terrasse aus reicht der Blick über die Rheinebene bis zum Odenwald und zum Schwarzwald. Man kann beim Schloss parken oder am Eichplatz in Hambach, von wo ein selbstfahrender Shuttlebus verkehrt.

Schlossstraße, 67434 Neustadt/Weinstraße
www.hambacher-schloss.de

ist auf Fahrzeuge mit maximal 2,8 Tonnen begrenzt. Von Sankt Martin aus führen mehrere Wanderwege zum Gipfel. Der anstrengende Anstieg wird mit einer weiten Aussicht über das Rheintal bis zum Odenwald und Schwarzwald belohnt.

Achtung: Mit dem Camper nicht in den engen Ortskern fahren, es gibt genügend Parkplätze am Rand. Übernachten kann man auf sehr verschieden ausgestatteten Wohnmobilstellplätzen, auch direkt beim Winzer.

EDENKOBEN D4

In Edenkoben führt die Deutsche Weinstraße direkt durch den Ortskern. Seit über 1200 Jahren wird hier bereits Wein angebaut. Im Museum für Weinbau und Stadtgeschichte erfährt man mehr darüber. Ein prominenter Gönner von Edenkoben war König Ludwig I. von Bayern, der sich 1846 über dem Ort die Sommerresidenz Villa Ludwigshöhe erbauen ließ. Sie beherbergt heute die Max-Slevogt-Galerie und eine Keramiksammlung. Wenige Schritte entfernt befindet sich die Talstation der Rietburgbahn: Der Sessellift bringt Besucher hinauf zur Ruine der Rietburg. Oben warten ein Biergarten und viele Wanderwege. Mitten im Ort gibt es einen großen Wohnmobilplatz.

RHODT UNTER RIETBURG D4

Im schmucken Weindorf Rhodt stehen 80 Prozent der Häuser unter Denkmalschutz. Die Torbögen sind typisch die Region. Ein Bummel führt durch die gepflasterte Theresienstraße, die in eine Allee mit mächtigen Kastanienbäumen mündet.

Rund um den Ort gibt es zwischen den Weinbergen toll gelegene Wohnmobilstellplätze.

BAD BERGZABERN D4

↗ Tour 43 (Seite 217)

SCHWEIGEN-RECHTENBACH D4

Hier an der Grenze zum Elsass ist das südliche Ende der Deutschen Weinstraße erreicht. Seit 1936 wird es durch das Deutsche Weintor symbolisiert. Von der Aussichtsplattform überblickt man die wellige Landschaft, die sich am besten mit dem Rad oder auf Wanderwegen erkunden lässt.

CAMPINGPLÄTZE

❶ Knaus Campingpark Bad Dürkheim
★★★½

Familienfreundliche Anlage mit Restaurant an einem Badesee, umgeben von Weinbergen.
Ganzjährig geöffnet.
▶ In den Almen 1, 67098 Bad Dürkheim
GPS: 49.47386667, 8.19203332
Tel. 063 22/613 56
■ pincamp.de/rp9400

❷ Camping im Klingbachtal 
Freundlicher, ruhiger Campingplatz mit direktem Zugang zum angrenzenden Freibad.
Anfang April bis Ende Oktober geöffnet.
▶ Klingener Straße 52, 76831 Billigheim-Ingenheim
GPS: 49.13596667, 8.07221666
Tel. 063 49/61 45
■ pincamp.de/rp9800

STELLPLÄTZE

❸ Wohnmobilstellplatz in der Silz
Ver- und Entsorgung, Strom
Ganzjährig geöffnet.
▶ In der Silz, 67098 Bad Dürkheim
GPS: 49.469196, 8.167144

❹ Wohnmobilstellplatz unter d. Rietburg
20 Plätze, keine Ausstattung
Ganzjährig geöffnet.
▶ Theresienstraße, 76835 Rhodt unter Rietburg
GPS: 49.274687, 8.099197

Den urwüchsigen Pfälzerwald durchzieht ein ausgedehntes Wanderwegenetz.

43 VON KARLSRUHE NACH HOMBURG

FELSEN UND BURGEN IM PFÄLZERWALD

Die Fahrt führt uns von der Rheinebene mitten durchs Biosphärenreservat Pfälzerwald/ Nordvogesen. Dichte Wälder, bizarr geformte Buntsandsteinfelsen und verwunschene Burgen liegen am Wegesrand. In den Weiten des Wasgau fällt die Wahl schwer: wandernd oder radelnd aktiv werden oder lieber auf dem Campingplatz die Ruhe und Nähe zur Natur genießen? Voller bleibender Eindrücke erreichen wir das liebliche westpfälzische Hügelland und schließlich das Saarland.

1 KARLSRUHE D4

↗ Tour 28 (Seite 152)

2 KANDEL D4

Die einladende Kleinstadt Kandel ist von Feldern, Weiden und dem mystischen Bienwald umgeben. Dieser ist einer der letzten urständigen Bachauenwälder Süddeutschlands und bildet bereits seit vielen Jahrhunderten die natürliche Grenze zu Frankreich. Beim Bummel durch die Altstadt fallen die gepflegten Fachwerkbauten ins Auge, das Schafhaus mit Dampfnudeltor in der Hauptstraße ist eines der ältesten. An

ROUTE 132 KM

Karlsruhe → 22 km bis **Kandel** → 17 km bis **Bad Bergzabern** → 13 km bis **Burg Berwartstein** → 10 km bis **Dahn** → 8 km bis **Teufelstisch** → 17 km bis **Pirmasens** → 22 km bis **Hornbach** → 10 km bis **Zweibrücken** → 13 km bis **Homburg**

warmen Tagen bieten die Höfe und Terrassen der typischen Pfälzer Wirtschaften Gelegenheiten für ausgedehnte Pausen.

3 BAD BERGZABERN D4

Das liebenswerte Kneippheilbad am Übergang von der Rheinebene zum Pfälzerwald ist eine Station der Deutschen Weinstraße (↗ Seite 212). Das Städtchen eignet sich somit sehr gut als Basis für die Erkundung der Region. Ein Netz von Wander- und Radwegen für alle Ansprüche erschließt die reizvolle Gegend. Das einstige Schloss der Herzöge von Pfalz-Zweibrücken ist heute Verwaltungssitz. Südlich davon bummelt man durch die Altstadt mit ihrer Fußgängerzone und vielen Patrizierhäusern. Das historische Gasthaus Zum Engel gilt als einer der schönsten Renaissancebauten im Südwesten. Das hier ansässige Stadtmuseum ist allerdings bis auf Weiteres wegen Umbau geschlossen.

Wir empfehlen, das Wohnmobil auf dem Stellplatz beim Schloss zu parken. Auf dem nicht weit entfernten Campingplatz Bethof übernachten Camper mitten im Wald.

4 BURG BERWARTSTEIN D3

Mächtig thront die Burg Berwartstein seit dem Mittelalter auf einem hohen Felsen. Treppen, Gänge und Kammern wurden aus dem Sandstein herausgemeißelt. Besonders sehenswert sind die Felsenkeller und der Brunnen. Bei einer Führung geht es auch hinauf zur Aussichtsterrasse. Der Blick reicht über den Wasgau bis zum Elsass. Im 15. Jahrhundert profitierte Hans Trapp, der berüchtigste Raubritter seiner Zeit, von der strategisch günstigen Lage und terrorisierte von hier aus das Land. Ende des 19. Jahrhunderts, etwa 300 Jahre nach ihrer Zerstörung durch einen Blitzschlag, wurde die Burg wiederaufgebaut und dem Zeitgeist entsprechend ergänzt. Von März bis Oktober ist täglich geöffnet, den Rest des Jahres nur am Wochenende. In der Nähe locken der lauschige Badesee Seehofweiher und ein einfacher, idyllischer Campingplatz.

DAHN D3

Der Luftkurort mitten im Pfälzerwald ist idealer Ausgangspunkt für den

Besuch des Dahner Felsenlandes (↗ Kasten), das vor allem Wanderer und Kletterer anzieht. Auf fünf mächtigen Buntsandsteinfelsen direkt oberhalb von Dahn erheben sich die Ruinen Alt-Dahn, Grafendahn und Tanstein aus dem 12. Jahrhundert. Auch die stattliche Burgruine Neudahn aus dem 13. Jahrhundert ist sehenswert. In direkter Nähe kann man aus drei schönen Campingplätzen wählen.

DAHNER FELSENPFAD

Mitten ins Dahner Felsenland tauchen Wanderer auf dem 12,5 Kilometer langen Rundwanderweg ein. Dabei wechseln auf der Route spektakuläre Aussichten mit verschlungenen Pfaden und bizarren Felsformationen. Trittsicherheit, gutes Schuhwerk und etwas Kondition sind erforderlich. Ausgangspunkte sind der Parkplatz des Felsland Badeparadieses oder der Campingplatz Büttelwoog.

Parkplatz Felsland Badeparadies, Eybergstraße 1, 66994 Dahn

TEUFELSTISCH D3

Die Attraktion von Hinterweidenthal ist der sogenannte Teufelstisch. Der wie ein riesiger Tisch geformte Buntsandsteinfelsen gehört zu den landschaftlichen Wahrzeichen der Pfalz. Vom gebührenpflichtigen Parkplatz, auf dem auch Wohnmobile Platz finden (Übernachtung nicht gestattet), führt eine kleine Wanderung hinauf. Kinder freuen sich über den Erlebnispark mit Riesenrutsche und Minigolf.

Im Biergarten des Landgasthofs kann man sich unter alten Bäumen bei gutem Essen erholen, bevor es weitergeht.

Im Dahner Felsenland

PIRMASENS D3

Ab 1741 wurde das damalige Dorf Pirmasens vom Landgrafen Ludwig IX. von Hessen-Darmstadt zur Residenz- und Garnisonstadt ausgebaut. Heute erstreckt sie sich über sieben Hügel. Nach Auflösung der Garnison im Jahr 1790 verlegten sich die arbeitslos gewordenen Soldaten auf das Schusterhandwerk. Pirmasens wurde zum Zentrum der deutschen Schuhindustrie. Bis zum Niedergang in den 1970er-Jahren waren Tausende in den Fabriken beschäftigt. Im Mitmachmuseum Dynamikum, der ehemaligen Schuhfabrik Rheinberger, dreht sich alles ums Thema »Bewegung«. Die Stationen sprechen Kinder ebenso an wie Erwachsene. Süß geht es dagegen in der »gläsernen Produktion« der Wawi-Schokowelt zu, mit Café und Werksverkauf. Im Stadtzentrum führt der Spaziergang vom Exerzierplatz durch die Fußgängerzone mit dem imposanten getreppten Schlossbrunnen, dem Wahrzeichen der Stadt, zum alten Rathaus. Sehenswert ist auch die Felsentreppe in der Schäferstraße, die 100 Künstler aus 24 Ländern mit Mosaiken aus Vogelmotiven gestaltet haben. In Pirmasens-Niedersimten kann man die größte erhaltene Anlage des Westwalls besichtigen, den die Nationalsozialisten ab 1938 zur Kriegsvorbereitung errichteten.

Direkt im Stadtzentrum gibt es an der Messe acht Stellplätze für Wohnmobile.

HORNBACH D3

Mächtige Mauern zeugen von der einstigen Bedeutung der kleinen Stadt Hornbach nahe der französischen Grenze. Im Zentrum steht das 742 vom Missionar und Bischof Pirminius gegründete Kloster. Die einsetzenden Wallfahrten zum Grab des Heiligen brachten Kloster und Ort großen Reichtum. Eine riesige dreischiffige Pfeilerbasilika mit fünf Türmen und einer Gesamtlänge von 72 Metern wurde errichtet. Im Zuge der Reformation wurde das Kloster dann zu einer Schule umgewidmet. Der Diebstahl der Reliquien, Raub, Brände und Abriss brachten den Niedergang. Heute beherbergen die Reste des Klosters ein Hotel. Sehenswert sind die Klosterkirche, Teile der Stadtmauer mit Stadttor und das Rathaus.

Nicht weit entfernt von der Altstadt befindet sich der sehr gut ausgestattete und beliebte Wohnmobilstellplatz.

ZWEIBRÜCKEN D3

Pferde, Rosen und Barockbauten prägen Zweibrücken im äußersten Südwesten der Pfalz. Das ab 1720 erbaute barocke Residenzschloss erinnert an herzogliche Zeiten. Christian IV. ließ auch die barocke Herzogsvorstadt errichten. 1755 gründete er das Landgestüt Zweibrücken, das bis heute mitten in der Stadt liegt. Der angrenzende Rosengarten, ein Mekka für Gartenfreunde, ist von April bis Oktober geöffnet. Die Blütezeit erstreckt sich von Mitte Mai bis Ende Juni. Präsentiert werden 45 000 Rosen in mehr als 1500 Arten und Sorten. Ein kleines Rosenmuseum und ein Café runden den Besuch ab. Über den Rosenweg erreicht man entlang der Schwarzach den romantischen Wildrosengarten.

Zentral gelegen ist der Wohnmobilstellplatz am Freizeitpark an der Schließ bei Valentins Wirtshaus und Biergarten.

HOMBURG C2/3

↗ Tour 45 (Seite 228)

CAMPINGPLÄTZE

❶ Campingplatz Bethof ★★★½
Der naturnah angelegte Platz im Wald ist dem Naturfreundehaus angeschlossen und von einem Wander- und Radwegenetz umgeben.
Mitte März bis Ende Oktober geöffnet.
▶ Bethof 1, 76889 Vorderweidenthal
GPS: 49.11998332, 7.9009
Tel. 063 98/99 30 11
■ pincamp.de/rp9700

❷ Campingplatz Büttelwoog ★★★½
Der freundliche und beliebte Platz neben dem Felsland Badeparadies ist umgeben von Wald und bizarren Buntsandsteinfelsen.
Ende März bis Ende Oktober geöffnet.
▶ Am Campingplatz 1 (für das Navi: Im Büttelwoog 2), 66994 Dahn
GPS: 49.14421666, 7.76766666
Tel. 063 91/56 22
■ pincamp.de/rp9600

STELLPLÄTZE

❸ Wohnmobilstellplatz Hornbach
25 Plätze, Ver- und Entsorgung, Strom, WC, Dusche, WLAN, Grill- und Schutzhütte
Ganzjährig geöffnet.
▶ An der Pirminiushalle, Bahnhofstraße, 66500 Hornbach
GPS: 49.184096, 7.365875

UNTERWEGS IM SAARLAND

Die Saarschleife bei Mettlach

Die Porta Nigra ist das bedeutendste römische Bauwerk in Trier, aber bei Weitem nicht das einzige.

44 VON BERNKASTEL-KUES NACH SAARLOUIS

AN MOSEL UND SAAR ENTLANG

An Mosel und Saar spielt Weinbau eine entscheidende Rolle. Aber auch die Natur kommt nicht zu kurz bei dieser Tour. Die Flussufer laden zu gemütlichen Spaziergängen ein, die ausgedehnten Wälder ebenso. Highlights sind die römischen Relikte in Trier, die Saarschleife und der Saarburger Wasserfall. Genießer zieht es ins beschauliche Saarlouis mit seinen zahlreichen Restaurants.

1 BERNKASTEL-KUES B2

↗ Tour 38 (Seite 199)

2 TRIER B1

Trier ist nicht nur die älteste Stadt Deutschlands. Hier gibt es auch sonst ganz schön viel »Ältestes« zu bewundern. Sei es die älteste Kirche oder die älteste rein gotische Kirche Deutschlands – die ganze Stadt atmet Geschichte. Dass die Römerbauwerke von Trier zum UNESCO-Welterbe gehören, unterstreicht ihre herausragende Bedeutung.

Am besten lässt sich Trier bei einer Stadtführung erkunden, die hier regelmäßig auch

Bernkastel-Kues → 58 km bis **Trier** → 23 km bis **Saarburg** → 19 km bis **Mettlach** → 7 km bis **Saarschleife** → 32 km bis **Saarlouis**

Trierer Hauptmarkt mit der Kirche St. Gangolf

für Einzelgäste angeboten werden. Natürlich geht das auch auf eigene Faust. Die römischen Bauwerke sind relativ weit über die Innenstadt verteilt. Wer sie besuchen möchte, sollte gut zu Fuß sein und viel Zeit mitbringen.

Der Start in die historische Stadt beginnt meist mit der Porta Nigra. Sie wurde Ende des 2. Jahrhunderts errichtet, die Trierer nennen sie ganz einfach »Pochta«. An diesem Wahrzeichen kommt keiner vorbei. Ganz nebenbei ist sie das besterhaltene römische Stadttor nördlich der Alpen. Auch ihr nachrömisches Schicksal ist interessant: Nachdem der Einsiedler Simeon in dem Tor gelebt hatte, wurde es nach dessen Tod 1035 zur Kirche umgebaut. Erst Napoleon ließ diese wieder zurückbauen.

Sie dient heute als zentrales Informationszentrum zur römischen Stadt und ist begehbar. Von oben gibt es einen schönen Blick auf Trier. Wer heute auf Wellness schwört, sollte die Barbara-Thermen nicht links liegen lassen. Zu ihrer Zeit waren sie die größte Thermenanlage des Römischen Reiches, allerdings außerhalb Roms. Allein die Fläche von 42 000 Quadratmetern zeugt von der großen Bedeutung des körperlichen Wohlbefindens in der römischen Kultur. Und auch bei der künstlerischen Ausgestaltung ließen sich die Römer nicht lumpen: Zahlreiche Skulpturen sorgten für Erbauung. Heutige Besucher müssen etwas Fantasie mitbringen, um den Prunk der damaligen Zeit zu erahnen. Die Weitläufigkeit der Anlage sucht aber noch heute ihresgleichen.

Natürlich lohnt sich Trier nicht nur wegen der Altertümer. Es locken auch zahlreiche Museen kunst- und geschichtsbegeisterte Besucher. Wer aber einfach nur durch die

Camping Landal Warsberg bei Saarburg

Altstadt bummeln möchte, wird schon sein Vergnügen an historischen Bauwerken, stimmungsvollen Plätzen und einladender Gastronomie haben. Den Hohen Dom und die verschiedenen Kirchen kann man auch einfach von außen bewundern.

Bei einem Stadtspaziergang sollte man auch den bekanntesten Sohn der Stadt nicht vergessen: Karl Marx. Ihm ist seit 2018 eine überlebensgroße Statue auf dem Simeonstiftplatz gewidmet. Sie war ein Geschenk der Volksrepublik China an Trier.

Parken ist leider kein Vergnügen, schon gar nicht mit dem Wohnmobil. Außerhalb gibt es kostenlose Park&Ride-Plätze mit Busanbindung, zum Beispiel in Trier-Nord. Wohnmobilstellplatz und Campingplatz liegen nebeneinander auf der anderen Moselseite.

SAARBURG C1

Ein Wasserfall mitten in der Stadt? Ja, das gibt es in Saarburg. Das Städtchen lebt von seiner Lage an der Saar. Innerhalb des Ortes prägt aber das Flüsschen Leuk, das hier über mehrere Stufen 18 Meter in die Tiefe stürzt, die Szenerie. In der ehemaligen Kurfürstlichen Mühle am Wasserfall sind heute Kunstausstellungen und das Stadtmuseum zu finden. An beiden Ufern erstreckt sich der Markt mit seinen vielen Kneipen und Restaurants. Im Sommer lässt es sich hier abends herrlich entspannt essen und Wein trinken. Die rund um Saarburg gekelterten Tropfen zählen mit zu den besten in Deutschland.

Auch der Rest von Saarburg mit seinen lauschigen Gassen, viel Fachwerk und der prominent aufragenden Kirche St. Laurentius kann sich sehen lassen. Ein weiteres Highlight ist die Burgruine, die man nach einem schweißtreibenden Aufstieg erreicht. Belohnt wird man mit einem schönen Saarpanorama. Auch eine Fahrt mit der Sesselbahn auf den Warsberg verspricht beste Aussichten auf das Saartal. Und oben wartet eine rasante Sommerrodelbahn.

Den Stellplatz findet man gegenüber der Stadt am östlichen Saarufer.

METTLACH C1

Die kleine Stadt Mettlach ist eines der Zentren der deutschen Keramik-

BAUMWIPFELPFAD SAARSCHLEIFE

Nicht nur, aber ganz besonders Familien spricht der barrierearme Baumwipfelpfad an. Auf bequemen Holzstegen wandelnd lernt man ganz nebenbei so einiges über die Bäume und den Wald. Und kommt dabei immer höher in die Baumkronen. Auf dem schwindelerregend hohen Aussichtsturm über der Saarschleife bietet sich ein noch weiteres Panorama als unten vom Aussichtspunkt. Allerdings ist der Turm nicht für Menschen mit Höhenangst geeignet.

Cloef-Atrium, 66693 Mettlach-Orscholz
www.baumwipfelpfade.de/saarschleife

industrie, denn hier hat Villeroy & Boch seinen Hauptsitz. Für Freunde der zerbrechlichen Kunst gibt es hier aber ein wichtigeres Ziel: das Keramikmuseum. Hier lässt sich alles bewundern, was aus Keramik und Porzellan gefertigt werden kann. Vor allem die Kunstwerke aus weißem Gold lassen Besucher staunen. Schon das Gebäude, in dem das Museum untergebracht ist, zieht in seinen Bann. Ein altes Kloster bildet den Rahmen für die sehenswerte Ausstellung.

Wer lieber shoppen gehen will, ist in Mettlach ebenfalls gut aufgehoben. Die Innenstadt glänzt mit einigen Outletshops aus den Bereichen Kochen und Heimtextilien.

SAARSCHLEIFE C1

Die meisten Besucher dürften in die Nähe von Mettlach kommen, weil sie die Saarschleife bewundern möchten. Inmitten sattgrüner Wälder gibt es einen Aussichtspunkt auf das Wahrzeichen des Saarlandes, der seinesgleichen sucht. Auch wer nicht so gut zu Fuß ist, wird den fabelhaften Ausblick genießen wollen – und kann es auch. Der Weg vom Parkplatz, der auch für Wohnmobile geeignet ist, zum Aussichtspunkt ist gut zu bewältigen. Und der Ausblick: atemberaubend. Wem das noch nicht reicht, der erklimmt auch den Turm des Baumwipfelpfads (↗ Kasten). In den ausgedehnten Wäldern rund um diese Attraktion gibt es ein Netz von ganz unterschiedlichen Wanderwegen.

In der Nähe der Saarschleife gibt es einen Wohnmobilstellplatz auf dem Parkplatz an der Kurklinik. Von hier aus ist man in wenigen Minuten am Aussichtspunkt.

SAARLOUIS C2

Saarlouis kann man bei einem gemütlichen Bummel erkunden. Geprägt wird die Stadt durch den strengen Grundriss und die Festungsanlagen, die der französische König Ludwig XIV. ab 1680 von seinem Festungsspezialisten Vauban erbauen ließ. Infolge des Wiener Kongresses gelangte die Stadt 1815 an Preußen, das die Festung weiter ausbaute und um Kasematten erweiterte.

Gefühlt ist Saarlouis ein einziges Restaurant. Im Sommer reiht sich im Außenbereich Tisch an Tisch. So lohnt sich der Besuch der Altstadt besonders am Abend auf ein gemütliches Essen und ein Glas Wein. Zum einfachen Wohnmobilstellplatz ist es danach nicht mehr weit.

CAMPINGPLÄTZE

❶ Camping Landal Warsberg

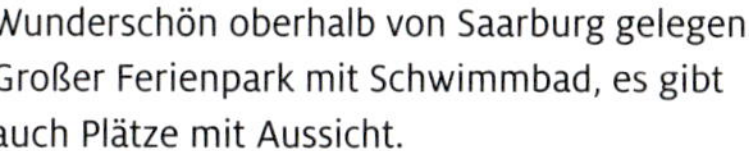

Wunderschön oberhalb von Saarburg gelegen. Großer Ferienpark mit Schwimmbad, es gibt auch Plätze mit Aussicht.
April bis Anfang November geöffnet.
▶ Ferienpark Warsberg 1, 54439 Saarburg
GPS: 49.619851, 6.542775
Tel. 065 81/91 46 11
■ pincamp.de/rp5750

❷ Campingplatz Siersburg

Direkt am Flüsschen Nied gelegen und nahe an der gleichnamigen Burg. Sympathischer Platz mitten in der Natur.
April bis Mitte Oktober geöffnet.
▶ Zum Niedwehr 1, 66780 Rehlingen-Siersburg
GPS: 49.36611666, 6.6596
Tel. 068 35/21 00
■ pincamp.de/sr500

STELLPLÄTZE

❸ Wohnmobilstellplatz Am Abtei-Bräu

8 Plätze, Ver- und Entsorgung (nur im Sommer)
Ganzjährig geöffnet.
▶ Bahnhofstraße 32, 66693 Mettlach
GPS: 49.498333, 6.596111
Tel. 068 65/911 51 20
www.tourist-info.mettlach.de

Am St. Johanner Markt schlägt das Herz von Saarbrücken.

VON SAARLOUIS NACH TRIER

SAARSTAHL, EDELSTEINE UND GANZ VIEL GRÜN

Eine Tour mitten durch das grüne Herz des Saarlands, dabei aber nicht ohne Geschichte. Hier begegnen wir mit dem UNESCO-Welterbe Völklinger Hütte einer Ikone der Industriekultur. Dass es sich im Saarland fast so lebt wie Gott in Frankreich, zeigt sich in den gemütlichen Städten mit ihrer ausgeprägten Restaurant- und Genusskultur. Ob auf oder an der Saar, beim Wandern oder Radeln durch Wald und Feld – die Tour bietet für jeden etwas. Und am Ende geht es in Idar-Oberstein auf Edelsteinsuche.

SAARLOUIS C2

↗ Tour 44 (Seite 225)

VÖLKLINGER HÜTTE C/D2

Die Völklinger Hütte ist weltberühmt. Sie erlangte 1994 als erster Industriestandort überhaupt den Status eines UNESCO-Welterbes. Hier schlug einst das Herz der deutschen Stahlwirtschaft. Heute kann man in der Völklinger Hütte hautnah erleben, wie das Leben eines Stahlarbeiters bis in die 1980er-Jahre hinein aussah. Besucher können die komplett erhaltenen Anlagen der Roheisenproduktion in Augenschein

ROUTE 201 KM

Saarlouis → 13 km bis **Völklinger Hütte** → 12 km bis **Saarbrücken** → 32 km bis **Homburg** → 29 km bis **Sankt Wendel** → 39 km bis **Idar-Oberstein** → 76 km bis **Trier**

nehmen. Die Hütte spricht alle Sinne an. Hier fühlt man förmlich, wie im Lärm der Maschinen gearbeitet wurde und das flüssige Eisen aus dem Hochofen floss. Besucher sollten auf jeden Fall gutes Schuhwerk parat haben, denn mehrere Kilometer Wege führen zu den verschiedenen Stationen. Nicht fehlen darf dabei der Aufstieg auf die Plattform über den gut erhaltenen Hochöfen. Von hier lässt sich das gesamte Gelände der Hütte überblicken. Auch Veranstaltungen wie der Völklinger Hütten Jazz und wechselnde Ausstellungen hauchen dem Ort neues Leben ein.

Nach der ausgiebigen Tour kann man auf dem Parkplatz im Wohnmobil übernachten.

SAARBRÜCKEN D2

Die größte Stadt des kleinsten deutschen Bundeslandes liegt ganz in der Nähe der französischen Grenze, was sich in Lebensart und Genussfreude der Saarbrücker niederschlägt. Das saarländische Motto »Hauptsach, gudd gess«, also »Hauptsache, gut gegessen«, wird hier gern und mit Lust umgesetzt, auch wenn der Nachsatz »geschafft hann mir schnell« allzu oft unter den Tisch fällt.

Erstmals Aufschwung nahm die Stadt, als Fürst Wilhelm Heinrich sie im 18. Jahrhundert zur barocken Residenzstadt ausbauen ließ, aber auch Kohlebergwerke und Eisenhütten gründete. Im Zweiten Weltkrieg wurde Saarbrücken stark zerstört. Dass die Stadt nach dem Krieg hastig wiederaufgebaut wurde, merkt man ihr an vielen Stellen noch an. An den Ufern der Saar drängen sich die unterschiedlichsten Stadtteile und Quartiere. Heute schlägt das Herz Saarbrückens auf dem St. Johanner Markt mit seinen Kneipen und Bistros. Dahinter liegt schnurgerade die lebhafte Fußgängerzone und Einkaufsmeile. Enge Gassen und kreative Läden laden zum Bummeln ein. In der Fröschengasse finden sich ehemalige Handwerker- und Arbei-

Campingplatz am Bostalsee

terhäuser, die teilweise an die Stadtmauer angebaut waren. Das Ensemble wurde in den späten 1970er-Jahren liebevoll im Barockstil restauriert und beherbergt heute einige Restaurants mit lauschigen Innenhöfen. Von der Bismarckbrücke aus kann man am Saarufer durch die beliebte Grünanlage Am Staden gen Süden bummeln.

Auf der anderen Seite der Saar befindet sich Alt-Saarbrücken. Das Schloss wurde nach dem Krieg erst spät und mit modernem Mittelrisalit wiederaufgebaut. Heute wird es für Veranstaltungen genutzt. In der Nähe liegt der barocke Ludwigsplatz mit der zentralen Ludwigskirche und schneeweißen Palais. Während des bunten Wochenmarktes erwacht der weitläufige Platz zum Leben.

In Saarbrücken gibt es einige großzügige Parkplätze, die auch für Wohnmobile geeignet sind, zum Beispiel P26 in der Schützenstraße.

HOMBURG C2/3

Das 2000 Jahre alte Homburg ist von Wald umgeben. Schon von den Römern besiedelt, erhielt es 1330 erstmals Stadtrecht. Ein Blick von der Burgruine verschafft Übersicht. Unterhalb davon kann man in den Schlossberghöhlen eine Reise in die Erdgeschichte unternehmen. Die größten Buntsandsteinhöhlen Europas sind entstanden, als man hier Sandstein abbaute. Sie waren einst Teil der Festungsanlage, später Bierlagerstätte und Luftschutzbunker.

In der sehenswerten Altstadt lassen sich Shopping und Einkehr in einem der zahlreichen Cafés bestens verbinden. Geschichtsinteressierte sollten sich das Römermuseum Schwarzenacker nicht entgehen lassen. Hier wurde eine römische Siedlung aus der Zeit Christi rekonstruiert. Bei einem Besuch können große und kleine Menschen in das Leben der Römer eintauchen und auch an allerhand Aktivitäten mitwirken, sei es Backen, Kochen oder Handwerk.

Zahlreiche Wanderwege in der unmittelbaren Umgebung lassen den Aufenthalt in der Stadt zur reinen Erholung werden.

Homburg hat einen einfachen Wohnmobilstellplatz am KOI-Bad. Mit dem Fahrrad ist man in fünf Minuten in der Innenstadt.

SAARBRÜCKEN VOM WASSER AUS

Stand-up-Paddling (SUP) ist eine entspannte Art, Saarbrücken vom Wasser aus zu erleben. An der Daarler Brücke gibt es einen Verleih der großen Bretter. Wer will, kann gleich eine kleine Einweisung dazubuchen und dann mitten durch die Stadt auf dem Board dahingleiten. Auch eine anderthalbstündige geführte Tour ist im Angebot. Der Verleih ist zwischen Mai und September täglich bei schönem Wetter geöffnet.

Trick17, Koßmannstraße, 66119 Saarbrücken
www.sup-trier.de

SANKT WENDEL C2

Das gemütliche Sankt Wendel hat einen besonderen Charme. Sein Name rührt vom hl. Wendelinus her, der als Einsiedler im heute Sankt Wendeler Land genannten Gebiet lebte. Ihm ist der Wendelsdom aus dem 14. Jahrhundert geweiht. Auch wenn in den 1960er- und -70er-Jahren einiges an historischer Bausubstanz zerstört wurde, atmet die Stadt Geschichte. Direkt neben dem Wendelsdom liegt der Fruchtmarkt mit seinen kleinen Cafés und Restaurants. Nicht nur hier trifft man sich abends auf einen Schoppen oder ein Bier.

Mit ihrer grünen Umgebung lädt die Stadt auch zu Aktivitäten im Freien ein. Der Naturpark Saar-Hunsrück bietet viele Möglichkeiten wie Wandern oder Radfahren. Nicht umsonst wurde hier schon der Weltcup der Mountainbiker ausgetragen. Rund 20 Kilometer nördlich liegt der Bostalsee, der zum Schwimmen und Erholen prädestiniert ist. Dort gibt es auch einen schönen Campingplatz. Am Wendelinuspark etwas außerhalb der Stadt gibt es einen Wohnmobilstellplatz.

IDAR-OBERSTEIN B2/3

Wer an Idar-Oberstein denkt, denkt vermutlich zuerst an Edelsteine. Die Kleinstadt an der Nahe ist seit Mitte des 19. Jahrhunderts eines der Zentren der deutschen Schmuckindustrie. In der Umgebung gibt es Vorkommen von Achat, Jaspis und anderen Edelsteinen und Mineralien, die im Laufe der Jahrhunderte abgebaut wurden und noch immer werden. Hier gibt es die einzige Edelsteinmine in Europa, die für Besucher freigegeben ist, das Bergwerk Steinkaulenberg. Wer möchte, kann sich sogar selbst auf die Suche nach den edlen Steinen machen. Es gibt Schatzsuchen für alle Altersklassen. Wer etwas findet, darf es tatsächlich behalten. Steinbegeisterte können auch eine Tour auf dem knapp zwei Kilometer langen Edelsteinweg machen. Am ersten Augustwochenende findet alljährlich der Edelsteinschleifer- und Goldschmiedemarkt mit vielen kulturellen Angeboten statt.

Darüber hinaus lädt die Altstadt mit ihrer Felsenkirche, Fachwerkhäusern und Industriedenkmälern zum Verweilen ein. Klettert man hoch zur Schlossruine, genießt man einen wunderbaren Blick über das gesamte Edelsteinland.

TRIER B1

↗ Tour 44 (Seite 222)

CAMPINGPLÄTZE

❶ Caravanplatz Mühlenweiher
★★★☆☆
Kleiner, gemeindeeigener Campingplatz mit direktem Zugang zu einem Freibad.
Ganzjährig geöffnet.
▶ Unnerweg 5c, 66459 Kirkel-Neuhäusel
GPS: 49.28183332, 7.22878332
Tel. 068 49/181 05 55
■ pincamp.de/sr1600

❷ Campingplatz Bostalsee ★★★★☆

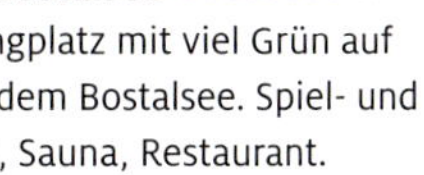

Sehr großer Campingplatz mit viel Grün auf einer Anhöhe über dem Bostalsee. Spiel- und Sportmöglichkeiten, Sauna, Restaurant.
Ganzjährig geöffnet.
▶ Am Campingplatz 1, 66625 Bosen
GPS: 49.56065, 7.06099999
Tel. 068 51/801 80 50
■ pincamp.de/sr1000

STELLPLÄTZE

❸ Stellplatz Völklinger Hütte
10 Plätze, Ver- und Entsorgung, teilweise Strom
Ganzjährig geöffnet.
▶ Rathausstraße 75, 66333 Völklingen
GPS: 49.247222, 6.845000
Tel. 068 98/910 01 00
www.voelklinger-huette.org

SICHER UNTERWEGS

WOHNMOBIL BELADEN

Campingfahrzeuge müssen über eine gültige Gasprüfung verfügen, auch wenn dies vorübergehend in der Hauptuntersuchung nicht mehr verlangt wird. Viele Camping- und Stellplätze schreiben in ihrer Platzordnung eine gültige Gasplakette vor.

Besonders im Wohnmobil ist das sichere Verstauen der Ladung ein wichtiges Thema. Damit beim scharfen Bremsen oder auf holpriger Straße kein Geschirr und andere Ausrüstung durchs Fahrzeug fliegen, müssen alle Gegenstände im Inneren gut verstaut und alle Schränke und Schubladen fest verschlossen werden. Schwere Gegenstände kommen nach unten. Während der Fahrt bleiben alle Mitfahrer angeschnallt sitzen. Herumlaufen oder die Nutzung der Betten ist verboten und gefährlich.

Beim Packen muss unbedingt das zulässige Gesamtgewicht im Auge behalten werden. Darauf sollten auch Neulinge dringend achten. Vier Personen plus Ausrüstung bringen manche Modelle schon an ihre Belastungsgrenze. Auch das mitfahrende Haustier inklusive Futter muss mitgerechnet werden. Der Wassertank sollte während der Fahrt nicht komplett gefüllt sein. Zehn Liter pro Person plus kleine Reserve sind normalerweise mehr als genug. Auf den Stell- und Campingplätzen gibt es dann die Möglichkeit, den Tank wieder zu füllen.

PARKEN

Beim Parken sollten Camper darauf achten, keine anderen Fahrzeuge zu behindern und Anwohner nicht zu belästigen. Durch die Größe des Fahrzeugs bedeutet dies, dass man vielleicht doch einmal einen Umweg oder weiterfahren muss. Wie immer gilt: Wenn man an einem Park- oder Übernachtungsplatz kein gutes Gefühl hat, weiterfahren. Auch Glas oder Müll in der unmittelbaren Umgebung weisen darauf hin, dass der Platz ungeeignet sein könnte.

PANNE UND UNFALL

Für den Pannenfall, der immer eintreten kann, empfiehlt sich vor Reiseantritt der Abschluss eines Schutzbriefes. Gut abgesichert geht es zum Beispiel mit der ADAC Plus-Mitgliedschaft in den Urlaub. Dabei ist es egal, ob die Reise mit dem eigenen oder einem gemieteten Fahrzeug stattfindet. Wichtig sind folgende Einschränkungen: In der Zulassungsbescheinigung als Wohnmobile eingetragene Fahrzeuge bis zu einer Gesamtbreite von 2,55 Metern, einer Gesamtlänge von 10 Metern, einer Höhe von 3,20 Metern einschließlich Ladung und einer zulässigen Gesamtmasse von 7,5 Tonnen sind abgesichert. Bei anderen Schutzbriefen gelten ähnliche Begrenzungen.

Bei einem Unfall wird gehandelt wie bei anderen Verkehrsunfällen auch. Unterstützung gibt es durch die Fahrzeugversicherung, den Schutzbriefpartner und den Vermieter. Bei Mietfahrzeugen ist es ratsam, zur eigenen Absicherung auch die Polizei einzuschalten.

REISEN MIT HUND

Viele Ferienorte haben sich auf Gäste mit Hund eingestellt. In der Regel sind die Vierbeiner in Restaurants und Cafés willkommen. Es gibt auch eine Reihe von Sehenswürdigkeiten und sogar Museen, in die Hunde mitgenommen werden können. Auf vielen Campingplätzen gibt es spezielle Bereiche für Gäste mit Hunden, meist gilt aber Leinenpflicht. Es gibt aber zunehmend auch Campingplätze, auf denen keine Hunde erwünscht sind. Auf Wohnmobilstellplätzen sind sie willkommen und kosten in der Regel auch keine Zusatzgebühr. Auch an Seen gibt es oft Möglichkeiten, mit dem eigenen Vierbeiner ans Wasser zu kommen. Vielerorts werden auch außerhalb der Saison die Vorschriften für Hunde gelockert. Auch in die Nationalparks dürfen Hunde mitgenommen werden. Zum Schutz von Wildtieren und Pflanzen gilt hier Leinenpflicht.

Tierärzte gibt es auch in kleinen Orten; Adressen und Telefonnummern hängen meist an den Infotafeln im Eingangsbereich von Camping- oder Stellplätzen. Für die Fahrt und unterwegs das Lieblingsfutter und das Hundebett nicht vergessen! Auch die Sicherung während der Fahrt ist unerlässlich. Vor der Auswahl einer Reiseregion sollten sich Hundebesitzer aber in jedem Fall über die örtlichen Regelungen informieren.

Viele Campingplätze heißen auch Vierbeiner willkommen.

WEITERE INFORMATIONEN UND SPEZIELLE REISEZIELE MIT HUND

Bayerischer Wald
www.bayerischer-wald.de/Urlaub-buchen/Urlaub-mit-Hund

Bodensee
www.bodensee.de/service/bodenseeurlaub-hund

Schwarzwald
www.hochschwarzwald.de/planen-buchen/urlaub-in-der-region/urlaub-mit-hund

Saarland
www.urlaub.saarland/Reisethemen/wandern/Urlaub-mit-dem-Hund

KURZCHECK VOR REISEANTRITT

- [ ] Bei Mietfahrzeugen: Einweisung ins Fahrzeug und den Wohnmobilaufbau
- [ ] Telefonnummer des Vermieters notieren und Erreichbarkeit klären
- [ ] Fahrer bei der Versicherung melden
- [ ] Reifendruck und Ölstand prüfen
- [ ] Fahrzeug volltanken
- [ ] Dachluken schließen
- [ ] Alles sicher und rutschfest verstauen
- [ ] Kühlschrank schließen und Inhalt sichern
- [ ] Abwasser entleeren
- [ ] Der Wassertank sollte für die Fahrt nicht komplett gefüllt sein.
- [ ] Gasflaschen füllen
- [ ] Ist die Gasprüfung aktuell?
- [ ] Achtung: Das Fahrzeug mit allen Mitfahrern, Zusatzausstattung und Ladung darf das zulässige Gesamtgewicht nicht überschreiten.
- [ ] Hilfreiche Apps installieren: PiNCAMP, Routenplaner, Wetter, Reisebudget
- [ ] Für die Fahrt griffbereit halten: Kamera, Handy, Ladekabel, Lieblingsspielzeug, Lesestoff, (Sonnen-) Brillen, Medikamente
- [ ] Corona-Situation checken: www.campingplatz-deutschland.de/aktuelles/corona

PACKLISTE

Wichtige Fahrzeugausstattung

- [ ] Motoröl
- [ ] Ersatzsicherungen für Fahrzeug und Aufbau
- [ ] Ersatzlampen
- [ ] Scheibenputzzeug
- [ ] Bedienungsanleitungen für Fahrzeug und Aufbau
- [ ] Werkzeug
- [ ] Ersatzreifen, Wagenheber, Radkreuz
- [ ] Warntafel für Ladung auf dem Heckträger

Papiere und Reiseunterlagen

- [ ] Fahrzeugschein
- [ ] Versicherungsnachweis
- [ ] Schutzbrief
- [ ] Gelbes Heft von der Gasprüfung
- [ ] Personalausweis oder Reisepass
- [ ] Krankenversicherungskarte
- [ ] Kopien aller Dokumente, an einem sicheren Ort verstaut
- [ ] Kreditkarte, EC-Karte
- [ ] Straßen- und Freizeitkarten
- [ ] Reiseführer
- [ ] ADAC Camping- und Stellplatzführer

Grundausstattung Camping und Wohnmobil

- [ ] Wasserschlauch und Adapter für Wasserhähne
- [ ] Gießkanne/Wasserkanister mit Schnüffel
- [ ] 25-Meter-Stromkabel/Kabeltrommel
- [ ] CEE-Stecker für Fahrzeug und Anschluss
- [ ] Auffahrkeile
- [ ] Kleine Wasserwaage zur Ausrichtung
- [ ] Schmutzfangmatte für den Eingang
- [ ] Panzertape, Klebeband
- [ ] Schnur
- [ ] Klappspaten
- [ ] Chemie für die Campingtoilette
- [ ] Kleine Flasche Silberionen für den Wassertank
- [ ] Arbeitshandschuhe, Gummihandschuhe
- [ ] Taschenlampe, Stirnlampe
- [ ] Campingtisch und -stühle, Hocker
- [ ] Sonnenschirm
- [ ] Heringe, Hammer
- [ ] Abspanngurte, Leinen
- [ ] Kleiner Teppich
- [ ] Grill und Grillzange
- [ ] Bettzeug
- [ ] Bettwäsche

Küche und Haushalt

- [ ] Spülschüssel
- [ ] Geschirrspülmittel, -lappen, -handtücher
- [ ] Essbesteck
- [ ] Essgeschirr
- [ ] Tassen, Gläser
- [ ] Küchenmesser und Schere
- [ ] Salatschüssel
- [ ] Töpfe, Pfannen, Kochlöffel
- [ ] Wasserkocher/Wasserkessel
- [ ] Nudelsieb
- [ ] Schneidebrett
- [ ] Kaffeebereiter
- [ ] Teekanne
- [ ] Thermoskanne
- [ ] Flaschenöffner, Korkenzieher
- [ ] Dosenöffner
- [ ] Gasanzünder, Streichhölzer
- [ ] Kerzen
- [ ] Küchenrolle
- [ ] Frischhalte- und Alufolie
- [ ] Plastiktüten, Müllbeutel
- [ ] Aufbewahrungsdosen
- [ ] Tischdecke
- [ ] Topfuntersetzer
- [ ] Kurzzeitwecker
- [ ] Einkaufstasche
- [ ] Mülleimer
- [ ] Grundausstattung Lebensmittel
- [ ] Gewürze, Essig und Öl
- [ ] Wäscheleine und Klammern
- [ ] Waschmittel
- [ ] Putzmittel, -lappen, Eimer
- [ ] Besen, Handfeger, Kehrschaufel
- [ ] Nähset
- [ ] Klapphocker

Auch beim Camping muss niemand auf gutes Essen verzichten.

Waschen und Hygiene

- [ ] Handtücher
- [ ] Bademantel, Badelatschen
- [ ] Waschbeutel und Waschsachen
- [ ] Rasierer mit Ladekabel
- [ ] Föhn
- [ ] Tempo-Taschentücher
- [ ] Toilettenpapier
- [ ] Sonnencreme
- [ ] Mückenschutz
- [ ] Zeckenzange
- [ ] Reiseapotheke
- [ ] Persönliche Medikamente
- [ ] Wärmflasche
- [ ] Regenschirm

Kleidung und Sport

- [ ] Auch im Sommer an warme Kleidung denken!
- [ ] Badesachen und -schuhe
- [ ] Sonnen-/Windschutz für den Strand
- [ ] Wanderschuhe
- [ ] Wanderrucksack
- [ ] Regenjacke
- [ ] Sportsachen
- [ ] Fahrradhelm
- [ ] Flickzeug, Luftpumpe

REGISTER

Sind mehrere Seitenzahlen angegeben, verweisen die fett gedruckten Zahlen auf die ausführlichen Ortsbeschreibungen.

BILDNACHWEIS

Titelbild: Blick von Holzhausen am Starnberger See zur Zugspitze (stock.adobe.com/Frank Lambert)
Rücktitel: stock.adobe.com/kritzeltheartist
Faltkarte: Schwarzwald (stock.adobe.com/Thomas)

AWL Images: Christian Mueringer 191; Doug Pearson 112, 114; Hans Georg Eiben 196; **Camping Allweglehen** 96; **Camping Brugger am Riegsee** 72; **Camping Donnersberg** 210; **Camping Hopfensee** 82; **Camping im Klingbachtal** 214; **Camping Kratzmühle** 68; **Camping Landal Warsberg** 224; **Camping Wirthshof** 124; **Camping Resort Bodenmais** 36; **Campingpark Eberbach** 181; **Campingpark Gitzenweiler Hof** 128; **Campingpark Odenwald** 136; **Campingplatz Bärensee** 183; **Campingplatz Bostalsee** 228; **Campingplatz Felbermühle** 110; **Campingplatz Grossbüchlberg** 53; **Campingplatz Mainkur** 64; **Campingplatz Pilsensee** 41; **Drei-Länder-Camp** 141; **Getty Images:** Klaus Vedfelt 231; Raimund Linke 174/175; Thomas Winz 140; Westend61 28, 130; Westend61/Werner Dieterich 26M., 44; **Huber Images:** Chris Seba 10; Giorgio Filippini 223; Günter Gräfenhein 50, 54; Hans-Peter Merten 11; Jürgen Busse 66; Jürgen Ritterbach 34; Reinhard Schmid 19, 70, 79, 90, 144; **imageBROKER:** Markus Keller 142; Norbert Eisele-Hein 2, 32/33; Norbert Probst 47, 58; **imago:** Arnulf Hettrich 132; H. Tschanz-Hofmann 56; imageBROKER 38, 48; Ralph Peters 192; **Jessica Dehn:** 74, 93; **Katja Hein:** 4, 16, 17; **Laif:** Hans-Bernhard Huber 78, 87; **Mauritius Images:** Martin Siepmann 118; Peer Marlow 208; Udo Bernhart 8; **Naturcamping Braunsbach:** 165; **Neckarcamping Tübingen:** 160; **Nibelungen-Camping:** 178; **Plainpicture:** 100, 216; **seasons. agency:** Lukas Spörl 226; **shutterstock.com:** Alice-D 184; barmalini 22o.; Boerescu 134; Boris Stroujko 162, 186; Eisenlohr 150; Eva Bocek 148; FooTToo 62, 84, 106; Hadrian 156; Iryna Melnyk 26o.; Joppi 204; Konstantin Yolshin 102; M. Volk 188; marako85 25; mindscapephotos 122; Mnsink 30o.; nnattalli 152; Petair 23u.; Simlinger 12u.; Sina Ettmer 27o., 116, 126, 138, 164, 166, 176; trabantos 206; Traveller 70 190; Umomos 13o.; Vafya 23M.; **stock.adobe.com:** Alexander Rochau 76; Andreas 158; Annabell Gsödl 108; Arthur Palmer 24; Astrid 220/221; Boris Stroujko 98; BublikHaus 233; cityfoto24 146; Comofoto 23o.; CPN 200; Eugen Bond 180; fottoo 46; Frank Lambert 14; Horst Weinberg 31u.; juhumbert 218; kritzeltheartist 194/195; LianeM 212; makoze 104; Marcus Retkowietz 198; MariOn 29; Mathias Weil 168; Max.T 31M.; mh90photo 20; modernmovie 172; mojolo 202; moserwork 94; Pecold 42; Petair 22u.; Peter Widmann 30u.; Rolandst 31o.; Sebastian Jakob 88; Siegfried Schnepf 13u.; simonwhitehurst 154; Sina Ettmer 12o., 21, 27u., 81, 170, 222; stefanasal 26u.; Superingo 60; Thomas 120/121

IMPRESSUM

Postfach 86 03 66, 81630 München

powered by ADAC

Markenlizenz der ADAC Camping GmbH, München

ISBN 978-3-95689-955-3
1. Auflage 2022

Autorinnen: Katja Hein, Frauke Hewer, Jessica Dehn
Redaktion und Projektmanagement: Anne-Katrin Scheiter
Lektorat: Katja Tegler
Satz: Mediendesign Anne Tegler, Berlin
Bildredaktion: Petra Ender, Nora Goth
Kartographie: Huber Kartographie GmbH
Schlusskorrektur: Ulla Thomsen
Umschlaggestaltung und Layout: Independent Medien Design, Horst Moser, München; Birgit Kohlhaas
Herstellung: Mendy Willerich
Druck und Bindung: Drukarnia Dimograf Sp. z o. o.

Ein Unternehmen der
GANSKE VERLAGSGRUPPE

Wichtiger Hinweis
Die Daten und Fakten für dieses Werk wurden mit äußerster Sorgfalt recherchiert und geprüft. Wir weisen jedoch darauf hin, dass diese Angaben häufig Veränderungen unterworfen sind und inhaltliche Fehler oder Auslassungen nicht völlig auszuschließen sind, zumal zum Zeitpunkt der Drucklegung die Auswirkungen von Covid-19 auf das Hotel- und Gastgewerbe vor Ort nicht vollständig abzusehen waren. Für eventuelle Fehler oder Auslassungen können Gräfe und Unzer, die ADAC Camping GmbH sowie deren Mitarbeiter und die Autoren keinerlei Verpflichtung und Haftung übernehmen. Aus Gründen der besseren Lesbarkeit wird in diesem Buch bei Personenbezeichnungen das generische Maskulinum verwendet. Es gilt gleichermaßen für alle Geschlechter.

Ansprechpartner für den Anzeigenverkauf:
KV Kommunalverlag GmbH & Co. KG,
MediaCenter München, Tel. 089/928 09 60

Bei Interesse an maßgeschneiderten B2B-Produkten:
roswitha.riedel@graefe-und-unzer.de

Leserservice
GRÄFE UND UNZER Verlag
Grillparzerstraße 12, 81675 München
www.graefe-und-unzer.de

Umwelthinweis
Nachhaltigkeit ist uns sehr wichtig. Der Rohstoff Papier ist in der Buchproduktion hierfür von entscheidender Bedeutung. Daher ist dieses Buch auf PEFC-zertifiziertem Papier gedruckt. PEFC garantiert, dass ökologische, soziale und ökonomische Aspekte in der Verarbeitungskette unabhängig überwacht werden und lückenlos nachvollziehbar sind.